教育部人文社会科学研究一般项目（批准号：18XJA890004）资助

卿　平／著

新时代体育服务业
与人工智能融合研究

 西南财经大学出版社

中国·成都

图书在版编目(CIP)数据

新时代体育服务业与人工智能融合研究/卿平著.

成都:西南财经大学出版社,2024.10.--ISBN 978-7-5504-6434-6

Ⅰ.G80-05

中国国家版本馆 CIP 数据核字第 2024Q2M410 号

新时代体育服务业与人工智能融合研究
XINSHIDAI TIYU FUWUYE YU RENGONG ZHINENG RONGHE YANJIU

卿平 著

策划编辑:陈何真璐
责任编辑:张岚
责任校对:廖韧
封面设计:墨创文化
责任印制:朱曼丽

出版发行	西南财经大学出版社(四川省成都市光华村街55号)
网 址	http://cbs.swufe.edu.cn
电子邮件	bookcj@ swufe.edu.cn
邮政编码	610074
电 话	028-87353785
照 排	四川胜翔数码印务设计有限公司
印 刷	成都国图广告印务有限公司
成品尺寸	170 mm×240 mm
印 张	15.25
字 数	259 千字
版 次	2024 年 10 月第 1 版
印 次	2024 年 10 月第 1 次印刷
书 号	ISBN 978-7-5504-6434-6
定 价	88.80 元

前言

当前，中国特色社会主义进入新时代，我国经济正处在转变发展方式、优化经济结构、转换增长动力的攻关期。体育服务业是服务业中的一个新兴产业门类，属于现代服务业的范畴，被国内外很多专家学者称为低碳环保产业，也是深具多元化、可持续发展潜力的产业。伴随着科技进步及人们对待体育的观念的转变（将直接导致体育消费需求的转变），体育服务业与人工智能的深度融合，不仅可以改造原有与体育相关的大批传统产业，催生出较多的新兴产业业态，还可以改变体育服务产品的提供形式，更新消费者的体育消费体验，引领体育消费时尚潮流，成为体育产业发展的新引擎，并最终为优化我国产业结构作出贡献。

然而，在体育服务业与人工智能融合过程中，我们不得不面临人工智能固有风险所引发的系列融合风险，因此，为了最大限度地降低融合给体育服务业可持续发展带来的不利影响，需要对体育服务业与人工智能融合的系列问题进行科学深入的研究。本书的研究对于改变体育服务业发展方式、完善人工智能的使用规范从而实现体育乃至经济的可持续发展具有非常重要的现实意义。

本书以可持续发展理论、多目标规划理论及产业融合理论等为基础，综合运用文献资料法、耦合协调模型、灰色关联分析、模糊 AHP-TOPSIS 评价及失效模式与影响分析（FMEA 方法）对我国体育服务业与人工智能融合的现状、机理、评价及风险管控等进行定性与定量相结合的研究，试图在研究体育服务业与人工智能融合所带来正面价值的同时，尽可能发现其融合过程中可能存在的障碍及风险，从而为实现我国产业结构优化升级及经济可持续发展提出具有针对性的意见和建议。本书各章的主要内容如下：

（1）绪论。本章主要包括研究背景、文献综述以及研究框架三个方面。目前我国正处在体育大国向体育强国转变的过程中，体育产业总体发展稳中有升，体育产业融合利好政策逐渐增多，是体育服务业与人工智能融合发展的大好时机，如何趋利避害、实现体育乃至我国经济的可持续发展是非常重要的问题。笔者在大量查阅前人研究文献的基础上，搭建了本书的研究框架，包括研究思路与技术路线、研究内容和研究意义。上述内容为本书的研究提供了一个较为明确的指向。

（2）基本概念与基础理论。基本概念主要包括本书的系列关键词，如智能+体育、体育服务业、体育服务业结构、体育产业融合等；基础理论包括产业结构演化理论、产业集群理论、产业融合理论、多目标决策理论以及可持续发展理论。这些基本概念的界定及基础理论的提炼，为本书的深入研究提供了坚实的理论基础。

（3）体育服务业与人工智能融合现状。本章主要包括三方面内容，分别是人工智能发展概况、体育服务业发展现状以及体育服务业与人工智能融合现状的模型研究。其中，体育服务业与人工智能融合现状模型研究部分采取定性与定量相互结合的方法，定量方法主要是耦合协调模型和灰色关联分析，通过对各个相关产业数据的处理来测量体育服务业与人工智能的融合度。

（4）体育服务业与人工智能融合机理及细分产业分析。本章主要包括两个部分内容，一部分为融合机理，包括体育服务业与人工智能融合的动因、效应、模式和路径；另一部分为细分产业研究，主要选择体育服务业中具有代表性的4个细分行业（体育竞赛表演业、体育健身休闲业、体育场地和设施管理业、体育传媒与信息服务业）进行实证研究。该部分的内容为下面章节的内容提供了评价基础。

（5）体育服务业与人工智能融合评价。本章主要包括两部分内容，一部分是因素研究，另一部分是评价研究。两部分内容均使用多目标决策理论，从经济、环境、社会三个方面研究哪些具体因素会影响体育服务业与人工智能的融合，综合运用模糊 AHP-TOPSIS 分析方法分别从经济维度、环境维度、社会维度共计提炼 18 个评价指标进行融合评价研究，根据评价结果为政府及相关部门提供融合发展指向性选择的科学参考。

（6）体育服务业与人工智能融合风险及对策研究。本章重点使用 FMEA 方法将体育服务业与人工智能融合过程可能产生的风险分为三大类：经济风险、技术风险、社会风险，共计提炼 24 类具体风险类型，聘请人工智能领域及体育产业领域专业人士进行风险评估打分，通过计算对 24 类具体风险进行排序，标识出重大风险，并提出应对风险的对策，从而为政府及相关部门进行科学决策提供合理依据。

（7）结束语。本章主要对本书的研究工作进行总结和归纳，得出结论，提炼本书可能的创新之处及不足之处，并进一步展望未来的研究方向和内容。

本书结论主要包括：

（1）关于融合现状的结论。主要运用耦合协调模型和灰色关联分析对体育服务业与人工智能的融合度进行量化测算，得出的结论是：第一，从 2015 至 2019 年，二者耦合发展的类型由人工智能滞后型到二者同步发展型再到体育服务业滞后型，耦合协调等级由严重失调转变为良好协调；耦合发展阶段由萌芽阶段逐步进入成熟阶段，表明两系统要素之间的融合程度越来越高、协调发展程度不断加深。第二，从 2015 至 2019 年，在体育服务、金融、农业、交通运输、教育、快递、安防 7 个行业中，体育服务业与人工智能的关联度数值最大，而在体育服务业所包含的 9 个细分行业中，体育管理活动、体育中介服务以及体育竞赛表演活动与人工智能的关联度数值最大。

（2）关于融合评价的结论。主要运用模糊 AHP-TOPSIS 评价进行融合评价，得出的结论是：第一，有关体育服务业与人工智能融合评价的维度排名依次是经济、环境、社会。第二，经济维度指标中排名前三的是财务状况、可靠性和产业结构，环境维度指标中排名前三的是能源消耗、环境保护和环境制度建设，社会维度指标中排名前三的是就业、顾客满意度和工作环境。而在未来体育服务业与人工智能融合发展方案选择中，侧重于环境保护的方案排名第一，侧重于经济、环境、社会三方面综合考虑的方案排名第二，侧重于社会利益的方案排名第三。

（3）关于融合风险管控的结论。主要运用 FMEA 方法将融合风险分为技术风险、经济风险及社会风险，通过测算发现：技术风险的风险顺序数值（RPN）最大，其次是社会风险，最后是经济风险；在 24 个具体的风险指标中，排名前三的均属于技术风险，具体指标分别是数据泄露、数据投毒以及网络安全。

本书创新点如下：尝试运用定量方法对体育服务业与人工智能的融合现状进行研究；试图构建体育服务业与人工智能可持续融合发展评价指标体系；对体育服务业与人工智能融合产生的具体风险进行识别并分类控制。

本书的研究过程及研究结果在一定程度上可以丰富体育产业领域的研究理论，吸引更多专家学者从可持续发展角度对体育产业领域的现实问题进行研究，使多目标规划理论及产业融合理论的应用范围更加广泛。本书的研究对于改变体育服务业发展方式、完善人工智能的使用规范从而实现体育乃至经济的可持续发展具有非常重要的现实意义。

著者

2024 年 9 月

目录

1 绪论

党的十九大报告指出,(党的十八大以来的)成就是全方位的、开创性的,五年来的变革是深层次的、根本性的。这种历史变革将在经济基础与上层建筑、生产力与生产关系等方面面得到显著体现。而伴随着我国社会主要矛盾的转化,经历了太多磨难的中华民族将迎来从站起来到富起来再到强起来的历史飞跃,我国将在政治、经济、社会、文化、生态等多方面重新整合各种资源与力量,着手解决难题,在新的起点上创造更大的成就。

新时代要求国家和社会进一步地满足人民日益增长的美好生活需要,进一步地解决不同地区、不同职业、不同人群之间不平衡不充分的发展局面,从而实现人的全面发展。在人的全面发展内涵中,体育必将占有重要地位。体育是一种重要而复杂的社会活动,体育发展的水平及规模是衡量一个社会发展进步程度的重要标志。随着我国产业结构的调整和升级,体育产业的经济功能日益凸显,而隶属于体育产业的体育服务业是服务业中的一个新兴产业门类,属于现代服务业的范畴,与体育用品业和体育建筑业相比,最能体现体育的本质特征,是真正意义上的低碳环保产业。体育服务业的快速发展对我国产业结构调整和经济发展具有重要意义,而现实中我国体育服务业还远远达不到发达国家体育服务业的发展水平。推动我国体育服务业快速发展是顺应我国经济增长阶段变化规律、把握社会发展新时代历史机遇的重要举措。

2017 年 7 月,国务院印发《新一代人工智能发展规划》(国发〔2017〕35 号),标志着人工智能正式上升为我国的国家发展战略。人工智能的迅猛发展将深刻地改变人类社会生活的方方面面。作为新一轮产业变革的核心驱动力,人工智能必将加速释放过去多次科技革命和产业革命累积的巨大能量，并通过与相关产业的深度融合，催生出系列新产业、新行业、新技术、新模式、新产品，重构生产、分配、交换、消费等经济活动的各个环节，从而创造出从宏观领域到微观领域的多层次、多样化的需求，并最终从根本上改变社会经济结构。大数据和智能算法等所带来的冲击，在体育领域已经逐渐显现。最经典的"AlphaGo"并非人工智能的发展目的。2017年5月，时任国家体育总局副局长赵勇在2017年中国国际体育用品博览会开幕式上提到，体育行业要运用"大数据与新技术，迈进智能化的时代"。在2017年全球人工智能技术大会智能体育分论坛上，科技界和体育界专业人士的讨论主题是如何更好地让前沿科技和人工智能为体育行业服务，从而提高体育服务的精准化水平、提升人民生活品质。

1.1 研究背景

当前，中国特色社会主义进入新时代，我国经济正处在转变发展方式、优化经济结构、转换增长动力的攻关期。体育服务业与人工智能的深度融合必将从根本上改变体育服务产品的提供形式、革新消费者的体育消费体验、引领体育消费时尚潮流，成为体育产业发展的新引擎，并最终为优化我国产业结构作出贡献。

1.1.1 体育大国到体育强国的道路选择

"大"与"小"，是从数量的角度来衡量的。新中国成立初期，我国经济建设始于一穷二白，举国体制使我国竞技体育获得的奖牌数量飞速增加，如果单纯从体育经费投入数量、体育设施数量、体育人口数量以及大型体育赛事奖牌数量尤其是奥运会奖牌数量等指标来评价，我国完全可以被称作一个体育大国。然而，对照我国国家体育总局有关评价体育强国的八大指标（体育产业发达程度、大型体育赛事成绩名列前茅、社会体育与群众体育普及程度、体育管理体制健全程度、体育法律法规完善程度、体育科学研究先进程度、体育国际交流丰富程度、体育传播影响力大小）来看，我国也仅仅是体育大国，而不是体育强国。我国体育发展的目标和方向应该是实现从体育大国到体育强国的跨越。在体育大国到体育强国的跨越过程中，体育服务业的数量和质量占据重要地位。

对于体育强国的内涵，我国从最开始只重视竞技体育，到认为竞技体育和群众体育同样重要，再到实现竞技体育、群众体育和体育产业三者的均衡发展，从认识上经历了三个阶段。

（1）第一阶段

1983年，国家体委（现在的国家体育总局）在《关于进一步开创体育新局面的请示》文件中首次以非常明确的形式提出了"世界体育强国"的概念，并希望我国在20世纪末实现这一目标。为了配合这一目标的实现，国家体委重点强调以下四个方面的指标要同时实现：第一，干部实现"四化"，从而改善体育队伍结构；第二，体育竞技水平达到或接近世界水平，竞技成绩在奥运会上名列前茅；第三，加快大型体育场馆的建设，有能力承办奥运会和亚运会；第四，全国经常参加体育运动的人数占全国人数的50%以上，青少年的身体素质、机能及身体形态有明显改善。这些指标及提法是我国有关"体育强国"较为早期的表述。这些表述的侧重点比较偏向于竞技体育强国。

（2）第二阶段

2008年，"进一步推动我国由体育大国向体育强国迈进"的提法再一次出现在胡锦涛同志《在北京奥运会、残奥会总结表彰大会上的讲话》中，他强调要以提高全民族生活质量和身体素质为目标，重视体育在经济社会发展及促进人的全面发展中不可替代的作用，最终实现竞技体育和群众体育协调发展的目标。这表明，在我国取得2008年北京奥运会的阶段性胜利之后，在"体育强国"的内涵界定中，"群众体育"获得了与"竞技体育"同等重要的地位。

（3）第三阶段

2014年，"体育强国"的提法又一次出现在习近平总书记的讲话中。习近平总书记在看望索契冬奥会中国体育代表团时，特别强调了中国梦与体育强国梦的密切关系，指出体育领域的中国梦就是体育强国梦。体育强国梦的内涵不仅包括人民健康的优劣、国家形象的好坏以及民族精神的聚散，还包括体育的强大经济功能，具体表现为体育能为中国梦提供人力资本，为经济发展提供新的增长点，为我国经济结构优化与升级提供新的推动力量。这一阶段，在"体育强国"的内涵中，已基本形成竞技体育、群众体育以及体育产业三者均衡发展的态势。表1.1显示了我国自1984年以来在竞技体育方面取得的巨大成就。

表 1.1　我国参加奥运会以来的奖牌数

奥运会	金牌	银牌	铜牌	金牌数排名
1984 年洛杉矶奥运会	15	8	9	4
1988 年汉城奥运会	5	11	12	11
1992 年巴塞罗那奥运会	16	22	16	4
1996 年亚特兰大奥运会	16	22	12	4
2000 年悉尼奥运会	28	16	15	3
2004 年雅典奥运会	32	17	14	2
2008 年北京奥运会	51	21	28	1
2012 年伦敦奥运会	38	27	23	2
2016 年里约奥运会	26	18	26	3
2020 年东京奥运会	38	32	18	2

从表 1.1 可以看出，我国从 1984 年洛杉矶奥运会开始，金、银、铜奖牌数不断增加，在 2008 年北京奥运会达到顶峰，奖牌总数排名位居世界第一。随后，尽管奖牌数量有所减少，但是金牌数排名均在世界前三之内。这说明我国已经基本实现竞技体育的基本目标，距离体育强国梦的目标又近了一步。

1.1.2　我国体育产业整体发展态势

伴随我国奥运会奖牌数增多的是我国体育产业增加值的逐年升高。从表 1.2 可以看出，我国体育产业增加值占 GDP（国内生产总值）的比重截至 2021 年年底已达 1.07%。这并不是占比最高的年份，受疫情影响，2020 年我国体育产业增加值的增速为负数，2019 年体育产业增加值占 GDP 的比重最高为 1.14%。与 2006 年相比这个比值增加了 2 倍左右。尽管如此，和世界体育发达国家相比，这一比值仍然偏低。2013 年，世界体育发达国家体育产业增加值占 GDP 的比重为 1.5%~2%，而美国则高达 3%，因此，在体育产业的发展上，我国还任重道远。体育服务业由于其具有强大的经济功能和产业带动性，必将成为未来我国体育产业发展的重要支柱。

表 1.2　全国体育产业增加值与 GDP① 　　　　　　　单位：亿元

时间	SGDP	SSGDP	GDP	SGDP/GDP	SGDP 增速	SSGDP 增速
2006	983	244.60	216 314.4	0.46	/	/
2007	1 207.41	322.50	249 529.9	0.49	28.7	31.85
2008	1 554.97	416.75	300 670.0	0.52	22.9	29.22
2009	1 804.69	534.26	340 506.9	0.53	18.1	28.20
2010	2 220	652.71	401 202.0	0.55	20.9	22.17
2011	2 742.71	892.06	472 881.6	0.58	21.1	36.67
2012	3 135.95	1 085.11	518 942.1	0.60	16.6	21.64
2013	3 563	1 215.12	568 845	0.63	13.6	11.98
2014	4 040.98	1 357.17	636 463	0.64	13.4	11.69
2015	5 494	2 703.70	689 100	0.79	36	99.22
2016	6 475	3 560.70	744 127	0.87	17.8	31.70
2017	7 811	4 448.70	827 122	0.94	20.6	24.94
2018	10 078	6 530.00	900 309	1.12	29	46.78
2019	11 248	7 615.10	990 865	1.14	11.6	16.62
2020	10 735	7 374	1 015 986	1.06	-4.6	-3.17
2021	12 245	8 576.00	1 149 237	1.07	14.1	16.30

注：SGDP 为体育产业增加值，SSGDP 为体育服务业增加值。

据英国体育营销研究机构 Sportcal 于 2014 年公布的研究结果，通过对 2007—2018 年已经举办或即将举办的共计 700 次国际主要体育大赛的汇总分析发现，中国将成为全球体育赛事的中心国，其具体体育影响力指数值见表 1.3。

表 1.3　全球体育影响力排名情况

排名	国家	体育影响力指数值（GIS index total）
1	中国	55 709
2	英国	39 393
3	俄罗斯	39 376

---

① SGDP 的数据来源于国家体育总局公布的各年度全国体育局局长年度工作报告，GDP 的数据来源于中国统计年鉴，SSGDP 的数据来源于黄海燕《关于优化与完善我国体育产业统计体系的研究》（中国体育科技，2019 年第 4 期）。

表1.3(续)

排名	国家	体育影响力指数值（GIS index total）
4	意大利	38 946
5	加拿大	38 094
6	德国	35 988
7	法国	28 587
8	巴西	28 386
9	美国	25 563
10	荷兰	23 899
11	西班牙	22 744
12	韩国	21 998
13	日本	20 646
14	土耳其	18 433
15	瑞士	17 287
16	波兰	16 351
17	奥地利	14 497
18	瑞典	14 424
19	澳大利亚	13 898
20	丹麦	11 965

体育竞赛表演业和体育健身休闲业被业界许多专家学者界定为体育服务业中的主导产业，可见这两个细分产业的重要性。表1.3的数据也显示了我国体育服务业在国际上的重要影响力和地位。Sportcal的研究是按以下维度进行的：体育大赛的重要程度、对主办国和城市的社会影响、经济影响、环境影响以及对体育界产生的影响。

1.1.3　我国体育产业与相关产业融合的政策环境利好

1. 政策初始阶段

有关体育服务业与相关产业的融合互动发展的国家纲领性政策文件，较早出现的应该是2010年国务院办公厅发布的《关于加快发展体育产业的指导意见》（国办发〔2010〕22号）。该意见重点提出要大力发展体育产业，其中体育服务业是重中之重，而且首次触及体育产业融合问题。该意见提出要建立繁荣发展、规范有序的体育市场以及结构合理、门类齐全的体育产业体系，必须以体育服务业为重点。该意见提出了六大重点任务，其中一半以上直接跟体育服务业相关。比如，该意见明确提出要大力发展体育健身市场、积极开发体育竞赛及表演市场、努力培育体育中介市场、加强体育服务贸易（包括体育劳务、赛事组织、技术培训及信息咨询等服务业领域），并提出推进体育产业与相关产业的互动发展，明确表明要推动体育产业与电子信息、旅游、文化等相关产业的复合经营。在这个阶段，尽管没有直接提出体育产业与人工智能的复合经营或者融合的概念，但是，已经逐渐开始涉及产业融合的范畴，并且意见中提到的电子信息产业，与人工智能也有很多的交叉点。因此，这个政策文件可以看作体育产业与相关产业融合发展的雏形性纲领文件。

（2）体育产业与相关产业融合的政策发展阶段

在 2010 年国务院办公厅 22 号文的基础上，2014 年 10 月 2 日，国务院发布了《关于加快发展体育产业促进体育消费的若干意见》（国发〔2014〕46 号）。在该文件的"发展目标"中，一如既往地提出"体育产业结构要更加合理"，特别强调要把"体育产业中体育服务业的比重显著提升""体育服务层次要多样化"。在该文件的"主要任务"中，也着重提到要"改善体育产业结构，提升体育服务业比重"，其中，"竞赛表演业、场馆服务业、体育中介培训业以及健身休闲业"等体育服务细分产业被重点提及。这是第一次有文件明确提出实施体育服务业的精品工程，打造一大批各地的示范性体育场馆、优秀的体育俱乐部以及系列品牌赛事。该文件在其"主要任务"中用整整一个大点的篇幅提出"促进融合发展"，也是历年来国务院级别文件中少有的正式使用"产业融合"一词的文件。"主要任务"下的三个方面分别是"积极拓展业态""促进康体结合""鼓励交互融通"。在"鼓励交互融通"中，特别强调"支持信息类企业开发体育领域产品和服务，鼓励运动健身指导技术装备、可穿戴式运动设备等研发制造营销"。从该文件的这些字眼可以看出国家已经从政策背景上给予了体育服务业与相关产业尤其是信息产业及未来的人工智能产业相互融合的极大空间与推动。可以说，在不久的将来，体育服务业下的许多细分行业比如竞赛表演、体育场馆、体育培训等与人工智能的融合发展将呼之欲出。

（3）政策稳定阶段

在前述两个重磅级国家政策出台之后，体育产业与相关产业融合发展的政策环境逐渐趋于稳定，后续的多个重要政策文件都纷纷强调体育服务业发展的重要性及体育产业与相关产业（信息产业或人工智能产业）融合发展的必要性。下面以几个具有代表性的文件做简要阐述。

①《体育发展"十三五"规划》。该文件由国家体育总局于2016年5月5日发布实施，在该文件第七点"扩大体育产品和服务供给，促进体育消费"中，下属第二十九条、三十二条、三十五条分别都有关于体育产业（体育服务业）与相关产业（科学、技术）融合的提法。比如，在二十九条中提出"努力拓展体育新业态，积极发展'体育+'。支持和引导发展'互联网+体育'，鼓励大力开发体育电商交易平台和体育生活云平台"。首次出现了"互联网+体育"的正式提法，意味着体育与人工智能的融合通道进一步打通。在三十二条中明确提出"鼓励企业增加科技投入，促进自主研发和科技成果转化，开发拥有自主知识产权的、科技含量高的产品，大力培育系列拥有自主IP的体育用品知名品牌，着重支持可穿戴运动设备和智能运动装备的制造和研发"。在这一条中，正式提出了"智能运动装备"。在三十五条中，也仍然强调体育领域里的"互联网+"产品。

②《全民健身计划（2016—2020年）》。该文件由国务院于2016年6月15日印发，将全民健身列为国家发展战略。在计划的第三大点"保障措施"中，第十四条的标题为"强化全民健身科技创新"，其具体内容中多次出现有关全民健身与信息技术等融合的理念。比如，提出"提升全民健身手段和方法的科技含量""促进云计算、大数据、移动互联网及物联网等现代化信息技术手段与全民健身相互结合""打造全民健身管理资源库、公共服务信息平台、服务资源库，让全民健身服务做到精准、高效、便捷""充分运用大数据信息分析体育锻炼人数、设施使用情况、健身效果评价"等，无不包含着有关健身休闲活动与人工智能融合发展的计划安排及未来目标指向。

③《"健康中国2030"规划纲要》。该文件根据党的十八届五中全会战略部署制定、2016年由中共中央、国务院印发并实施。在该文件的"第六篇 发展健康产业"中的第十八章"发展健康服务新业态"，提到"要努力促进健康与旅游、互联网、健身休闲、养老等融合，发展健康新业态、新产业及新模式""鼓励基于互联网的健康服务""积极推进可穿戴设备及智能健康电子产品等的发展"。其中，"新业态、新产业、新模式"是典型的产业与产业之间融合之后的必然产物，而健康中国，必然不能离开体育服务业。近年来，各大政策文件一再提出要大力提升体育服务业在体育产

业中的比重，充分发挥体育服务业在全民健身和健康中国中的积极作用，而单纯靠体育服务业本身发展体育远远不够，只有通过体育服务业与现代信息技术的深度融合，催生出更多的新业态，体育服务业的潜在功能才能得到极大的释放。

众多国家层面高级别政策的出台，为我国体育服务业的快速发展提供了充分的政策保障，而国家各个层级体育行政部门也明确指出大力促进体育服务业与人工智能等现代科学技术的融合是实现我国体育服务业快速发展的重要手段。

1.2　文献综述

为了更好地分析体育服务业与人工智能融合发展的研究现状和研究热点，有必要分别从三个方面展开文献搜集：人工智能、体育产业与人工智能融合、体育产业融合。以下分别对人工智能的定义（内涵）、人工智能技术、人工智能应用、人工智能挑战、人工智能风险、体育与人工智能、体育产业融合的现有文献进行归纳分析。为了客观、全面、准确地分析国内外学者在相关领域的研究情况，本书主要选用了两个重要的数据库：Web of Science（SCI）核心集合数据库和 CNKI 数据库。在英文数据库中，分别选用 "artificial intelligence" "applications of artificial Intelligence" "artificial intelligence and sports" "technology in sports" "intelligent gymnasium" "industry convergence" 等作为检索词。在 CNKI 中，选用 "人工智能" "人工智能与体育" "智能健身" "体育赛事与人工智能" "智能场馆" "体育产业融合" 等作为检索词。共计检索近 1 000 篇相关论文，翔实的文献资料为本书研究的顺利开展及完成提供了重要的保障。

人工智能（AI）实现了人类的学习、推理和感知，在计算机算法中了解自然语言，它是计算机科学和信息技术的一个分支，研究计算机如何思考、学习以及完成以前认为只能通过人类智慧才能完成的任务，这使计算机可以模仿人类的智能行为①。

---

① DING P. Analysis of artificial intelligence（AI）application in sports ［C］. ［s. l.］：Journal of physics Conference series，2019.

人工智能已经成为数十年来公众话语中的一种概念，通常在科幻电影或关于智能机器如何接管世界的辩论中被讨论，而这样的世界是把人类看作一种世俗的奴性存在而支持新的人工智能秩序。这样的场景是对 AI 某种漫画般的描述，现实却是 AI 已经出现在当下，我们许多人在日常生活中经常与技术互动。人工智能技术不再是未来学家的领域，而是全球范围内许多组织商业模式中不可或缺的一部分，也是众多商业、医疗、政府等发展计划中的关键战略要素。这种来自 AI 的变革性影响引起了学术界巨大的兴趣，大家普遍研究的是这种技术带来的影响和后果，而不关注 AI 的性能内涵，这似乎是这么多年来关键性的研究领域①。

体育服务业与人工智能融合发展的文献，主要从人工智能研究现状、人工智能与体育研究现状以及体育产业融合研究现状三个方面展开。

1.2.1　人工智能

约翰·麦卡锡（John McCarthy）于 1956 年在达特茅斯会议（Dartmouth conference）上提出"人工智能"（artificial intelligence）这一概念②距今不过 60 多年的时间，人工智能迅速成为各个学科领域的研究热点，包括 IBM 的"Watson"计划、Google 的"DeepMind"以及百度的"Baidu Brain"计划。人工智能的研究如火如荼，相关研究主要集中在以下几个方面：

（1）人工智能的定义

人工智能创始人之一的尼尔斯·约翰·尼尔森将人工智能定义为关于知识的科学。美国麻省理工学院的温斯顿教授认为：人工智能就是研究如何使计算机去做过去只有人才能做的智能工作。Russell 和 Norvig（2016）认为 AI 是描述通常与诸如学习、语音和解决问题等人类属性相关的模仿认知功能的系统③。Kaplan 和 Haenlein（2019）提出了一个更详细、更缜密的描述，他们认为 AI 具有通过灵活的适应能力独立解释和学习外部数据

① YOGESH K DWIVEDI, LAURIE HUGHES, et al. Artificial intelligence (AI): multidisciplinary perspectives on emerging challenges, opportunities, and agenda for research, practice and policy [J]. International journal of information management, 2019, 8 (2): 1-47.

② MCCARTHY J, MINSKY M L, ROCHESTER N, et al. A proposal for the dartmouth summer research project on artifficial intelligence [J]. AI magazine, 2006 (27): 12.

③ RUSSELL S J, NORVIG P. Artifficial intelligence: a modern approach [M]. [s. n.]: Pearson Education Limited, 2016.

以实现特定结果的能力①。Hays 和 Efros（2007）、Russell 和 Norvig（2016）认为大数据的使用使算法能够为机器人、游戏、自主调度等提供出色的性能，并且对 AI 的应用更为实用，而不是更加注重人类级别的 AI 认知，因为人类思想和情感的复杂性尚未得到有效翻译②。

这些定义之间的共同特点是机器在工作场所和社会中执行原来由人类承担的特别角色和任务的能力不断增强。

（2）用于实现人工智能的技术

目前用于实现人工智能的技术较多，有机器学习（machine learning）、深度学习（deep learning）、自然语言处理（natural language processing，NLP）、专家系统（expert system）、图像语音识别（image/speech recognition）、虚拟现实技术（virtual reality，VR）等，下面分别就现有专家学者对上述技术手段的研究做简要介绍。

①机器学习。Ghahramani（2015）认为机器学习是改进计算机根据观察到的数据执行任务的性能及方法的发展③。Gori（2017）认为机器学习可以识别物体、面孔、单词和股票价值，也就是说，机器学习可以使用现有数据来预测未来④。Alpaydin（2016）认为机器学习系统负责对计算机进行培训以执行用户设置的数据分析任务，机器学习是为实用软件开发而开发的，用于计算机视觉、语音识别、NLP 和机器人等应用程序控制⑤。Jordan（2015）认为可以通过移动设备或计算机收集有关任务的大量数据，机器学习算法可以从中学习，以适应每个人的需求和环境，机器学习使用基于算法的命令，这些命令是使用经过训练的数学和统计方法以及代码生成的，可以执行特定任务⑥。

① KAPLAN A, HAENLEIN M. Siri, Siri, in my hand: who's the fairest in the land? on the interpretations, illustrations, and implications of artifificial intelligence [J]. Business horizons, 2019, 62 (1): 15-25.

② HAYS J, EFROS A. Scene completion using millions of photographs [J]. ACM transactions on graphics (TOG), 2007, 26 (3): 4.

③ GHAHRAMANI Z. Probabilistic machine learning and artifificial intelligence [J]. Nature cell biology, 2015, 521: 452-459.

④ GORI M. Machine learning: a constraint-based approach [M]. Burlington, MA: Morgan Kaufmann, 2017.

⑤ ALPAYDIN E. Machine learning: the new AI [M]. Cambridge, MA: MIT Press, 2016.

⑥ JORDAN M I, MITCHELL TM. Machine learning: trends, perspectives, and prospects [J]. Science, 2015, 349: 255-260.

②深度学习。深度学习是机器学习的一个子领域，由艾伦·图灵（Alan Turing）在 1950 年首次提出①。Shaik（2017）将深度学习定义为一种以覆盖层结构表示世界的某种机器学习。每一层被定义为一个简单的概念，每个非抽象的概念都作为一个整体进行计算，并以抽象的表达方式学习，从而获得强大的功能和灵活性②。Lee 等（2017）认为深度学习是通过结合多种类型的形状和图像，然后按特定顺序将它们输入神经网络层，并将所有先前的工作转移到不同的层，直到实现最终结果。随着机器迅速适应深度学习，使用大数据的神经网络可以大大提高人类精度③。

③自然语言处理。Han（2011）认为自然语言处理（也称为计算语言学）是计算机科学的一个子部分，与计算机的学习、理解和人类语言的创造有关④。Chowdhary（2020）将自然语言处理称为专门设计和实施计算机系统的工程，认为其主要功能是自然语言的分析⑤。Tanwar 等（2014）认为自然语言处理需要知识收集和机制控制来系统地解决在搜索过程中使用涉及单词组合的许多算法时出现的问题，这个过程需要人工学习和机器推理相结合，因为它旨在了解需要自动响应、文本翻译和语音生成的用户提供的口头或书面命令⑥。Lecun 等认为理解自然语言应该在深度学习的上下文中被观察到，因为长期以来它已被用于语音和手写识别以及简单的推理⑦。

④专家系统。在学者 Goksel 等（2019）看来，当专家的知识、经验和知识输入计算机时，AI 技术中的"专家系统"会提供与专家相同的解决问

① COPELAND M. What's the difference between artificial intelligence, machine learning, and deep learning?［EB/OL］.（2016-07-29）［2024-03-05］. https:// blogs. nvidia. com /blog/2016/07/29/ whats- difference-artificial intelligence- machine-learning-deep-learning-ai.

② SHAIKH F. Deep learning vs. machine learning—the essential differences you need to know!［EB/OL］.（2017-04-05）［2024-06-07］. https：//www.analyticsvidhya. com/blog/2017/04/ comparison -between- deep-learning machine- learning/.

③ LEE Y H, KOO D H. A study on development deep learning based learning system for enhancing the data analytical thinking［J］. Korean assoc, 2017（21）：393-401.

④ HAN Y J, PARK S Y, PARK S B. Automatic collection of natural language expressions of relations for natural language interface［J］. Kiss Soft, 2011（38）：536-542.

⑤ CHOWDHARY K R. Natural language processing. in fundamentals of artificial intelligence［M］. Berlin：Springer, 2020.

⑥ TANWAR P, PRASAD T V, DATTA K. An effective reasoning algorithm for question answering［J］. International journal of advanced computer science and applications, 2014, 1（4）：51-57.

⑦ LECUN Y, BENGIO Y, HINTON G. Deep learning［J］. Nature, 2015（521）：436-444.

题的技能，它使计算机在执行某些专业任务（医学诊断、法律判断、化学结构估算等）的时候能够替代人类，这也是第一个需要开发的 AI 领域①。

⑤图像语音识别。Ding（2019）认为图像语音识别利用 AI 分析计算机、摄像机收集的图像，确定对象的性质或听取人的声音并将声音转换成句子，图像和语音识别是字符识别以及机器人等方面的关键技术。

⑥虚拟现实技术。Lee 等（2020）认为虚拟现实技术是一种计算机模拟技术，可以创建并提供虚拟世界的体验，VR 结合了计算机图形学、多媒体、人工智能、人机界面、动态设备网络、并行处理以及其他信息技术以创造虚拟世界的体验②。

（3）人工智能的研究纲领

1950 年，英国著名的数学家和逻辑学家图灵在《计算机器与智能》中提出图灵测试后，人工智能研究就集中于解决一系列基础应用问题，如定理证明、机器翻译、问题求解等。Newell Allen 和 Simon Herbert（1976）开启了人工智能符号主义研究纲领，提出人脑的认知过程与计算机的运算过程具有一致性。Daugherty 和 Wilson（2018）以及 Miller（2018）提出：人工智能克服了人类在集中性、智力乃至创造性等的一些计算方面的限制，在教育、市场营销、医疗保健、金融和制造业等行业开辟了新的应用领域，对生产率产生了极大影响。组织内部支持的 AI 的系统正在迅速发展，将其覆盖范围扩展到通常被视为只有人类才能处理的相关领域③④。

（4）人工智能与众多不同领域的融合

人工智能是物联网（IoT）的核心，它支持至关重要的网络应用，可以连接手机、住宅建筑、车辆、家庭、办公室、电器以及相关的服务提供商。人工智能现在在金融、医疗保健、交通能源、智慧城市、安全、教育

① GOKSEL N, BOZKURT A. Artifificial intelligence in education: current insights and future perspectives［M］//［s. n.］: Handbook of research on learning in the age of transhumanism 2019. Hershey: IGI Global, 2019.

② LEE H S, LEE J H. The Effect of T-Ball Class on Physical Self-Effif-ficacy of Elementary School Students Using Virtual Reality Technology（VR）［J］. Journal of Korean association of physical education and sport for girls and women, 2016, 30（4）: 275.

③ DAUGHERTY P R, WILSON H J. Human+machine: reimagining work in the age of AI［M］. Boston: Harvard Business Press, 2018.

④ MILLER S. AI: augmentation, more so than automation［J］. Asian management insights, 2018, 5（1）: 1-20.

和食品领域被广泛使用①。在城市规划和交通管理中，人工智能被用于分析实时驾驶模式以及防止交通拥堵、道路阻塞和事故②。

Vigneshkumar Vijayakumar 等（2021）研究了人工智能在农业的应用问题，利用从 WSN（无线传感器网络）技术收集的数据，展示了人工智能在分析和实现农业自动化智能方面的潜力③。Cox（2021）关注人工智能与高等教育领域的融合应用问题，研究了人工智能和机器人对于现代高等教育的影响，认为这样的影响是长远而深刻的④。Kusiak（1987），Muhuri、Shukla 和 Abraham（2019）、Parveen（2018）关注人工智能与工业和建筑业的融合，研究人工智能通过智能自动化对制造业、供应链、建筑业等的影响及潜在的对人类的替代⑤⑥⑦。Khanna、Sattar 和 Hansen（2013）强调了人工智能在医疗保健中的重要性，尤其是医疗信息学方面，目前对于能够了解医院运营的复杂性以及提高资源使用和病人服务交付效率方面的新技术需求正在逐渐增加⑧。Dreyer 和 Allen（2018）、Kahn（2017）认为，人工智能有潜力改善患者护理和诊断以及解释诸如放射学领域的医学成像，使用人工智能技术进行乳腺癌和其他相关疾病筛查可能更加准确、高效⑨⑩。

① OLAYODE O, TARTIBU L, OKWU M. Application of artifficial intelligence in traffic control system of non-autonomous vehicles at signalized road intersection［J］. Procedia CIRP, 2020（91）：194-200.

② PAU G, CAMPISI T, CANALE A, et al. Smart pedestrian crossing management at traffic light junctions through a fuzzy-based approach［J］. Future internet, 2018（10）：15.

③ VIGNESHKUMAR VIJAYAKUMAR, et al. Artificial intelligence-based agriculture automated monitoring systems using WSN［J］. Journal of ambient intelligence and humanized computing, 2021, 7（12）：8009-8016.

④ A M COX. Exploring the impact of artifcial intelligence and robots on higher education through literature based design fctions［J］. International journal of educational technology in higher education, 2021（18）：3.

⑤ KUSIAK A. Artifficial intelligence and operations research in flexible manufacturing systems［J］. Information systems and operational research, 1987, 25（1）：2-12.

⑥ MUHURI P K, SHUKLA A K, ABRAHAM A. Industry 4.0：a bibliometric analysis and detailed overview［J］. Engineering applications of artifficial intelligence, 2019（78）：218-235.

⑦ PARVEEN R. Artifficial intelligence in construction industry：legal issues and regulatory challenges［J］. International journal of civil engineering and technology, 2018, 9（13）：957-962.

⑧ KHANNA S, SATTAR A, HANSEN D. Artificial intelligence in health：the three big challenges［J］. Australasian medical journal, 2013, 6（5）：315-317.

⑨ DREYER K, ALLEN B. Artifficial intelligence in health care：brave new world or golden opportunity?［J］. Journal of the American college of radiology, 2018, 15（4）：655-657.

⑩ KAHN C E. From images to actions：opportunities for artifficial intelligence in radiology［J］. Radiology, 2017, 285（3）：719-720.

Arlitsch 和 Newell（2017）主要研究了人工智能与图书情报领域的融合问题，探讨了人工智能如何改变图书馆流程、人员需求以及图书馆用户。对于图书馆来说，专注于与人工智能相结合的人类品质和人类交互的增值，可提供更丰富的用户体验①。Joseph Lee（2020）主要研究人工智能与金融行业的融合问题，探讨了在金融服务市场中使用人工智能来增加融资渠道（提高金融包容性）的法律和监管框架的设计问题。他认为，人工智能的发展应继续遵守市场安全保护、消费者保护和市场诚信；但是，为了确保平等和公正，政策应明确提高金融的包容性。他还阐述了人工智能如何避免交易平台上的系统性风险和市场操纵，机器人顾问为顾客提供的投资建议的使用如何弥合投资咨询缺口，如何将人工智能用作 RegTech② 的一种形式，可简化合规流程，从而增强金融市场的竞争能力并惠及消费者③。荣华英、廉国恩（2017）重点研究了人工智能与家居行业的融合问题，家居行业在人工智能的助推下，可迈向高水平发展④。

从大量的中外文献资料来看，伴随人工智能的迅猛发展，人工智能已经深深地渗透人类生产生活的方方面面。从第一产业到第二产业再到第三产业，无不与人工智能发生着日益紧密的联系。

（5）人工智能面临的挑战

学者们在广泛研究人工智能技术对人类社会产生的积极影响之外，还纷纷关注它面临的巨大挑战，这些挑战概括起来有以下方面：社会挑战、经济挑战、数据挑战、组织和管理挑战、技术和技术执行挑战、政治及法律和政策挑战、道德层面的挑战。Xu 等（2019）认为越来越多地使用 AI 可能会挑战文化规范和行为⑤。Sun 和 Medaglia（2019）意识到与对 AI 技术的不切实际的期望以及对人工智能的价值和优势的了解不足是人工智能

---

① ARLITSCH K, NEWELL B. Thriving in the age of accelerations: a brief look at the societal effffects of artifificial intelligence and the opportunities for libraries [J]. Journal of library administration, 2017, 57（7）: 789-798.

② RegTech，意为"监管科技"，前有 FinTech（金融科技）。

③ JOSEPH LEE. Access to finance for artifcial intelligence regulation in the financial services industry [J]. European business organization law review, 2020（21）: 731-757.

④ 荣华英，廉国恩. 人工智能发展背景下国际智能家居行业贸易前瞻 [J]. 对外经贸实务，2017（10）: 18-21.

⑤ XU J, YANG P, XUE S, et al. Translating cancer genomics into precision medicine with artifificial intelligence: applications, challenges and future perspectives [J]. Human genetics, 2019（138）: 109-124.

对社会带来挑战的主要原因，人工智能技术还可能造成社会潜在的失业问题①。Bughin 等（2018）认为人工智能会扩大新兴市场和发达市场、穷人和富人之间的差距②。Sun 和 Medaglia（2019）认为在数据和数据完整性使用方面还存在一定挑战，随着人工智能技术的成熟，必须着力解决这些挑战，从而保障所有的利益相关者对人工智能充满信心。Khanna 等（2013）认为人工智能研究人员需要更有效地理解卫生系统和设计技术的当前迫切需求，当前的人工智能系统需要使用更先进的技术，使人与计算机之间的交互得到改善，并与信息流联系在一起。Cheshire（2017）讨论了医学循环思维的局限性。"循环思维"这一术语被定义为一种隐性偏见，它不会对信息进行正确的重新评估或对正在进行的行动计划进行修订③。Zatarain（2017）认为使用人工智能技术的一个法律挑战是版权问题，现行的法律框架需要进行重大调整以便有效地保护和激励人们工作④。Sun 和 Medaglia（2019）认为个人和组织可能会对人工智能系统的维度及其共享数据的使用的道德问题表现出担忧。人工智能技术变革与发展的快速步伐让越来越多的人担心道德问题没有得到正式而有效的解决。目前尚不清楚基于人工智能系统做出决策产生的道德和法律问题能否解决。

（6）人工智能的局限与风险

很明显，鉴于人工智能对经济、社会的双重影响有赢家也有输家，决策者在未来布局中需要具备战略性眼光。Müller 和 Bostrom（2016）认为，人工智能系统在 2075 年就能在整体上具备人类的能力，一些专家认为人工智能朝着超级智能发展可能对人类有害⑤。Duan（2019），Pappas、Mikalef 和 Lekakos（2018）认为，我们的社会总体上来说还没有完全解决人工智能、大数据在人类生活、文化、可持续性和技术变革等方面产生广泛影响的许多

① SUN T Q, MEDAGLIA R. Mapping the challenges of artifificial intelligence in the public sector: Evidence from public healthcare [J]. Government information quarterly, 2019, 36（2）: 368-383.

② BUGHIN J, SEONG J, MANYIKA J, et al. Notes from the AI frontier: Modeling the global economic impact of AI [R]. [s. l.]: McKinsey Global Institute, 2018.

③ CHESHIRE W P. Loopthink: a limitation of medical artifificial intelligence [J]. Ethics and medicine, 2017, 33（1）: 7-12.

④ ZATARAIN J M N. The role of automated technology in the creation of copyright works: the challenges of artifificial intelligence [J]. International review of law, computers and technology, 2017, 31（1）: 91-104.

⑤ MÜLLER V C, BOSTROM N. Future progress in artifificial intelligence: a survey of expert opinion: fundamental issues of artifificial intelligence [M]. Cham: Springer, 2016.

伦理和经济问题。他们认为人工智能技术变革与发展的快速步伐将会增加人们对道德问题不会得到正式处理的关注，人们对于如何解决人工智能带来的道德和法律层面的问题还尚不清楚，监管机构应该制定并强制执行合理的政策、法规、道德指引及法律框架以避免人工智能的误用①②。

1.2.2 体育产业与人工智能的融合应用

体育本身是一种社会活动，按照国家统计局 2019 年颁布的《体育产业统计分类 2019》（国家统计局令第 26 号）对体育产业的分类，体育产业可以包括体育场地设施的建设、体育用品的制造与销售以及种类繁多的体育服务性行业，这些细分行业均存在与人工智能融合的空间。目前，国内外理论界有部分专家学者已开始对二者之间的融合问题进行研究。人工智能与体育产业的融合方面的研究主要集中在以下方面：

（1）体育产业中的智能科技应用

一说到体育与人工智能的融合问题，首先容易让人想到的是智能可穿戴运动设施设备。目前许多专家学者已经意识到人工智能必将和体育产业产生强烈的融合，对体育产业带来极大的影响。Dhruv 等（2017）提出用于体育运动的可穿戴设备——新的集成技术可以使教练、医师和培训师更好地实时了解运动员的身体需求③。Seshadri 等（2017）认为事实上业余爱好者以及体育专业人士均将可穿戴设备作为激励目标④。Aroganam、Manivannan 和 Harrison（2019）认为不断增长的可穿戴设备市场可以使追踪到的与人体有关的新信息更加精确和详细⑤。Anton Kos 等（2017）在

---

① DUAN Y, EDWARDS J S, DWIVEDI Y K. Artifificial intelligence for decision making in the era of big data: evolution, challenges and research agenda [J]. International journal of information management, 2019 (48): 63-71.

② PAPPAS I O, MIKALEF P, GIANNAKOS M N, et al. Big data and business analytics ecosystems: Paving the way towards digital transformation and sustainable societies [J]. Information systems and e-business management, 2018, 16 (3): 479-491.

③ DHRUV R SESHADRI, et al. Wearable devices for sports: new integrated technologies allow coaches, physicians, and trainers to better understand the physical demands of athletes in real time [J]. IEEE pulse, 2017, 8 (1): 38-43.

④ SESHADRI D R, DRUMMOND C, CRAKER J, et al. Wearable devices for sports: new integrated technologies allow coaches, physicians, and trainers to better understand the physical demands of athletes in real time [J]. IEEE pulse, 2017 (8): 38-43.

⑤ AROGANAM G, MANIVANNAN N, HARRISON D. Review on wearable technology sensors used in consumer sport applications [J]. Sensors, 2019 (19): 1983.

《科学技术在体育中的作用》一文中指出，参加体育运动的人群无论出于何种目的，都有一个迫切的需求，就是对自身身体活动进行量化。论文对运动中的机器学习及对技术支持的需要进行了介绍，阐述了用于体育活动信息获取、交流的各种传感器的性能和局限，分析了体育活动信号及数据处理的多个方面。论文最后提出了体育中的科技趋势和未来挑战，比如物联网、智能运动装备以及实时生物反馈系统和应用等①。

（2）体育新闻业与人工智能融合

不少学者开始关注人工智能与体育新闻的融合现象，发现移动设备上对新闻的需求以及算法的进步正在帮助自动化新闻变得更加流行②。事实上，新机器和新技术的引入，对于新闻传统——内容、生产方式和消费所产生的潜在影响，人们总会质疑③。Yair Galily（2018）探讨了如下的问题：针对体育新闻内容的特定框架、生产方式和消费方式，是否自动产生内容的引入会是体育新闻领域的另一个进化阶段？或者是否会引发巨大的变革，即不再需要人类新闻工作者④？王相飞等（2021）研究了人工智能在体育传播领域的应用，认为人工智能对体育传播行业会产生如下影响：转变体育传播者的核心价值、扩展体育传播内容价值、重构人工智能驱动下的传媒新生态、提升人工智能助力后体育赛事直播用户的体验、衍生和叠加体育传播风险⑤。吴丹（2018）在其硕士学位论文中对人工智能化新闻的生产进行了研究，重点探讨了在媒介技术发生巨大变革的背景下，人工智能化新闻的生产对目前媒介和传媒业所产生的影响，认为新闻写作机器人的出现是人工智能技术在新闻领域的典型应用⑥。

---

① ANTON KOS，et al. The role of science and technology in sport［J］. Procedia computer science，2018（129）：489-495.

② N THURMAN，K DORR，J KUNERT. When reporters get hands-on with robowriting：professionals consider automated journalism's capabilities and consequences［J］. Digit journal，2017，5（10）：1240-1259.

③ C CLERWALL. Enter the robot journalist：users' perceptions of automated content［J］. Journal pract，2014，8（5）：519-531.

④ YAIR GALILY. Artifficial intelligence and sports journalism：is it a sweeping change？ ［J］. Technology in society，2018（54）：47-51.

⑤ 王相飞，王真真，延怡冉. 人工智能应用与体育传播变革［J］. 上海体育学院学报，2021（2）：57-64.

⑥ 吴丹. 人工智能化新闻生产研究［D］. 南昌：南昌大学，2018.

（3）体育竞赛表演业与人工智能的融合

人工智能算法跨越计算机科学的多个分支，如模式识别、预测推理和数据分析。过去几年对于机器学习技术的发展非常重要，它们的准确性得到了提高，现在人工神经网络可以在许多方面都胜过人类[1]。不少专家学者从 20 世纪就开始通过人工智能预测体育比赛结果，赛事类型包括橄榄球、足球、标枪、篮球及赛马等。Gabriel Fialho（2019）重点研究了运用人工智能技术预测体育比赛的结果。他认为计算机超过人类的领域之一就是预测，许多人正在使用该工具预测比赛结果。由于几种运动具有极大的与结果直接相关的特征，人类很难考虑所有特征并预测高精度的运动比赛。在这种情况下，需要一种高性能的技术来处理所有数据，这就是人工智能的用武之地，这项技术的巨大进步使人们可以处理大量数据并得出极为有用的结论[2]。Farzin Owramipur 等（2013）专门研究了如何利用人工智能技术预测西班牙足球联赛比赛结果。以预测 2008—2009 赛季巴塞罗那队的比赛结果为例，他们收集了研究对象的 6 个心理特征和 7 个非心理特征，把搜集的数据聚集在一起，并在每次比赛中都使用贝叶斯网络模型进行运算，得出了巴塞罗那队的比赛预测结果，与 2008—2009 赛季实际结果对比，最终正确率为 92%[3]。Purucker（1996）是最早研究使用人工神经网络（ANN）预测体育比赛结果的学者之一。他收集了美国全国橄榄球联盟（NFL）比赛前八轮的数据进行赛事结果预测。最开始他达到了 62% 的准确度（该领域专家的准确度为 72%）[4]。Kahn（2003）在 Purucker 的研究结果的基础上改进了预测模型，对 2003 年赛季的 208 场比赛进行研究，最终比赛预测结果的准确率达到了 75%[5]。

① STEINBERG, ROMAN. 6 areas where artificial neural networks outperform humans [EB/OL]. (2017-12-08) [2024-01-15]. https:// venturebeat.com /2017/12/8/ 6-areas-where-artificial-neural-net works- outperform-humans/.

② GABRIEL FIALHO. Predicting sports results with artificial intelligence: a proposal framework for soccer games [J]. Procedia computer science, 2019 (164): 131-136.

③ OWRAMIPUR, FARZIN, ESKANDARIAN, et al. Football Result Prediction with Bayesian Network in Spanish League-Barcelona Team [J]. International journal of computer theory and engineering, 2013 (5): 5.

④ PURUCKER, MICHAEL. Neural network quarterbacking [J]. IEEE potentials, 1996, 15 (3): 9-15.

⑤ KAHN, JOSHUA. Neural network prediction of NFL football games [M]. [s. n.]: World Wide Web Electronic Publication, 2003.

Alessandro Silacci（2021）研究了基于人工智能技术的公路自行车骑行者培训计划设计。由最先进的人工智能技术虚拟教练安排公路自行车训练课程，以十几个公路自行车参与者的培训数据为基础，能够创建和验证任何级别的公路骑行者的电子教练，该系统可根据公路骑行者的过往能力提供近乎人性化的指导①。

（4）体育教育与人工智能的融合

体育教育与人工智能的融合问题虽然可以归于前述的人工智能与众多不同领域的融合问题中的"与高等教育融合"，但是由于体育教育活动自身所具备的特殊性，它与人工智能的融合很大程度上表现出其不同于其他领域的实质性特征。

McArthur 等（2005）认为科技进步不仅影响体育教学内容和方法的变化，而且改变了体育教育模式和教育系统的类型和组织②。Lee 和 Jin（2016）认为虚拟现实技术在体育教育（PE）中的应用重点在于构建人工智能专家系统（例如基于运动的专家系统），并利用 VR 的三维空间来建立基于人类身体活动的运动模型。VR 技术不仅可以用来模拟真实世界，而且可以超越真实世界并提高真实用户的感知。使用 VR，学生可以更好地理解和掌握教育教学内容③。Zimmerman 早在 1990 年就认为人工智能程序可以使学习者更新他们的知识并解决与其水平相匹配的问题，使用人工智能可以进行自我调节的学习，帮助学习者实现其三个目标：自我调节学习策略、拥有对学习效果的响应以及独立和同步的课程④。

有关使用自学习算法的性能的讨论越来越多，因为它在体育研究以及与数学和计算机科学有关的活动中具有广阔的应用前景。马骁等（2020）对人工智能在体育教学领域的应用进行了研究，他们尝试设计了一套基于人工智能的体育教学管理系统，这主要适用于体育教学中肢体动作类的教学内容，其设想的人工智能教学平台包括运动数据捕捉子系统、智能云计

---

① ALESSANDRO SILACCI. Towards an AI-based tailored training planning for road cyclists: a case study [J]. Applied sciences, 2020, 11 (1): 313.

② MCARTHUR D, LEWIS M, BISHARY M. The roles of artificial intelligence in education: current progress and future prospects [H]. Journal of educational technology, 2005 (1): 42-80.

③ LEE H S, JIN Y K. A review of benefits and trends for the three specific and distinct products using technology in physical education [J]. Journal of Korean association of physical education and sport for girls and women, 2016 (30): 275.

④ ZIMMERMAN B J. Self-regulated learning and academic achievement: an overview [J]. Educational psychologist, 1990 (25): 3-17.

算管控子系统以及智慧课堂子系统，并在小范围的体育专业学生中进行了针对机器学习算法的实验与验证，最终得出结论，认为人工智能技术有助于提升肢体类动作教学的教学质量[1]。杨伊、任杰（2020）以中小学体育课程教学为例，探讨了人工智能对体育教育的影响，认为人工智能对于体育教学有四个方面的影响与推动：减缓体育师资压力、贯彻课程改革理念、转变教师教育模式、使研究范式全面转型[2]。

（5）体育场地和设施管理与人工智能的融合

体育场地和设施管理与人工智能的融合问题，在中国知网和 Web of Science 及 Science Direct 上直接输入相关主题词，均无法搜索到直接相关的大量文献尤其外文文献。将概念扩大一步到"intelligent/smart building"，便有不少学者研究该问题。其实，对体育场地和设施管理与人工智能的融合问题，还可以追溯到"智能场馆"，而"智能场馆"又可以被包含在"智能建筑"的范畴中。

Raza 和 Khosravi（2015）提出智能建筑可以节约能源并降低建筑物的运行成本[3]。Al Dakheel 等（2020）认为智能建筑由于拥有自动控制系统，可以利用数据来优化建筑物的性能和提升居民居住的舒适度[4]。朱梦雨、黄海燕（2020）研究了 5G 技术在体育场馆智慧化建设中的融合应用问题，认为智慧体育场馆主要包括硬件和软件两个方面，其中硬件有科技化设施设备和智能化系统，软件包括信息化管理、数据化运营以及互动化服务；在智能的基础上加入 5G 技术后，智能场馆的效率会进一步提高，比如5G+AI 智能评分系统、5G 人脸识别系统、5G+物联网技术等[5]。陈志琴、代方梅（2019）探讨了第七届世界军人运动会智慧体育场馆的建设情况，认为智慧体育场馆的建设要素主要由信息化、数据化、智能化以及互动化

---

① 马骁，韩维佳，李子琦.基于人工智能的肢体动作类教学管理系统研究［J］.大学教育，2020（4）：192-194.

② 杨伊，任杰.我国中小学体育课程改革70年：兼论人工智能对体育教育的影响［J］.体育科学，20206（40）：32-37.

③ RAZA M Q, KHOSRAVI A. A review on artiffificial intelligence based load demand forecasting techniques for smart grid and buildings［J］. Renewable and sustainable energy reviews, 2015（50）：1352-1372.

④ AL DAKHEEL J, DEL PERO C, ASTE N, et al. Smart buildings features and key performance indicators：a review［J］. Sustainable cities and society, 2020（61）：102-328.

⑤ 朱梦雨，黄海燕.5G技术在体育场馆智慧化建设中的应用研究［J］体育科研，2020, 5（41）：2-9.

四个方面组成，并指出智慧体育场馆是我国体育场馆未来发展的必然趋势[①]。戈俊（2020）认为要想解决我国传统体育场馆存在的经营模式单一、场地利用率低且无法量化、人员管理难以及运营成本高等问题，必须重视智能体育场馆的建设，人工智能和大数据可以提高场馆运营效率。场馆可以通过物联网技术将通信设备与传感器连接，定时向管理人员、观众等发送相关信息，可以有效地指导所有人员省时有序地进出场馆，提供灵活的泊车定位服务，精准记录场馆各种能源设备消耗情况，根据湿度、温度以及场馆内外光线明暗程度自动调整照明及空调系统，安全合理地运用人脸识别技术实时限制人流访问权限等，为政府、场馆、用户等各方搭建互联互通桥梁[②]。

体育场地和设施管理与人工智能的融合归纳起来主要体现在三个方面：信息化的运营管理方式、数据化的服务方式以及智能化的设施设备。

（6）体育健身休闲业与人工智能的融合

体育健身休闲业与人工智能的融合主要体现在智能健身方面。目前在Web of Science 及 Science Direct 上输入"intelligent fitness"主题词，暂时没有发现相关外文文献；输入"intelligent gymnasium"，有少量国外学者的相关文献；而在中国知网输入"智能健身"，则发现国内有不少专家学者开始涉猎该领域的研究。

Munish Bhatia 和 Sandeep K. Sood（2018）从移动医疗（M-Health）视角对体育馆的智能框架进行了研究[③]。Fernando Cassola 等（2014）对基于体感互动的 3D 虚拟体育馆进行了研究[④]。李梦（2020）基于"互联网+"背景，重点研究了大众智能健身俱乐部的服务方式及健身教育的转型，认为伴随智能化时代的到来，传统健身俱乐部服务方式的转型包括指导方式、消费方式以及智能信息服务平台的转型，同时，健身教育要配合俱乐

---

① 陈志琴，代方梅. 探究军会会背景下智慧体育场馆建设 [J]. 湖北体育科技，2019，4 (38)：283-286.

② 戈俊. 人工智能与大数据在体育中的应用研究 [J]. 体育科技，2020，2 (41)：30-33.

③ MUNISH BHATIA, SANDEEP K SOOD. An intelligent framework for workouts in gymnasium：M-Health perspective [J]. Computers & electrical engineering, 2018, 1 (65)：292-309.

④ FERNANDO CASSOLA, et al. Online-gym：a 3D virtual gymnasium using kinect interaction [J]. Procedia technology, 2014 (13)：130-138.

部服务方式的转型实现同步转型①。丁珊珊（2020）在其论文中对济南市健身俱乐部的智慧化发展进行了研究，主要研究了在智能化背景下，参与健身的人群如何利用智能设备完成健身前的准备工作以及在健身过程中实现智能健身，俱乐部工作人员如何通过智慧化软件管理系统为顾客提供便捷高效的健身管理服务②。石晓萍、石勇（2019）对人工智能时代下个性化体育健康管理服务体系进行了研究，提出了智能无人健身场馆的体育健康管理服务实施路径，认为智能无人健身场馆可以很好地解决我国体育场馆管理难、开放难、运营难的问题，健身人群仅需通过智能穿戴设备及在线平台便可实现健康运动③。柳絮（2020）在其论文中主要研究了山东省智慧健身产业相关问题，结合业界相关概念，首先提出了智慧健身产业的概念；其次，认为山东省智慧健身产业有五大协同主体：研究机构、高校、用户、政府以及企业；最后提出了包含伙伴选择机制、利益分配机制、动力机制、绩效评价机制、风险控制机制等在内的支持山东省智慧健身产业多元主体协同的运行机制系列④。何进胜、唐炎（2019）对我国智能健身房的商业模式进行了研究，在总结了四个运营模式的基础上，提出要打破健身行业的发展困局，必须走"智能化+短期卡"之路，智能化是未来健身房发展的必然趋势⑤。于化龙（2018）对于长春市非体育专业大学生体育健身中使用智能可穿戴设备的现状进行了研究，发现智能可穿戴设备对大学生体育健身行为有积极影响⑥。

1.2.3 体育产业融合

体育产业融合的理论源于产业融合（industry convergence）理论，随着体育产业的迅猛发展，它已逐渐渗透融合进入相关产业，形成新的产业业

① 李梦. "互联网+"大众智能健身俱乐部服务方式与健身教育转型探究 [D]. 武汉：武汉体育学院，2020.

② 丁珊珊. 济南市健身俱乐部的智慧化发展研究 [D]. 济南：山东体育学院，2020.

③ 石晓萍，石勇. 人工智能时代下个性化体育健康管理服务体系设计研究 [J]. 南京体育学院学报，2019，10（22）：30-38.

④ 柳絮. 山东省智慧健身产业多元主体协同发展模式及运行机制研究 [D]. 济南：山东大学，2020.

⑤ 何进胜，唐炎. 我国智能健身房商业模式分析研究与启示意义 [J]. 广州体育学院学报，2019，1（39）：29-35.

⑥ 于化龙. 长春市非体育专业大学生体育健身中使用智能可穿戴设备的现状调查 [D]. 沈阳：东北师范大学，2018.

态。在 Web of Science 及 Science Direct 上输入"sports industry convergence"或"industry convergence of sports"，与此关键词直接相关的文献比较少；而在中国知网上输入"体育产业融合"，则有不少相关文献及研究成果。

产业间的融合是当产业之间的交汇点在既定及明确定义的界线上出现创新的现象，融合带来的技术和产品会增强客户体验[①]。作为技术变革的特殊类型，"技术创新"和"融合"是两个基本的破坏性因素，目前在战略制定中被认为是最重要的两个因素[②]。产业融合有助于加快现有产业结构的重组，并导致新兴的、先前不存在的行业的出现[③]。消费者需求的多样化、技术的进步以及信息和通信技术（ICT）的广泛使用正在加速不同技术和行业之间的融合。

关于融合的最早文献可以追溯到 20 世纪 60 年代罗森伯格（Rosenberg）的著作，他用"融合"这一概念来解释一个广泛应用于各行业及最终产品的普通技术领域如何最终因为其独立性和专业性而发展成为杰出行业，进而提出了"技术融合"（technological convergence）这一概念[④]。20 世纪 70 年代与信息通信技术（ICT）相关的融合开始被关注。从 20 世纪 80 年代开始，不同类型的技术之间发生了创新性融合的现象，导致了新产品、新服务和新技术的产生[⑤]。

国内较早研究体育产业融合的学者之一程林林（2005）认为，体育领域的产业融合是动态发展的，这是体育产业化本质的体现。他分析了体育产业融合的机理、原因、作用和意义，提出了体育产业融合的两种主要类型：体育产业内部的重组融合、体育产业与别的产业间的延伸融合。体育产业融合的具体类型取决于体育产业所在地区的产业结构和资源条件。体育产业融合会对我国经济、社会等产生重要影响，与体育产业发生融合的

---

① HACKLIN F, MARXT C, FAHRNI F. Coevolutionary cycles of convergence: an extrapolation from the ICT industry [J]. Technological forecasting and social change, 2009 (76): 723-736.

② KARVONEN M, KÄSSI T. Patent citations as a tool for analysing the early stages of convergence [J]. Technological forecasting and social change, 2013 (80): 1094-1107.

③ KIM N, LEE H, KIM W, et al. Dynamics patterns of industry convergence: evidence from a large amount of unstructured data [J]. Research policy, 2015, 44 (9): 1734-1748.

④ ROSENBERG N. Technological change in the machine tool industry: 1840-1910 [J]. The journal of economic history, 1963 (23): 414-446.

⑤ GEUM Y, KIM C, LEE S, KIM M S, et al Technological convergence of IT and BT: evidence from patent analysis [J]. Etri journal, 2012 (34): 3.

部门，既可以是物质生产部门，也可以是非物质生产部门①。

余守文、金秀英（2006）将体育产业融合定义为在人类需求不断高级化及多元化的情况下，在具备管理、技术、规则条件时，两个及以上产业部分或全部融合从而形成新产业的经济现象。他们重点以体育产业与电子游戏产业、媒体产业和旅游产业之间的融合为例进行了论证，认为体育产业融合可以丰富体育产业的内涵和外延，可以为体育产业的发展提供更加充足的资源并优化体育产业结构②。

詹新寰等（2008）在综合了许多学者有关产业融合的概念的基础上，认为体育产业融合是由于管制放松和技术水平提高，在不同行业的交叉处或边界点发生了技术融合，经过不同行业的各种资源整合之后，原有产业的产品及市场需求特征被改变，产业间相互介入或进入的壁垒降低，企业之间的关系发生改变，最终导致边界模糊化甚至重新划分产业边界，这是一个动态发展过程。他们重点研究了体育竞赛表演业和媒体业的融合、体育健身休闲业与旅游业的融合、体育场地和设施管理业和会展业的融合，提出了体育产业融合的动力机制：融合程度加深—竞争成本提高—企业组织创新—节约竞争成本—融合程度加深③。

杨强（2013）就体育产业与相关产业的融合问题进行了研究。他对体育产业融合的定义如下：体育产业与旅游、文化、信息等产业之间的边界被打破，通过各自产业价值链的延伸、渗透及重组，形成的以体育竞赛表演业、体育场地和设施管理业以及体育健身休闲业为依托，以其他产业要素为载体，以经过市场、技术和业务的融合逐步形成的体育资源为核心，同时具备相关产业特征的新型体育业态的动态发展过程。他提出了体育产业融合的三大内涵特征：体育产业的关联性是体育产业融合的基础、体育产业自身是体育产业融合的中心、体育产业创新是体育产业融合的本质。他指出体育产业融合的内在机理是体育产业的资产通用性，而外在动力是体育企业竞争激烈的驱动力、体育相关产业政策的推动力以及体育市场需

---

① 程林林. 体育的产业融合现象探析 [J]. 成都体育学院学报，2005，3（31）：22-25.
② 余守文，金秀英. 体育产业的产业融合和产业发展研究 [J]. 体育科学，2006，12（26）：16-19.
③ 詹新寰，孙忠利，王先亮. 产业融合机制下体育产业发展研究 [J]. 首都体育学院学报，2008，6（20）：1-4.

求多样化的拉动力①。

李燕燕等（2015）就我国体育产业融合的内涵、特征、类型及实现机制进行了研究，认为我国体育产业融合具有需求主导性、价值延展性、创新系统性以及规则协调性四大特征，我国体育产业融合的类型有重组型融合、交叉型融合和综合型融合，其实现机制包括制度融合、技术融合、企业融合和业务融合四种，我国体育产业融合效应包括实现体育产业功能多元化、扩展体育产业绩效空间、推进区域经济一体化以及构建区域运营新平台②。

党挺（2017）对国外体育产业融合的内涵、模式、动力机制和效应及对我国的启示进行了研究，认为国外体育产业融合的模式主要有体育产业渗透、体育产业交叉和体育产业重组三种，国外体育产业融合的动力机制主要包括融合的基础条件（产业的高度关联）、初始驱动力（产业技术创新）、外部推力（宏观环境和政策），国外体育产业融合所产生的效应是体育产业创新性优化效应、体育产业竞争性结构效应、体育产业组织性结构效应、体育产业竞争力能力效应、体育产业消费性能力效应以及体育产业区域效应③。

陈博（2020）基于多元视角对我国体育产业融合发展问题进行了研究，他阐释了目前我国体育产业融合的态势、机制和效应④。

有关体育产业融合的研究主要涉及体育产业融合的内涵、类型、效应以及内外机理等方面。

另外，国内不少学者还研究了体育产业与某个具体产业融合的问题，如许焰妮（2020）利用社会网络分析法对我国体育与旅游、体育与文化、体育与健康、体育与养老之间的融合发展进行了深入研究⑤。刘颖（2021）对体育产业与医疗产业的融合问题进行了研究，集中探讨了体医融合的

---

① 杨强. 体育产业与相关产业融合发展的内在机理与外在动力研究 [J]. 北京体育大学学报, 2013, 11 (36)：20-24.

② 李燕燕, 兰自力, 陈锡尧. 我国体育产业融合的特征、类型及实现机制 [J]. 首都体育学院学报, 2015, 11 (27)：488-492.

③ 党挺. 国外体育产业融合发展分析及启示 [J]. 体育文化导刊, 2017, 3：127-131.

④ 陈博. 多元视角下体育产业的融合发展研究 [M]. 中国经济出版社, 2020.

⑤ 许焰妮, 曹靖宜. 从分割到协作：体育产业与相关产业融合中的府际关系网络研究 [J]. 体育学刊, 2020, 11 (27)：70-74.

5种主要模式①。还有部分学者研究了体育产业与旅游产业的融合、体育产业与文化产业的融合、体育产业与健康产业的融合、体育产业与养老产业的融合等问题。由此，也可以看出目前无论是在实践领域还是在理论界，体育产业融合问题已经成为一个具有较强现实意义和较高研究价值的问题。

1.2.4　研究评价

综上所述，通过大量相关中外文献的梳理，有关人工智能与体育服务业融合的文献中，在与人工智能相关的研究方面（包括 AI 内涵、AI 技术、AI 与其他行业融合等），国内外的研究成果均比较丰富，可以借鉴和参考的基础资料比较扎实。而有关人工智能与体育产业融合的研究，则国内研究成果较多，国外研究成果相对偏少，尽管国外文献中关于产业融合的研究成果非常多。因此，在国内外文献中，有关人工智能与体育服务业融合方面的研究则相对更少一些，这虽然为小范围搜集前期资料带来一定的难度，但同时也为本书提供了一个较好的研究视角。在我国体育产业和人工智能均呈现蓬勃发展态势的背景下，研究体育服务业与人工智能融合问题无疑具有重要的现实意义和理论价值。图 1.1 是本书文献综述的框架，该框架可以为本书的展开提供一个较为清晰的文献脉络。

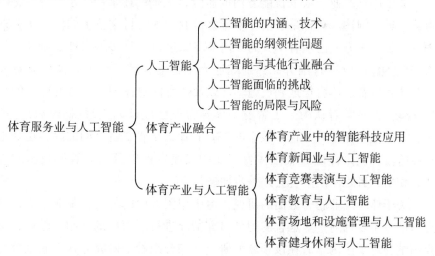

图 1.1　体育服务业与人工智能文献综述框架

---

① 刘颖. 基于 SFIC 模型的我国体医融合推进困囿与纾解方略 [J]. 2021，7（40）：1-7.

总体来看，支撑本书的所有文献资料主要由三部分组成：人工智能、体育产业与人工智能以及体育产业融合。

关于人工智能，中外不少专家学者对其基本达成共识，即机器在许多领域代替人类的能力日益增强。研究得比较多的问题是人工智能与社会生产生活诸多领域的融合应用问题，多数学者认为人工智能在医学、农业、教育、建筑业、工业制造业、图书情报业、金融业以及家居行业等领域已经有了很好的应用，并有着广泛的融合应用前景。目前在上述相关领域中，已经出现了相应的"人工智能+"的新兴业态，比如智慧医疗、智能（智慧）农业、智能家居、智能教育、智能金融等。这里没有包含人工智能与体育的融合文献分析，该内容单列一个大点来阐述。关于人工智能技术，目前专家学者们普遍认为较为成熟的现代技术手段有：机器学习、深度学习、自然语言处理、专家系统、虚拟现实技术以及图像语音识别等。关于人工智能面临的挑战，专家学者们比较一致的意见是：人工智能的发展除了给人类社会带来好处外，也有负面影响，这些负面影响可能包括经济方面、社会方面、政治方面、法律方面以及道德方面，人类需要特别警惕这些负面影响，尤其是超级智能的出现，可能对人类社会带来意想不到的伤害。

关于体育产业与人工智能方面的研究，文献综述采用了总—分—总的方式来进行阐述。首先是总括介绍体育行业中现代科学技术的使用状态方面的文献。这方面已经有不少的国内外专家进行了许多探索性的研究。其次是对体育产业进行细分，分别综述人工智能在体育新闻、体育竞赛表演、体育教育、体育场地和设施管理以及体育健身休闲等领域的应用的相关文献。许多学者认为人工智能与体育行业已经开始出现融合的良好势头，与其他产业（比如医学及金融等）相比，尽管二者之间的融合还处于初级阶段，但是伴随着我国体育产业的飞速发展以及人工智能技术的进步，相信二者之间的融合会进一步加强。

关于体育产业融合方面的研究，由于相关方面的外文文献非常少，因此该部分主要针对产业融合的国外研究情况进行了简要的介绍。随后，重点归纳整理了国内学者在该领域的研究。综合来看，研究体育产业融合的学者主要来自国内体育产业领域，他们重点研究了体育产业融合的概念、模式、机理或融合路径等，不少学者研究了体育产业与旅游产业、电子产业、传媒产业、文化产业等的融合。

1.3 研究框架

根据国家发展改革委产业经济与技术经济研究所于 2018 年 6 月发布的《中国产业发展报告：2018——迈向高质量发展的产业新旧动能转换》中的内容，目前我国经济发展处于一个"双碰头"阶段：一是传统的增长动能呈现逐渐衰减的态势，二是我国经济正在转向高质量发展道路，因此十分迫切地需要产业新旧动能的转换从而加快我国产业升级与转型，以促进经济高质量发展。报告还指出，当前及今后的时期，我国将会面临四大历史机遇：来自新一轮科技革命和产业变革的科技支撑、消费结构升级带来的巨大市场空间、深化改革的创新制度供给以及建设现代化经济体系的良好宏观环境。"培育壮大新兴产业和改造提升传统产业""科技创新、需求变化、制度创新"等，在报告中被认为是培育产业新动能的核心要素。而体育服务业是服务业中的一个新兴产业门类，属于现代服务业的范畴，与体育用品制造与销售业相比，最能体现体育的本质特征，被国内外很多专家学者称为低碳环保产业，也是较多元化、具有可持续发展潜力的行业。因此，有理由相信，伴随着科技进步及人们对待体育观念的转变（将直接导致体育消费需求的转变），体育服务业与人工智能深度融合之后，不仅可以改造原有的与体育相关的大批传统产业，还可以催生出较多的新兴产业业态。

1.3.1 研究思路与技术路线

本书沿着提出问题—分析问题—解决问题的思路，以体育服务业与人工智能融合为研究对象，从我国由体育大国向体育强国的转变中发现问题：要实现为中国梦提供人力资本、为经济发展提供新的增长点以及为我国经济结构优化升级提供新的推动力，体育该怎么办？由于体育服务业最能体现体育的本质特征，因此，问题就再度分解为体育服务业该怎么做才能在我国由体育大国向体育强国转变过程中起着主要作用。人工智能的出现及迅猛发展，似乎可以为体育服务业完成这一宏伟转变提供很好的杠杆。人工智能与众多产业融合发展的良好态势，既为体育服务业与人工智能的融合提供了很好的经验借鉴，也引申出一个非常重要的问题：如何最大化地释放体育服务业与人工智能融合的正面效应？

本书的研究目的是通过研究体育服务业与人工智能的融合来帮助实现我国经济实现可持续发展及产业结构的优化升级。因此，要深刻理解本书的研究背景、研究对象和研究目的，要在可持续发展理论及产业融合理论的强大支撑下，深入分析体育服务业与人工智能融合的相关问题，要在此基础上针对性地设计相应的数学模型，进行论证分析。

在提炼出本书的主要问题之后，先需要运用一定的定量研究方法对我国体育服务业与人工智能融合现状进行研究，接着要对二者之间的融合动因、融合效应、融合路径、融合模式结合实证研究进行分析，再利用数学模型对二者之间的融合情况进行影响评价，最后分析融合障碍及寻找对策，本书的研究思路如图 1.2 所示。

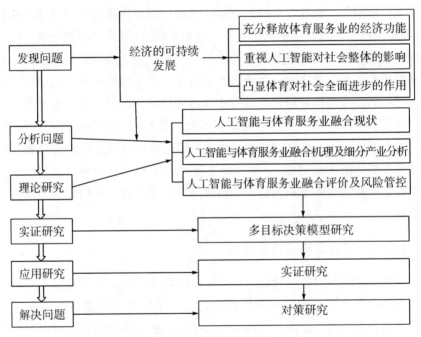

图 1.2　本书的研究思路

根据研究思路，本书以产业融合相关理论为基础，借助文献资料法、专家访谈法、数学建模等方法，运用可持续发展理论、产业融合理论、多目标决策理论，借助大量数据，通过案例分析展开相关研究。由于本书的研究对象是体育服务业与人工智能的融合问题，研究的最终目的是在体育服务业与人工智能融合过程中关注经济、社会、环境等方面问题，以便最终实现产业结构优化升级及社会经济的可持续发展，因此，本书利用了产业融合相关理论及相应的研究方法和工具，以保证研究过程的科学性和严谨性以及研究结果的现实价值和理论意义。本着这个指导思想，本书主要对体育服务业与人工智能融合现状、融合机理、多目标融合评价问题进行重点研究，运用灰色关联法及模糊 AHP-TOPSIS 评价等具体方法来处理相关问题，具体技术路线如图 1.3 所示。

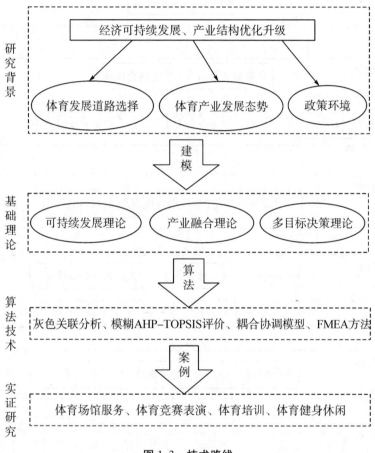

图 1.3　技术路线

1.3.2　研究内容

本书的研究内容主要包括体育服务业与人工智能融合现状、体育服务业与人工智能融合机理及细分产业分析、体育服务业与人工智能融合评价、体育服务业与人工智能融合风险及对策研究，全部内容分为 7 章，主体部分是第 3 章到第 6 章，研究内容大体框架如图 1.4 所示。

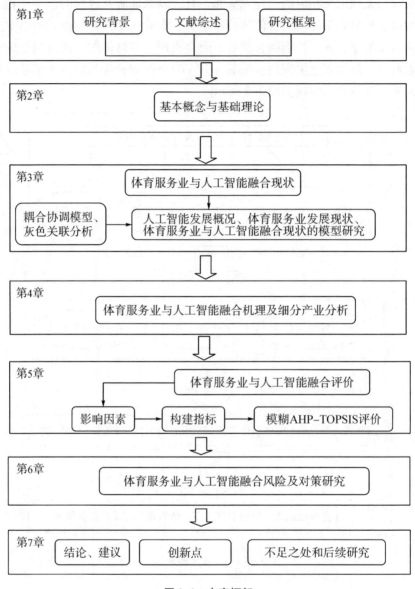

图 1.4　内容框架

每一章开展的研究工作是：

第 1 章，绪论。本章主要包括研究背景、文献综述以及研究框架三个方面。目前我国正处在体育大国向体育强国转变的过程中，体育产业总体发展态势稳中有升，体育产业融合的利好政策逐渐增多。在这样的背景下，恰逢体育服务业与人工智能融合发展的大好时机，如何趋利避害，实现体育乃至我国经济的可持续发展是非常重要的问题。笔者在大量查阅前人研究文献的基础上，搭建了本书的研究框架，包括研究思路、研究内容和研究意义。上述内容为本书的研究的开展提供了一个较为明确的指向。

第2章，基本概念与基础理论。基本概念主要包括本书的系列核心关键词，如智能+体育、体育服务业、体育服务业结构、体育产业融合等；基础理论包括产业结构演化理论、产业集群理论、产业融合理论、多目标决策理论以及可持续发展理论。这些基本概念的界定及基础理论的提炼，为本书的深入研究提供了坚实的理论基础。

第3章，体育服务业与人工智能融合现状。本章主要包括三大内容，分别是人工智能发展概况、体育服务业发展现状以及体育服务业与人工智能融合现状的模型研究。其中，体育服务业与人工智能融合现状的模型研究部分，采取定性与定量相互结合的方法进行研究，定量方法主要是采用耦合协调模型和灰色关联分析对各个相关产业数据进行处理，测量体育服务业与人工智能的融合度，便于各主体较为准确地把握体育服务业及其细分行业与人工智能的融合程度。

第4章，体育服务业与人工智能融合机理及细分产业分析。本章主要包括两个部分，一部分为融合机理，包括体育服务业与人工智能融合的动因、效应、模式和路径；另一部分以体育服务业中4类细分产业为例，分析其与人工智能融合情况，主要选择体育服务业中具有代表性的体育竞赛表演业、体育健身休闲业、体育场地和设施管理业、体育传媒与信息服务业进行分析。该部分的内容为下面章节的内容提供评价基础。

第5章，体育服务业与人工智能融合评价。本章主要包括两部分内容，一是影响因素研究，二是评价研究，均使用多目标决策理论，从经济、环境、社会三个方面研究哪些具体因素会影响到体育服务业与人工智能的融合，综合运用模糊 AHP-TOPSIS 评价分别从经济维度、环境维度、社会维度提炼共计 18 个评价指标进行融合评价研究，得出评价结果，为政府及相关部门提供融合发展指向性选择的科学参考。

第6章，体育服务业与人工智能融合风险及对策研究。本章重点使用 FMEA 方法对体育服务业与人工智能融合可能产生的风险进行研究。风险分为三大类，分别是：经济风险、技术风险、社会风险。共计提炼出 24 类具体风险类型，聘请人工智能领域及体育产业领域专业人士进行风险评估打分。通过计算，对 24 类具体融合风险进行排序，识别出重大风险，并提出应对风险的对策，为政府及相关部门进行科学决策提供合理依据。

第 7 章，结束语。本章对本书的研究工作进行总结和归纳，得出结论，提炼本书的创新之处，挖掘本书的不足之处，并进一步展望未来的研究方向和内容。

1.3.3 研究意义

根据清华大学人工智能研究院以及清华—中国工程院知识智能联合研究中心发布的《人工智能发展报告 2020》，2011—2020 年，人工智能已经走向了产业化生产，正在全力重塑传统行业模式并引领未来的价值。当前，全球各国学者正积极探索以实现人工智能从感知阶段跨越到认知阶段，从而使人工智能更加具有可解释性、推理性和认知性。

体育产业被多数专家学者界定为朝阳产业，按照《国家体育产业统计分类（2019)》（中华人民共和国国家统计局令第 26 号）的规定，体育服务业属于第三产业的范畴，被普遍认为是低碳环保产业。

因此，体育服务业与人工智能的融合应该是强强联合，会释放出巨大的发展潜力，无论对于体育产业的发展还是对于国家整体产业结构调整及经济发展而言，均具有重要影响。智能体育、智慧体育、智能健身、智能可穿戴设备等"智能+体育"的提法日益增多，在实践领域和理论领域，越来越多的目光开始聚集在体育服务业与人工智能的融合问题上。

（1）理论意义

本书以可持续发展理论、多目标规划理论及产业融合理论等为基础，拟对我国体育服务业与人工智能融合的现状、机理、评价等进行定性与定量相结合的研究，试图在研究体育服务业与人工智能融合所带来正面价值的前提下，尽可能挖掘其融合过程中可能存在的障碍及风险，以实现我国产业结构优化升级及经济可持续发展的目标，提出具有针对性的意见和建议。本书的研究过程及研究结果，一定程度上可以丰富体育产业领域的研究理论，吸引更多专家学者从可持续发展角度对体育产业领域的现实问题进行研究，使多目标规划理论及产业融合理论的应用范围更加广泛。

（2）实践意义

伴随全球人工智能的汹涌浪潮，众多传统行业与人工智能技术深度融合，使得人工智能在降低劳动成本，优化产品和服务、就业及创造新市场等方面带来了革命性的转变。然而，如此的技术革命也可能存在对经济、社会和环境的负面影响，因此，如何正确地看待体育服务业与人工智能融合的影响后果，不仅是世界各国体育产业领域的现实问题，也是世界各国经济发展和社会进步面临的重要任务。本书的研究对于改变体育服务业发展方式、完善人工智能的使用规范从而实现体育乃至经济的可持续发展具有非常重要的现实意义。

2 基本概念与基础理论

在第 1 章整体框架的搭建及翔实的文献资料归纳的基础上，为了给后续内容的展开提供一个坚实的理论基础，有必要对本书涉及的系列关键词进行界定，对需要借鉴的重要理论进行介绍。

2.1 基本概念

本书将会频繁使用智能（智慧）体育、智能场馆、智能健身之类的关键词汇，这些词汇也是近些年出现的较为新的用词。另外，本书还会使用一些体育产业学方面的专业词汇，为了便于统一理解与规范行文，需要在此进行科学界定。

2.1.1 人工智能

关于人工智能的概念，尽管前面在文献综述部分已有讨论，但是在这里还是有必要给出一个简洁而明确的定义，用于指导本书的整个研究过程。综合国内外众多专家学者的观点，本书将人工智能的概念界定为：研究、开发用于模拟、延伸和扩展人的智能的理论、方法、技术及应用系统的一门新的技术科学。

人工智能普遍被认为是计算机科学的一个分支，它试图了解智能的实质，并产生出一种能以和人类的智能相似的方式做出反应的新的智能机器，人工智能领域所要进行的研究包括深度学习、语言识别、机器人、图像识别、专家系统和自然语言处理等。人工智能诞生以后，伴随理论和技术的日益成熟，其应用领域也不断扩大，诸如"智能金融""智能医疗保健""智能制造""智能养老""智能家居家电""智能教育""智能体育"等概念相继出现。可以设想，未来人工智能带来的科技产品，将使人类生活产生巨大变化。人工智能虽然不是人的智能，但是它可以对人的思维、意识的产生过程进行很好的模拟，也能像人那样思考，甚至有专家预测人工智能有可能超过人的智能。

2.1.2 "智能+体育"

通过查阅大量文献，笔者发现对"智能+体育"的系列概念，尽管目前理论界并没有形成非常统一的解释，但是大家对其内涵的理解是基本一致的。

伴随人工智能技术的迅猛发展，人类生产生活的方方面面都开始有人工智能技术的参与，体育行业也不例外。只是，雏形概念并不是"智能体育"，而是"互联网+体育"的说法。这应该是互联网科技兴起后与体育初级融合后的产物，也是体育科技发展历程中的第一个阶段——体育信息化阶段的现实产物。随后，出现了体育科技发展历程中的第二个阶段——体育数字化阶段，与此相对应就出现了"数字体育"的概念。体育科技发展历程的第三个阶段是体育智能化阶段，自然就有了"智能体育"的概念。除此之外，在"智慧城市"等概念的解构下，又出现了"智慧体育"的提法。下面结合政府官方文件及专家学者的意见对它们进行基于本书研究视角的界定与解读。

（1）互联网+体育

"互联网+体育"是指以互联网的新业态、新形态为依托，将互联网的创新成果深度融合于体育行业，对传统体育行业的市场业态、产业链及运作模式等各个方面进行颠覆性变革与创新，改变体育产业的商业模式和演进模式，激发体育产业的创造力，提升生产力和核心竞争力，从而形成一系列的以"互联网+"为实现工具和技术手段的体育产业新形态。

（2）数字体育

数字体育是指充分利用数字技术能够将图、文、声、像转化为计算机能够识别的0或1字符进行运算、加工、存储及传播的功能，将之与体育竞技、体育锻炼及体育娱乐活动相结合而产生的体育业态，它是体育与信息技术相结合的产物，通过一系列专门数据的采集，实现提高体育任务目标的一种数字化技术手段①。

（3）智能体育

智能体育是以人工智能技术为手段，通过全面深度剖析体育大数据，分析其中的关系、模式、结构及特征，形成可供体育决策者参考的系列知识体系。它常常借助物联网、云计算、大数据、虚拟现实等手段与体育（活动）相结合，将传统意义上的体育活动智能化。智能体育一般具有三个特征：数字性、娱乐性、便捷性②。

（4）智慧体育

智慧体育是物联网、云计算、大数据等新一代信息技术应用于体育领域的最新成果，是整合教育、医疗、旅游、文化等"体育+"资源的系统性工程，通过构建数字化、网络化、智能化的运动空间、运动模式、运动生态，全面提升体育服务质量，推进体育产业转型升级，以便更加迅速、灵活、正确地理解和响应人们具有个性化、多元化的体育需求。智慧体育这一概念更多是植根于智慧城市的概念，智慧体育具有三个基本特征：技术融合性、资源整合性、需求契合性③。

上述四个概念既有联系又有技术手段层面的区别，是生产力发展的必然结果，也是伴随社会技术发展而出现的事物。如前所述，在体育信息化阶段产生了互联网+体育，在体育数字化阶段产生了数字体育，在体育智能化阶段产生了智能体育。那么，智慧体育呢？它是在前三者的基础上演进而来的，是一种全新的产业形态，特别强调以人为本和实现经济及整个社会的可持续发展。

2.1.3 体育服务业

2019年8月27日，国家发展改革委审议通过的《产业结构调整指导目录（2024年本）》已于2023年12月1日起施行。在该指导目录中，体育产业（第38个）与人工智能产业（第46个）均被列入了第一产业大类"鼓励类"。体育服务业是体育产业中的重要组成部分，因此，下面对产

---

① 范莉莉. "智慧体育"理念与未来体育发展［C］//第十一届全国体育科学大会论文摘要汇编. 北京：2019.

② 郑芳，徐伟康. 我国智能体育：兴起、发展与对策研究［J］. 体育科学，2019，12（39）：14-24.

③ 韩潇. 智慧体育［M］. 北京：清华大学出版社，2019.

业、体育产业和体育服务业的概念做一简要介绍。

国际劳工局在 20 世纪 20 年代最早对产业做了系统划分，把所有产业划分为初级生产部门、次级生产部门和服务部门。随后，新西兰经济学家费希尔（Fisher）在其著作《安全与进步的冲突》中提出了"三次产业"的概念。1940 年，英国经济学家克拉克（C. Clark）在其著作《经济进步的条件》中对费希尔的"三次产业"概念进行了拓展，由此有关产业结构的研究正式开启。第二次世界大战以后，绝大多数西方国家采用三次产业分类法进行产业的统计与分析，至此，三次产业分类法在全世界被普及使用①。

（1）产业

产业是宏观经济与微观经济之间的中观经济概念，是具有某种相同属性的产品或服务的经济活动的集合②，是国民经济各行业各部门的总称。产业是社会生产力不断发展的必然结果，也是社会分工的产物。在我国，根据产业划分标准的不同可以将产业分为不同的类型：①据三次产业分类法，产业一般划分为三个层次，第一产业是农业，第二产业是工业，第三产业是流通业和服务业，第三产业又包含流通领域部门、为生产和生活服务的部门、为提高科学文化水平和居民素质服务的部门以及为社会公共需要服务的部门。②据产业功能分类法，按各个产业在经济增长中的作用和相互之间的关系将产业分为主导产业、关联产业和基础性产业。③据要素集约度分类法，按各个产业对资本、资源等生产要素的依赖程度将产业分为劳动密集型、技术密集型、资源密集型以及资本密集型产业。产业的含义具有多层性，随着社会生产力水平的不断提高，产业的内涵将会不断充实，外延将会不断扩展③。

（2）体育产业

体育产业是指为社会提供体育产品的同一类经济活动的集合以及同类经济部门的综合。作为国民经济一个部门的体育产业，既与其他产业具有共性，即重视市场效益、追求经济效益，同时又有与其他产业不同的个性。体育产品还必须具有提高人们的身体素质、振奋民族精神以及实现个

---

① 于立宏，孔令丞. 产业经济学 [M]. 北京：北京大学出版社，2017.

② KAMAL A MUNIR，NELSON PHILLIPS. The concept of industry and the case of radical technological change [J]. Journal of high technology management research，2002（13）：279-297.

③ 苏东水. 产业经济学 [M]. 北京：高等教育出版社，2015.

人的全面发展和社会的全面进步等重要功能。体育产业不同于体育事业，体育产业强调商业性和经济效益，体育事业强调公益性和社会效益①。

（3）体育服务业

体育服务业是体育产业中最能体现体育的本质特征的组成部分，是为满足人们日益增长的体育消费需求而使体育劳务活动进入生产、交换、消费和服务环节。体育服务业是消费性服务业的一部分，其发展水平和发展程度是评价一个国家体育产业发展是否成熟的重要标志之一。体育服务业是以体育场馆及物资等为依托，以体育自身本质功能及价值为资源，以提供各类体育服务产品为主的服务部门集合②。体育服务业一般包括《体育产业统计分类（2019）》③中的第1~8类和第10类。

2.1.4 体育服务业结构

体育服务业结构这一概念源于产业结构的概念，因此，要理解体育服务业结构，需要首先理解产业结构及体育产业结构的概念。

业内专家学者普遍认为产业结构的概念产生于20世纪40年代，且不同的学者对这一概念有不同的界定。有人认为产业结构是用来解释产业间和产业内部的数量比例关系的，也有人认为产业结构是产业内企业间的市场份额比例关系以及地区间的产业布局。伴随产业经济学学科的最终定型，有关产业结构的概念在本质上取得了统一④。

（1）产业结构

产业结构是指国民经济各产业部门之间以及各产业部门内部的构成，主要包括各个产业部门及各产业部门内部的生产要素、时间、空间、层次的关系，也可以直观地理解为农业、工业、服务业在国家经济结构中所占的比重，还可称作国民经济的部门结构。

（2）体育产业结构

在体育产业理论界，不同的专家学者对体育产业结构有不同的解释，但其实质内涵是一致的。本书依据产业经济学的定义，得出体育产业结构

① 杨铁黎. 体育概论 [M]. 北京：人民体育出版社，2014.

② 钟天朗. 体育服务业导论 [M]. 上海：复旦大学出版社，2008.

③ 国家统计局令第 26 号，国家统计局官网，http:// www. stats. gov. cn/tjgz/ tzgb/201904/t 20190409_1658556.html.

④ 于立宏，孔令丞. 产业经济学 [M]. 北京：北京大学出版社，2017.

的定义：体育产业内部各生产部门之间以及各生产部门内部的构成。通常意义上来讲，社会生产的产业结构或部门结构是在一般分工和特殊分工的基础上产生和发展起来的。研究体育产业结构，从部门来看，主要是体育相关产业与体育服务业两大部门之间的关系以及各自产业部门的内部关系。

（3）体育服务业结构

体育服务业结构指构成体育服务业各种要素之间的比例关系及各种联系，包括体育服务业主体之间、客体之间、主客体之间的各种比例关系，主要有体育服务业行业结构、体育服务业地区结构、体育服务业城乡结构及体育服务业贸易结构等。

《体育产业统计分类（2019）》由国家统计局于 2019 年 4 月 1 日发布并实施。本次分类将体育产业划分为 11 个大类、37 个中类、71 个小类。11 大类包括：体育管理活动，体育竞赛表演活动，体育健身休闲活动，体育场地和设施管理，体育经纪与代理、广告与会展、表演与设计服务，体育教育与培训，体育传媒与信息服务，其他体育服务，体育用品及相关产品制造，体育用品及相关产品销售、出租与贸易代理，体育场地设施建设。从目前最新的体育产业分类标准可以看出，在 11 大类中，1~8 类及10 类构成体育服务业。因此，体育服务业结构也可以直观地界定为上述1~8 类及 10 类行业所属部门之间的关系。

2.1.5 体育产业融合

近年来无论是实践领域还是学术领域，对产业融合的兴趣一直在增长，但是对该术语的清晰定义尚未形成。产业融合中有一个比较关键的前置性概念是"产业边界"，因此，需要首先对这个概念进行界定。接着综合各种观点，界定"产业融合"的概念，再在产业融合的基础上结合前述体育产业领域专家学者的观点给出"体育产业融合"的定义。

（1）产业边界

边界是系统理论中的概念，在环境与系统之间扮演着双重角色，存在的范围相当广泛，是人们对于系统和系统与环境之间关系的未来演化进行预测和决策的重要依据。在产业组织理论研究中引入系统理论的边界概念，便可以得到"产业边界"的概念：由产业经济系统中的诸多子系统构成的与其所在外部环境相互联系的界面①。产业边界有技术边界、业务边界、运作边界及市场边界四种类型，并具有动态性、渗透性和模糊性三大特征②。这四种边界并不是割裂的，而是相互影响、相互关联的，产业边界形成的核心是技术边界，产业融合的发生往往始于技术边界的慢慢消失，随之而来的是业务边界、运作边界和市场边界的模糊。在它们的共同作用之下，产业边界发生交叉，并最终导致产业融合③。

在理解了产业边界概念的基础上，再来理解产业融合及相关概念，就比较顺理成章了。

（2）产业融合

产业融合是指科学（知识）、技术、市场和产业的两个及其以上不同领域或部门之间的边界变得模糊，它们相互交叉、相互渗透，在逐步融为一体的过程中，形成新的产业形态的动态发展过程④。这一现象将对产业组织的行为、结构和绩效产生重大影响。在产业融合过程中，部分现有产业可能会出现退化、萎缩甚至消失的情况。产业融合不是几个产业的简单叠加，其产物是"化合物"而不是"混合物"，业界也将其叫作边缘产业或交叉产业。

（3）体育产业融合

"体育产业融合"概念的界定是立足于"产业融合"概念界定的基础之上的。广义上的体育产业融合就是指体育与别的产业（行业）或者体育产业内部发生的融合现象。具体来说，则是基于技术创新、消费需求变动、政府干预等因素，对体育产业与其他产业所进行的产业要素相互交叉、渗透与重组的动态发展过程，其目的在于使体育产业的原有边界发生模糊或收缩，以形成新型的产业形态。在这一过程中，体育产品的市场需求开始发生新的变化，同时形成新的竞争关系与合作关系⑤。目前来看，体育产业已经与诸多产业产生了融合，一些新产业业态在逐渐出现。比

① 郭鸿雁. 产业边界漂移：信息产业合作竞争中的产业融合 [J]. 改革与战略，2008，5（24）：110–112.

② 周振华. 产业融合：新产业革命的历史性标志 [J]. 产业经济研究，2003，1（2）：1–10.

③ 郑明高. 产业融合：产业经济发展的新趋势 [M]. 北京：中国经济出版社，2011.

④ CURRAN C S, LEKER J. Patent indicators for monitoring convergence – examples from NFF and ICT [J]. Technological forecasting & social change, 2011 (78)：256–273.

⑤ 陈博，多元视角下体育产业的融合发展研究 [M]. 北京：中国经济出版社，2020：29–32.

如，体育产业与旅游产业、体育产业与文化产业、体育产业与医疗产业、体育产业与保健产业、体育产业与康养产业、体育产业与信息产业、体育产业与养老产业、体育产业与教育行业等。

2.2 基础理论

本书的研究对象是体育服务业与人工智能的融合，因此，必须以产业融合理论为核心理论基础，再辅之以产业集群理论、产业结构演化理论以及可持续发展理论。本书所使用的重要研究方法之一是多目标决策分析，因此，也需要对多目标规划理论有准确的把握。下面分别对本书需要涉及的理论进行简要叙述。

2.2.1 产业结构演化理论

产业结构演化理论经历了配第—克拉克定理、人均收入影响理论、霍夫曼定理、标准产业结构理论、罗斯托主导产业理论等，日趋完善。

（1）配第—克拉克定理

英国经济学家威廉·配第（William Petty）是最早开始探索产业结构演变规律的学者。他发现，世界各国由于产业结构的不同其国民收入水平会出现差异，并且形成不同的经济发展阶段。在《政治算术》一书中，配第通过比较英国农民和船员的收入，得出了工业比农业、服务业比工业有更高的附加价值的结论，揭示了产业结构演变和经济发展的基本方向。

1940 年，英国经济学家克拉克在《经济进步的条件》一书中按照三次产业分类法，以若干国家在时间的推移中发生的变化为依据，分析了劳动力在第一、二、三产业间移动的规律性。他认为，随着国民收入水平的提高以及经济的发展，劳动力会从第一产业转移到第二产业；当人均收入水平再度提高的时候，劳动力会继续转移到第三产业。劳动力在各个产业中的分布情况是：第一产业中的劳动力比重不断减少，第二产业和第三产业的劳动力将顺次增加。引起劳动力在各个产业中变化的根本原因在于不同产业之间收入的相对差异。也就是说，人均国民收入越低的国家，其农业劳动力所占比重相对越大，第二、三产业劳动力所占比重相对越小；人均国民收入越高的国家，其农业劳动力所占比重相对越小，第二、三产业劳动力所占比重就相对越大。这一结论被称作配第一克拉克定理。

（2）人均收入影响理论

美国著名经济学家西蒙·史密斯·库兹涅茨（Simon Smith Kuznets）在继承配第和克拉克等人的研究成果的基础上，收集了几十个国家的统计资料，从国民收入和劳动力在产业间分布两个方面，对产业结构的演进做了进一步的探讨，把产业结构演变规律的研究深入到三次产业所实现的国民收入的比例关系及变化，依据人均国内生产总值份额基准，考察了总产值变动和就业人口变动的规律。他进一步证明了配第一克拉克定理，他发现的这种产业结构的变动受到人均国民收入变动影响的变动规律，被称为人均收入影响理论。

库兹涅茨的实证分析得出了以下结论，即发达国家进入现代经济增长阶段以后，产业结构出现的变化是：伴随着经济的发展，第一产业在整个国民收入中的比重处于不断下降的过程中，而劳动力占全部劳动力的比重也一样，这说明第一产业在经济增长中的作用在下降；第二产业在国民收入中所占的比重会随着经济发展略微上升，而劳动力占全部劳动力比重大体不变或略微上升，这说明工业对经济增长的贡献越来越大；第三产业在国民收入中所占的比重略有上升，但并不是一直处于上升状态，而劳动力占全部劳动力的比重呈现上升趋势。

库兹涅茨运用了比较劳动生产率这一指标来衡量不同产业间的相对国民收入，从而进一步解释了产业结构演进理论。

G 为总产值，G_1 为某产业的总产值，L 为劳动力总数，L_1 为某产业的劳动力人数，B 为比较劳动生产率，则其公式为

$$B = (G_1/G)/(L_1/L)$$

库兹涅茨以几十个国家的数据为基础，计算了它们的三次产业的比较劳动生产率，得出了有关产业结构演进规律方面的如下结论：

①大多数国家第一产业的比较劳动生产率均低于1，而第二、三产业则大于1。这表明了第一产业所创造的国民收入要低于第二、三产业创造的国民收入，农业实现的国民收入相对比重下降、农业劳动力相对比重下降的现象，是每一个国家在经济发展达到一定阶段必然要出现的现象。

②第二产业的国民收入相对比重上升是普遍现象。这表明在国家的经济发展过程中，第二产业对国民收入总量尤其是人均国民收入的增长有很大的贡献。

③第三产业的相对国民收入虽然表现为下降趋势，但是劳动力的相对比重却是上升的，这表明第三产业具有强烈的吸纳劳动力的特征。从发达国家的情况来看，第三产业无论从国民收入的相对比重看，还是从劳动力的相对比重看，占比都超过50%，是规模最大的产业。

（3）霍夫曼定理

德国经济学家霍夫曼（W. C. Hoffmann）对工业化过程的工业结构演进规律进行了开创性研究。他在1931年出版的著作《工业化阶段和类型》一书中提出了霍夫曼定理。该定理又被称作"霍夫曼经验定理"，是指资本品工业在制造业中所占比重不断上升并超过消费资料工业所占比重。他设定了霍夫曼系数（霍夫曼系数=消费品工业的净产值/资本品工业的净产值）这一指标。在该书中，他收集了近20个国家经济发展的时间序列数据。经过研究，他认为，在工业化进程中，消费品工业的净产值和资本品工业的净产值之比是不断下降的，即霍夫曼系数呈现不断下降的趋势。他把工业化划分为四个阶段：第一阶段为消费品工业占主导地位（霍夫曼系数介于4~6）；第二阶段为资本品工业快于消费品工业的增长，消费品工业降至工业总产值的一半左右或以下（霍夫曼系数介于1.5~3.5）；第三阶段为资本品工业继续快速增长，并已达到和消费品工业相平衡的状态（霍夫曼系数介于0.5~1.5）；第四阶段为资本品工业占主导阶段，实现了工业化（霍夫曼系数小于1）。

霍夫曼定理在工业化前期基本是符合现实的，但是在现代经济发展阶段却不能得到很好的印证。其主要原因在于：①该定理建立在已实现工业化的国家的早期增长模式之上，带有强烈的特殊性，因为在工业化早期阶段，这些国家的经济增长主要依赖机器作业对于手工劳动的替代，资本品工业的优先增长自然会成为必然趋势。②该定理的理论框架前提是国民经济中只存在工业和农业两个部门，他认为资本品工业在工业中的地位等同于资本品工业在整个国民经济中的地位。

针对霍夫曼定理存在的缺陷，有不少学者提出了异议。其中具有代表性的学者是日本经济学家盐野谷佑一，他认为轻重工业的划分与生活、生产品工业的划分并不是一致的，而且重工业的发展达到一定程度后其发展速度会减缓，随着技术进步，产业结构将出现新的特征。

（4）标准产业结构理论

美国经济学家霍利斯·钱纳里（Hollis B. Chenery）于1960年提出了

标准产业结构理论，它也被称作钱纳里工业化阶段理论。他在经济发展的长期过程中考察制造业内部各个产业部门的地位和作用的变动，探索制造业内部结构转换（即产业间存在产业关联效应）的原因，最后发现制造业发展受到人均 GDP、需求规模、投资率影响较大，而受工业品、初级品输出率影响较小。

  钱纳里以第二次世界大战后的发展中国家特别是 9 个准工业化国家（地区）为研究对象，以它们 1960—1980 年的数据，运用回归方程建立多国 GDP 市场占有率模型，从而提出了标准产业结构模型。他根据人均国内生产总值，将不发达经济到成熟工业经济的过程分为三大阶段、六个时期，得到了一组随着人均收入水平变化而变化的制造业各部门相对比重变化的标准值，将本国某时期内的相应数据与标准值进行对比，可以发现其工业结构是否偏离正常值。三大阶段、六个时期的划分具体见表 2.1。

表 2.1　钱纳里工业化阶段划分

阶段	时期及特征
初级产业	第 1 时期：不发达经济阶段，以农业为主，现代工业没有或极少
	第 2 时期：工业化初期阶段，劳动密集型产业为主
中期产业	第 3 时期：工业化中期阶段，资本密集型产业为主
	第 4 时期：工业化后期阶段，新兴服务业发展最快
后期产业	第 5 时期：后工业化社会，技术密集型产业迅速发展
	第 6 时期：现代化社会，知识密集型产业占主导地位

  通过研究，钱纳里发现，就他采集的研究对象的情况来看，产业结构转换是推动国家从一个发展阶段向更高发展阶段跃进的重要力量。

  后来，许多经济学家进一步发展了钱纳里的理论，对世界各国的产业结构变动情况进行规律探索，发现伴随人均收入的增长，产业结构会出现规律性的变化，其基本特征是：在国内生产总值中工业所占份额逐渐上升，农业份额下降，按不变价格计算的服务业份额则缓慢上升。在劳动力结构中，农业所占份额下降，工业所占份额变动缓慢，第三产业将吸收从农业中转移出来的大量劳动力①。

---

  ① 于立宏，孔令丞. 产业经济学 [M]. 北京：北京大学出版社，2017：19-27.

（5）罗斯托主导产业理论

美国著名经济学家华尔特·惠特曼·罗斯托（Walt Whitman Rostow）1960 年在《经济成长的阶段》中提出了经济成长阶段论。根据技术和生产力发展水平，罗斯托将经济成长划分为六个阶段，每个阶段均有起着主导作用的产业部门，罗斯托认为经济阶段演进的典型特征是主导产业的更替。六个阶段的具体划分见表 2.2。

表 2.2　罗斯托经济成长阶段划分

阶段	特征
传统社会	生产力集中于农业，服务业处于萌芽阶段
起飞前准备阶段	服务业发展开始抬头，大量劳动力开始从农业转入工业、贸易、交通业及服务业
起飞阶段	传统产业实现了工业化，生活的服务化开始深入人心，服务业发展开始进入全新阶段
成熟阶段	服务业成为国民经济发展中占据主导地位的产业，超过工业、农业，成为三次产业的主体
高额群众消费阶段	物质资料极大丰富，人们的需求由物质需求转向服务需求，社会全面进入服务型社会，国民经济的发展也全面进入服务经济与体验经济时代
追求生活质量阶段	主要目标是提高生活质量。随着这个阶段的到来，一些长期困扰社会的老大难问题有望逐步得到解决

1998 年，罗斯托在《主导部门和起飞》一书中提出了产业扩散效应理论和主导产业的选择标准，该标准被称为罗斯托基准。他认为，在任何一个经济体系中，因为主导产业部门迅速扩大才能够保持经济增长，而主导产业部门的扩大又会产生扩散效应，包括回顾效应、旁侧效应和前向效应；因此，如果能够选择具有较强扩散效应的产业作为主导产业，就可以带动整个产业结构的升级从而促进区域经济的全面发展。

2.2.2　产业集群理论

产业集群是运用生态学术语言来描述的经济主体群聚，是当代经济生活的主体形式。作为一种经济现象，产业集群在西方出现比较早，业界普遍认为亚当·斯密（Adam Smith）在 1776 年出版的《国民财富的性质和原因的研究》一书中有关分工与市场范围关系的描述是对集群形成原因的最早解释。后来英国近代经济学家阿尔弗雷德·马歇尔（Alfred Marshall）在《经济学原理》一书有关"地方性经济"的论述中第一次比较系统地研究了产业集群现象。美国学者迈克尔·波特（Michael E. Porter）在《国家竞争优势》一书中正式提出"产业集群"的概念，并将产业集群的重要性上升到国家竞争优势的高度。波特认为，产业集群是工业化过程中会普遍出现的现象，发达经济体尤其如此。此后，产业集群在世界不同地区和国家经济发展中的重要贡献开始逐渐彰显[①]。

（1）产业集群的定义

产业集群（industry cluster），也称作产业簇群、波特集群或者竞争性集群，是指在一个特定区域的一个特别领域，集聚着一组相互关联的公司、供应商、关联产业和专门化的制度和协会，这种区域集聚形成有效的市场竞争构建出专业化生产要素优化集聚洼地，使企业共享区域公共设施、市场环境和外部经济，降低信息交流和物流成本，形成区域集聚效应、规模效应、外部效应和区域竞争力。产业集群也是一种生态，是大企业和周边协作配套的单位聚集在一起形成的一种较为完善的闭环系统[②]。

如果从产业结构和产品结构的角度来看，产业集群实际上是某种产品的加工深度和产业链的延伸，也是另一种形式上产业结构的调整和优化升级；从产业组织的角度来看，产业集群是一定区域内某个企业或大企业集团纵向一体化的发展；产业集群的核心是在一定的空间范围内产业的高度集中，这将有利于降低企业的制度成本、提高范围经济效益和规模经济效益、提高产业和企业的市场竞争力。

（2）产业集群的分类

产业集群可以从广义上和狭义上进行划分。

从广义上看，产业集群可以分为创新型产业集群和资源型产业集群。创新型产业集群主要是以创新型人才和创新型企业为主体，以技术或知识密集产品为主要内容，以创新的商业模式和组织网络为依托，以有利于创新的文化与制度为环境，属于现代产业集群的范畴。创新型产业集群还可以进一步细分：按照产业类型，可以分为高新技术产业创新型产业集群和传统产业创新型产业集群；按照创新类型，可以分为技术或产品主导创新型产业集群和商业模式主导创新型产业集群。也就是说，创新型产业集群

---

① 王静华. 产业集群组织生态演进研究 [M]. 上海：上海财经大学出版社，2014.

② 波特. 国家竞争优势 [M]. 北京：中信出版社，2012.

中"创新"的内涵是比较丰富的，可以是技术创新、产品创新，也可以是品牌创新、渠道创新或商业模式创新。资源型产业集群的基础是自然资源的开发利用，其纽带是资源的生产与加工，其产业之间具有内在联系，在地域上比较集中。由于该类型的产业集群比较依赖自然资源，因此其发展会受到较大的束缚，如果产业导向和产业政策不尊重当地的资源情况，那么资源型产业的集群化将无法实现，资源优势终将衰竭，经济优势将无法获得。

从狭义上看，产业集群可以从不同的角度进行分类：按照形成机制可以分为市场主导型产业集群和政府主导型产业集群，按照要素配置可以分为劳动密集型产业集群、资源密集型产业集群以及技术密集型产业集群，按照产业类型可以分为传统产业集群和高新技术产业集群，按照资金来源可以分为外资主导型产业集群和内资主导型产业集群，按照创新程度可以分为模仿型产业集群和创新型产业集群，按照企业类型可以分为大企业主导型产业集群、中小企业主导型产业集群以及单个龙头企业带动型产业集群。

（3）产业集群的形成条件

形成产业集群需要具备一定的基础条件或因素，德国经济学家阿尔弗雷德·韦伯（Alfred Weber）认为产业集群可以分为初级和高级两个阶段：初级阶段的产业集群仅仅是企业通过扩大自身而产生的，高级阶段的产业集群则是多个企业相互联系而形成的地方工业化。韦伯认为产业集群的形成需要如下几个因素：技术设备的发展、劳动力组织的发展、市场化因素和经常性开支成本[1]。美国区域经济学家埃德加·M. 胡佛（Edgar M. Hoover）认为最佳规模对于产业集聚异常重要，集聚的企业过少，不能达到最佳的效果，而集聚的企业过多，又会使集聚区的整体效益下降[2]。

①需要有较长的价值链。较长的价值链为分工合作提供了基础，也为新企业的进入创造了较大的空间。新企业的进入是一个集群获取持续性竞争优势的关键，也是保持产业集群旺盛生命力的保证。

②要打造全球化的市场。产业实现了集群之后所产生的供给量必然会远大于集群当地的需求量，这就要求其产品销售范围不能局限于集群发生地或某一个区域，而应该着眼于全球市场，否则一定会出现集群地产品

---

① 韦伯. 工业区位论 [M]. 北京：商务印书馆，1997.
② 胡佛. 区域经济学导论 [M]. 北京：商务印书馆，1990.

（包括服务产品或技术）供过于求的局面。

③要坚持知识导向的集群原则。如前所述，产业集群按照不同的标准可以有不同的分类。但是无论是哪一种产业集群类型，都应该坚持知识导向的原则，知识导向可以为产业集群获取持续性竞争优势。

④要拥有良好的社会资本。良好的社会资本可以增强产业集群内部企业之间的相互信任、提升企业之间合作意愿、减少企业之间的交易成本、加快集群内知识的扩散与应用。

（4）产业集群的重要作用

伴随经济社会的进一步发展，产业集群还延伸到相关产业涉及的销售渠道，辅助产品制造商，顾客，专业化基础设施供应商，政府，提供专业化信息、研发、培训、标准制定等的相关机构、民间团体以及同业公会，等等。因此，超越了一般意义上产业范围的产业集群，会形成某个特定地域内众多产业互相融合、众多机构互相连结的共同体，从而构成独特的区域竞争优势。产业集群程度已经成为衡量某个地区经济发展水平高低的重要指标。K. J. 巴顿（K. J. Button）认为产业集群有助于经理、企业家以及熟练工人的发展，集群内部逐渐积累起来的熟练劳动力和适应当地工业发展的职工安置制度会加强企业之间的联系[1]。他还认为，地理上的集中，可以激励企业进行创新与改革。归纳起来，产业集群有如下主要作用：

①提高集群内产业的整体竞争力。产业集群形成之后，集群产业可以通过降低成本、提高效率等方式提升区域竞争力，从而形成独特的集群竞争力，这样的竞争力是集群外或非集群企业所无法比拟的。尽管集群会加剧竞争，但是产业往往是通过竞争获得核心竞争力的。地理集中性是产业集群最重要的特征，这一特征使得集群内部的企业形成了优胜劣汰的自然选择机制，从而推动企业创新和衍生。集群内企业之间的竞争有的时候还表现为合作，即合作竞争，其根本特征是各个企业集体行动和互动互助。加入了某个产业集群的中小企业，往往能够实现在金融、培训、产品设计、营销、技术开发等方面的高效网络化互动和合作，从而克服自身规模小、市场占有率低的劣势，最终与比自己强大的竞争对手抗衡。产业集群不仅能够让众多中小企业存活下来，还能通过发达的区域网络将它们连结起来，从而增强整个集群产业的整体竞争力。

---

① 巴顿. 城市经济学：理论和政策 [M]. 北京：商务印书馆，1986.

②加强集群内企业间的有效合作。产业集群内的企业由于地理位置的接近以及企业相互之间的密切接触，最终会形成共同的行为规范和约定俗成的惯例，从而能够较为容易地建立紧密的合作关系，减少交易成本和违约风险，企业之间合作成功的可能性也会大大增加。集群内企业之间具备信任基础的合作所创造出来的优势往往大于非集群的单个企业优势的简单相加。有现代组织理论方面的专家预言，伴随经济的进一步发展，未来社会的潮流应该是产业内企业与企业之间的联合，而不是单打独斗的企业一对一的竞争，越来越多的客户、供应商甚至竞争者将联合起来共担成本，共享资源与技术，通过高效合作，提升整体竞争力。

③增强企业的创新能力、促进企业增长。产业集群对企业的创新推动主要体现在以下三个方面。第一，集群可以为企业营造一个良好的创新氛围。所谓"近朱者赤"，集群由于地理位置的集中性，企业间密切合作又彼此竞争，压力与动力如影随形，这将有利于集群内企业在各种新思想、新技术、新观念和新知识方面的传播和相互学习，产生溢出效应，实现学习经济。第二，集群使技术和知识的转移扩散变得容易。集群可以增强显性知识和隐性知识的扩散与传播，集群内较多同类企业的存在，催生出强大的同伴压力，迫使企业进行各方面的创新。第三，集群能够降低企业成本。地理位置的集中，大大降低了交易成本，以相互信任为基础的集群内企业之间的竞争合作机制，可以加强企业之间的各个层级的创新合作，从而降低技术创新及产品开发等方面的成本。

④发挥资源共享效应，有助于形成"区位品牌"。产业集群会吸引相关行业企业及辅助机构在集群地聚集，形成各种资源更大范围、更多维度的集群，从而形成集群区域的核心竞争力。在此基础上，由于公共资源在产业集群地具有更高的使用效率，因此，政府更加愿意将诸如教育、培训、公共基础设施等投放于产业集群区域，公共产品的投资反过来将进一步刺激集群内企业的发展，依托于集群企业的产业和产品将更容易形成自身的区域品牌。比如，一说到法国，就会想到香水；一提到瑞士，就会想到钟表。区域品牌一旦建立起来，区域内的企业都会整体受益，因为它具备持续而广泛的品牌效应，同时，也能增强集群内企业的比较竞争优势。

2.2.3　产业融合理论

关于产业融合的讨论仅仅持续了几十年，理论界尽管未达成对产业融合的权威概念的完全统一，但也形成了相对稳定的理论框架，包括产业融合的内涵、产业融合的类型、产业融合的特征、产业融合的动因以及效应等。

（1）产业融合的内涵

目前关于产业融合内涵的界定，从国内外文献来看，主要有四类观点。

①基于信息通信产业的视角，认为产业融合之所以导致产业边界的模糊化，是因为有技术融合和数字融合的前提，甚至有学者认为这个视角的产业融合就是指"三网融合"——计算机、通信和广播电视业[①]。

②基于产业融合的过程和原因的视角，认为产业融合遵循了以下逐步实现的过程：技术融合—产品和业务融合—市场融合—产业融合。欧洲委员会提出产业联盟与合并、技术网络平台、市场三个因素最终导致了产业融合[②]。

③基于产业服务和产业组织结构的视角，世界经济合作与发展组织认为产业融合是产品功能改变之后，提供该种产品的公司或机构之间边界变得模糊后出现的现象。

④基于产业创新和产业发展的视角，认为产业融合是不同产业或同一产业内部不同细分行业之间相互渗透、相互交叉，逐渐形成新产业的发展过程，其结果一定是出现了新的增长点或新的产业[③]。这一内涵界定与当前主流观点比较一致，也是本书所采用的概念。

（2）产业融合类型

鉴于产业融合内涵的不同界定，产业融合类型也有基于不同标准而产生的分类。

①从技术角度进行分类可以分为替代性融合和互补性融合。顾名思义，替代性融合就是以一种技术替代另一种技术，而互补性融合则是单一技术使用的效率低于两种技术共同使用时的效率[④]。

②从市场供求角度进行分类可以分为需求融合和供给融合。后来又有学者在结合技术和市场供求两个方面将产业融合分为供给替代性融合、需

① 李美云. 服务业的产业融合与发展 [M]. 北京：经济科学出版社，2007.

② European Commission. Green paper on the convergence of the telecommunications, media and information technology sectors, and the impilcations for regulation towards an information society approach [R]. Brussels：European Commission, 1997.

③ 厉无畏，王振. 中国产业发展前沿问题 [M]. 上海：上海人民出版社，2003.

④ 张磊. 产业融合与互联网管制 [M]. 上海：上海财经大学出版，2001.

求替代性融合、供给互补性融合、需求互补性融合四类。

③从产品角度进行分类，该种分类是在第一种分类的基础上，加入了结合型融合，即认为仅有替代性融合和互补性融合还不足以涵盖完所有的融合类型，还应该有第三种类型。结合型融合可以消除掉原来产品各自的独立性而完全融为一体①。

④从融合程度进行分类可以分为部分融合和完全融合。部分融合是指两个产业相互进入后，因产品的替代性而导致激烈的竞争，会因为各自的差异性而提供替代性较低的产品或服务；完全融合则是两个产业通过融合变成一个产业②。

⑤从制度视角进行分类可以分为宏观层面的制度融合和微观层面的标准融合。前者主要包括产业监管机构融合和产业管制政策融合，后者主要包括产品设计方面的融合和技术标准融合③。

⑥从产业角度进行分类可以分为产业重组融合、产业交叉融合和产业渗透融合三种类型。产业重组融合一般发生在某一大类产业内部的具有紧密联系的子产业之间，产业交叉融合通常发生在高科技产业的产业链自然延伸部分，通过产业相互之间的延伸和功能互补实现，产业渗透融合往往发生在传统产业和高科技产业的边界处④。该种产业融合的类型划分也是目前理论界大家较为认可的一种。

（3）产业融合的特征

①产业融合本质上是一种创新。奥地利经济学家约瑟夫·熊彼特（Joseph Schumpeter）认为创新包括技术创新、产品创新、组织结构创新、管理创新和市场创新五个方面，而英国经济学家弗里曼在熊彼特的基础上得出结论认为产业创新过程包括技能和技术创新、流程和产品创新、市场和管理创新等阶段。发生在众多产业边界之间的技术进步会形成不同产业之间的共同平台，当这种技术占据重要地位的时候，这一技术平台上将会出现产出方式和产出结果都类似的产业融合，因此，产业融合既是创新的结果，其本身也是一种创新。

---

① 周振华. 信息化与产业融合 [M]. 上海：上海三联书店，上海人民出版社，2003.

② 植草益. 产业融合：产业组织的新方向 [M]. 东京：岩波书店，2000.

③ 胡金星. 产业融合的内在机制研究：基于自组织理论的视角 [D]. 上海：复旦大学，2007.

④ 胡汉辉，邢华. 产业融合理论及对我国发展信息产业的启示 [J]. 中国工业经济，2003，2（179）：23-29.

②产业融合一般发生在产业边界处。产业融合既不是横向兼并也不等同于纵向一体化，因为横向兼并往往发生在同一个产业内部，产业融合则发生在不同产业之间，而某些前后关联性较弱的产业之间也可能出现产业融合，却并不是纵向一体化。产业融合之后产生的新产业，尽管可能在较大程度上代替原有产业，但并非完全替代。

③产业融合是一个动态变化过程。产业融合出现之前，各个产业之间相对独立提供各自不同的产品。伴随着技术进步及产业边界的模糊，不同产业之间发生交叉，融合开始出现，不同产业之间相互促进有利于产业创新；当新兴产业出现的时候，产业融合便基本实现。

④产业融合是产业间分工的内部化。融合与分工并非对立和否定关系，融合虽然消灭了本层次的分工，却会带来其他层次的更多分工。产业融合可以使原来企业外部的分工转变为企业内部的分工，从而带来范围经济性。

⑤产业融合是信息化与工业化融合的重要前提。要推进信息化与工业化的融合，必须推进产业融合。利用信息化的技术、模式和理念对传统产业进行分解和重构，可以促进产业创新。

（4）产业融合的动因

目前国内外理论界对于产业融合产生的原因都有各自的研究，也提出了不同的观点。比如，迈克尔·波特认为技术创新或技术融合是产业融合产生的主要动因。约菲亚认为除了技术创新之外，还有政策管制放松和管理创新或战略联盟也是产业融合产生的原因。有人提出数字技术是产业融合发生的必要条件。还有学者指出信息化是产业融合的基础条件。激励、动力、障碍等因素也是产业融合的动因。归纳起来，本书认为导致产业融合发生的主要原因有以下六个方面：

①产业发展的内在规律。任何事物的发展都不能脱离它内在的规律，产业融合也是如此。随着产业结构由低级向高级的演进，产业结构会日趋优化，而产业融合则是实现产业结构优化的重要途径。不同产业之间的融合率越高、融合度越深，对经济发展的推动作用就越强。

②技术创新。产业融合的源泉是技术创新。技术创新的溢出效应促进了不同产业之间的技术融合，而技术融合又进一步加快了产业融合。不同产业之间的技术创新扩散导致了技术融合，从而使不同产业拥有共同的技术基础；在共同技术基础的平台上，不同产业的边界趋于模糊，最终出现产业融合。

③企业的竞争合作关系以及追求效益的内在冲动。不同产业企业之间的竞争合作关系，有利于突破各个产业之间的壁垒，使企业在相互合作中获得比原来的单纯竞争关系中更多的经营成果，还可以降低市场的交易成本，减少产业间的进入壁垒。

④市场需求的扩大。消费者不断增加的市场需求促使企业不断谋求创新发展，伴随技术创新不断扩散，产业融合领域不再局限于信息通信业，能源、交通、运输以及文化创意、旅游、教育等行业与高新技术产业的融合发展也越来越普遍。不仅产业融合改变着市场的需求特征，创造新的需求，同时，新需求的诞生也反过来进一步促进产品和服务的创新，这为产业融合提供了更大的市场空间。

⑤跨国公司的发展。跨国公司的发展为产业融合提供了一个重要载体。依据共赢和利益最大化原则，跨国公司在国际一体化经营活动中的战略逐渐由产业划分战略转为产业融合战略，将传统意义上的"国家生产"产品变为"公司生产"产品①。

⑥政府管制的放松。产业融合要真正实现，离不开政府管制的放松。20世纪80年代以来，技术创新和技术扩散极大地改变了部分垄断产业的技术基础，更多的产业可以享有新技术的溢出效应，在政府管制放松的前提下，部分垄断产业从完全垄断变为垄断竞争，其他产业的加入，促进了产业融合的发展。

（5）产业融合的效应

产业融合会导致一系列效应，这些效应有利有弊，利占多数。多数专家学者认为正面的效应主要包括以下四个方面：

①提升产业竞争力、促进产业创新。发生产业融合之后，企业数量必然会增加，竞争必然会加剧，企业只有不断提升灵活性及创新性才能适应新的竞争合作关系。

②实现价值增值，拓展产业链。产业融合会让原本各自分离的产业价值链实现部分或全部程度的融合，融合之后的产业比原来产业具有更长的价值链和更大的利润空间。

③催生新的产品及业态。产业融合可以对原有产品、服务以及企业间的合作模式进行改善，为企业发展创造新的空间。比如体育+旅游，就产

---

① 何卫华，熊正德. 数字创意产业的跨界融合：内外动因与作用机制［J］. 湖南社会科学，2019（6）：95-102.

生了体育旅游这一新产品；物联网+传统商业，就产生了电子商务这一新兴产品和服务，等等。

④有利于经济一体化发展。顾名思义，经济一体化是指不同区域的经济主体为了获取生产、销售、流通、交易等方面的利益而产生的市场一体化的过程。产业融合可以加强不同产业不同企业之间的联系、打破区域之间的壁垒和障碍，加速资源流动与重组，改善空间二元结构，助推经济一体化发展①。

大家比较公认的产业融合的负面效应主要是可能会加剧市场竞争。

2.2.4 多目标决策理论

现实生活和实际工作中的许多问题常常会有多个目标。以体育服务业与人工智能深度融合发展为例，决策者既想通过二者之间的融合催生新业态、新产业从而促进经济发展，又想通过二者融合增加社会就业、提升消费者满意度、推动科技创新、增进社会文明，还想降低社会能源消耗、增强人们的环保意识等。然而，这些目标之间可能具有矛盾性，且目标不可公度（non-commensurable），因此，不能把多目标规划问题简单地看作多个单目标规划的总和，也不能用求解单目标决策问题的方法来求解多目标决策问题。

多目标规划一般由两个部分组成，其一是有两个以上的目标函数，其二是有若干个约束条件，其问题的实质是多目标函数的优化问题。多目标中的各个目标通常是不甚协调甚至是矛盾冲突的，不可能在改善一个目标的情况下不导致另外一个目标的实现削弱。因此，从帕累托最优的角度而言，所有目标是没有办法同时达到最优解的。因此，多目标规划的最终目的是运用合理的求解方法使各个目标相互协调和折中，从而使得总体上尽可能达到最优化②。

如果用数学方式来表达多目标问题，可以描述如下：

$$\min y = f(x) = \{f(x_1), f(x_2), f(x_3), \cdots, f(x_n)\}$$
$$\text{s. t. } g(x) = \{x \mid g_i(x) \leq 0, i = 1, 2, \cdots, p\}$$
$$x = (x_1, x_x, \cdots, x_n) \in X, y = (y_1, y_2, \cdots, y_n) \in Y$$

---

① 陈柳钦. 产业发展的相互渗透：产业融合化 [J]. 贵州财经学院学报, 2006 (3): 31-35.
② 岳超源. 决策理论与方法 [M]. 北京：科学出版社, 2004 (4): 151-169.

其中，x 为决策向量，X 为决策向量组成的决策空间，y 为目标向量，Y 为目标向量组成的目标空间，$g_i(x) \leqslant 0$ 表示第 i 个约束。

（1）基本概念

多目标决策问题与单目标决策的最大区别是多目标优化问题的解并非唯一，而是一组最优解集合。这个最优解集就是由意大利经济学家维弗雷多·帕累托（Vilfredo Pareto）提出来的，被称为帕累托解集，即某个解在其他目标上虽然可能是最差的，但是在某个目标上是最好的。不过帕累托最优解集内部的不同元素之间由于不可公度性的存在是不可比较的。

①非劣解

当多目标之间是冲突关系的时候，让所有目标函数同时实现最大或最小的解是不存在的。这个时候，需要引入一个概念，那就是非劣解（non-inferior solution），又称锥最优解（cone-optimal solution）或非控解（non-dominance solution）或帕累托最优解（Pareto-optimal solution）或有效解（efficient solution）。在多目标决策中，往往有一个以上的非劣解。

设 $f(x)$ 是多目标规划问题的向量目标函数，X 为其可行域，其分量为 $f_i(x)$，$i = 1$，2，$\cdots$，n，且均越大越好。对于 $x^* \in X$，如果在 X 中不存在 x 使 $f_i(x) \geqslant f_i(x^*)$，$i = 1$，$2$，$\cdots$，$n$，并且至少一个 i 严格不等式成立，则称 x^* 为该多目标规划问题中的一个非劣解。

如图 2.1 所示，假设一个两目标最大化决策问题，可行解集 X 对应的目标空间是 Y，Y 的最高点是 B 点，最右侧的点是 A 点，那么，这个问题没有最优解。因为 B 点的 f_2 值大，但是 f_1 值小于圆圈中过 B 点且与纵坐标平行的直线右侧的所有点；同样道理，A 点的 f_1 值虽然最大，但是 f_2 的值却小于圆圈中过 A 点且与横坐标平行的直线上面的所有点。因此，圆圈的部分边界即曲线 AB 就是非劣前沿，可行域 X 中与之对应的部分就是非劣解集。

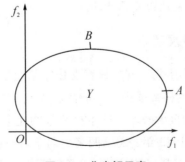

图 2.1 非劣解示意

②帕累托解集

帕累托解集是所有非劣解组成的集合。依据决策者的偏好结构从帕累托解集中选出的决策人最满意的解叫最佳调和解（best compromise solution）或偏爱解。

对于上述帕累托解集优劣的判定是现实领域和理论领域中非常重要的问题。一般情况下，较为理想的帕累托解集要满足以下三个条件：①帕累托解集分布的均匀性保证；②通过求解得到的帕累托解集与理论帕累托解集的接近性保证；③帕累托解集扩展性较好的保证。

（2）基本解法

①约束法

在两个以上的目标中，依据决策问题的实际情况，选择一个目标作为主要目标，别的目标则作为次要目标，并且依据决策者自身经验给予次要目标一个期望值，在保证结果不差于期望值的前提下，去求解设定为主要目标的最优值。这个方法的实质是将多目标决策问题转变为单目标决策问题，因此，被决策者设定为次要目标的目标已经成为主要目标的约束条件。

②功效系数法

由于不同类型的目标函数的目标不可公度，因此，该方法对其统一量纲，得到一个功效系数函数，最后求所有功效系数乘积的最优解，也称作功效函数法。

③评价函数法

该方法是最常见的方法，具体做法是通过构造一个评价函数来集中反映各不同目标的重要性等因素，并极小化此评价函数，从而求出问题的最优解，主要有理想点法（最优解是距离理想点最近的解）、平方和加权法、线性加权法、MIN-MAX 法以及乘除法。

2.2.5　可持续发展理论

1962 年，美国海洋生物学家、科普女作家莱切尔·卡逊（Rachel Carson）发表了轰动一时的科普读物《寂静的春天》，书中描写了大量使用农药、化肥对环境造成的极大破坏。这本科普读物在全球范围内抛出了有关"发展"理念的议题。1972 年，美国两名著名学者巴巴拉·沃德（Barbara Ward）、雷内·杜博斯（Rene Dubos）合著《只有一个地球》，将环境问题和人类生存问题的严重性提到了"可持续发展"的高度。同年，美国学者德内拉·梅多斯出版了《增长的极限》（*Limits to Growth*）一书，明确提出"持续增长"和"合理的持久的均衡发展"的概念。"可持续发展"的概念最初起源于生态学领域，随后很快延伸到经济社会各个领域。1987 年，WCED（联合国世界与环境发展委员会）在一份正式报告《我们共同的未来》（*Our Common Future*）中非常正式地提出了"可持续发展"的概念及其发展模式。在 1992 年的联合国环境与发展大会上，与会者对于"可持续发展"达成一致共识。随着世界各国对国民收入核算指标 GDP 固有缺陷的质疑，"经济增长"与"经济发展"两者之间的区别逐渐明朗，"增长≠发展"的观念日益得到大家的认同，越来越多的专家学者试图在核算 GDP 时把自然资源和环境因素纳入核算范围①。

（1）可持续发展理念对人类发展活动的修正

①绿色 GDP 可持续收入（sustainable income）

传统 GDP 核算的是一个国家或地区在一年时间内生产的全部最终产品和服务的价值总和②。在计算这个总和价值的过程中，只计算了人类通过索取自然资源的所得，而没有计算资源的使用和生态环境的破坏的所失。这个指标的核算方法没有承认自然资源的稀缺性，没有考虑自然资源和生态环境的机会成本（opportunity cost），因此，从可持续发展角度来看，其结果是不准确的。因此，从 20 世纪 70 年代开始出现了"绿色 GDP"的提法，其计算公式如下：

绿色 GDP＝GDP-环境资源成本-环境资源保护服务费用

其实质是从 GDP 中扣除掉自然资源减少、生态环境恶化、人口数量失控以及管理水平低下等造成的机会成本。绿色 GDP 占 GDP 的比重越低，说明人类活动对环境资源的破坏越大，越不符合可持续发展理念。由于目前世界各国尚未找到一个比较通用且能量化环境成本和资源成本的计算工具，因此，绿色 GDP 在世界范围内的推广还有一定障碍。

②建立自然资源账户

鉴于绿色 GDP 中环境成本和资源成本难以货币量化的缺陷，不少经济学家开始尝试编制类似于经济领域的资产负债表的环境资源账户，运用投

---

①　罗杰斯，贾拉勒. 可持续发展导论 [M]. 北京：化学工业出版社，2008.

②　《西方经济学》编写组. 西方经济学：下册 [M]. 北京：高等教育出版社，人民教育出版社，2014.

入产出理论对人类经济活动对环境资源的使用进行监控。1987 年，WCED 号召世界各国为自然资源资产的存量变化编制账户。挪威和法国是最早开始进行这方面实践的两个国家。加拿大建立了专门的国家环境与资源账户体系（canadian system of environmental and resource accounts，CSERA），它主要包含了三类账户，分别是：自然资源存量账户（natural resource stock accounts，NRSA）、物质能源流量账户（material and energy flow accounts，MEFA）、环境保护支出账户（environmental protection expenditure accounts，EPEA）。其中自然资源存量账户按照对象来分，又包括地下资产账户、林木资产账户和土地资产账户，并设计有针对实物账户和货币账户的不同计量标准和专门计算方法。

③产品价格与投资评估

产品价格与投资评估采用了机会成本的概念，它计算的总成本由三部分构成：第一项是成本本身，第二项是环境为此付出的代价，第三项是代际成本。

产品价格＝开采或获取资源的成本＋因开采或获取资源而产生的环境成本＋因开采或获取资源而导致后代的效益损失

④环境资源价值公式

可持续发展理念认为必须对资源的价值进行货币单位的量化，这样才能体现环境偏好的程度以及不同选择方案中的比较，只有对资源进行货币量化，才能在操作中真正做到承认资源的稀缺性，使稀缺性跟货币量化价值成正比。尽管大部分的环境资源因为不存在相应的市场而难以确定其价值，但是可以通过确定支付意愿或者赔偿意愿来间接界定其价值或者借助影子价格、机会成本或虚拟价格来对其货币化。无论采用什么方式，最终目的是承认环境资源的唯一性、真实性、不确定性和破坏不可逆性。

环境资源价值分类如图 2.2 所示。

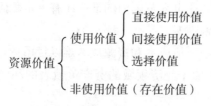

图 2.2　环境资源价值分类

（2）可持续发展理念的主要内容

可持续发展理念的最终目标是实现人类的全面发展，因此，其内容主要从经济、生态和社会三个维度进行界定。

可持续发展经济方面的内容：不把环境保护和经济发展相互对立，不否定经济增长，但不以经济增长为唯一指标，经济增长不等于经济发展，可持续发展经济方面的要求不仅有量上的规定，还要有质上的规定，它要求人类改变"三高一低"的粗放式发展模式，追求"三低一高"的集约型发展模式。

可持续发展生态方面的内容：把人类生产生活行为控制在地球与环境可以承受的范围内，要意识到人类的发展必须是有限制的，而不是无限制的。

可持续发展社会方面的内容：人类发展的本质是健康水平的提高，生活质量的改善以及人人享有平等、自由、人权和安全的社会环境。

在上述三个维度的可持续发展理念中，生态可持续是前提，经济可持续是手段，社会可持续是最终目的。

（3）可持续发展理念的基本特征

①可持续发展不仅不否定经济增长，还强调经济增长的必要性。

保护环境资源的最终目的是为人类发展服务，不是限制人类发展，因此，经济增长有利于提高人类福利、改善人类利用环境资源的方式和手段，只有通过经济增长，人类才能依靠科学技术手段改变自身发展方式，实现与环境资源的友好相处。

②可持续发展承认自然资源的价值，其标志是良好的生态环境。

对自然资源价值的承认不能仅仅停留在口头上，而应落实到具体的责任主体上，这就要求世界各国完善和修改国民收入核算体系，创造科学计算工具，将资源价值货币化，并让相关产品的受益者支付该部分资源成本。

③可持续发展能够培育新的经济增长点，促进社会的全面进步。

伴随可持续发展理念的日渐深入人心，真正的低碳环保产业必将迎来新的发展机遇，而那些高污染、高投入、高消耗、低产出的产业必将遭到淘汰，这不仅可以优化产业结构，还可以促进产业结构升级，最终促进社会的全面进步。

可持续发展理念强调人类发展既要满足当代人的需要，又要不对后代满足其需要构成危害，其三大重要原则是：公平性、共同性和持续性。它有坚实的理论基础，包括经济学理论、生态学理论、人口承载理论、人地系统理论以及资源永续利用理论、外部性理论、财富代际公平分配理论等。

为了符合可持续发展理念的要求，在体育服务业与人工智能融合发展过程中，除了重视经济目标之外，社会目标和环境目标的考量也是非常必要的，决策者必须从多目标角度出发制定体育服务业与人工智能融合相关规范政策，才能保证在充分挖掘产业融合经济效益的同时，重视环境保护和社会的持续发展。

3 体育服务业与人工智能融合现状

随着我国经济发展水平的进一步提升，大众对体育服务业的需求日益增加。新的时代背景赋予了体育服务业更大的发展空间和更加独特的功能。尤其在 2020 年全球新冠病毒肆虐之后，越来越多的人群更加直观地了解和感受到人工智能与体育融合带来的效应。

3.1 人工智能发展概况

世界经济论坛（WEF）评估了人工智能和自动化对经济影响的概率。该论坛预测，英国 20% 的现有工作可能会受到人工智能技术的影响。这个数字在新兴经济体中将会更大，比如在中国和印度，这一数字可能上升到 26%，因为两国国内制造业领域技术变革的范围更大。人工智能技术预计将极大地推动创新和经济增长，到 2030 年，将为中国贡献 20% 的国内生产总值。2019 年，欧洲人工智能技术支出比 2018 年的数字增加了 49%，达到 52 亿美元[①]。Juniper Research（2019）强调全球在人工智能技术上的支出仅消费零售领域在 2023 年就要达到 120 亿美元，比当时的数字显著上升了 35 亿美元。该研究还强调了随着用于客户服务应用程序的聊天机器人利用 AI 的增多，到 2023 年，可在全球范围内每年节省 4.39 亿美元，而这一数字在 2019 年仅为 700 万美元。亚马逊和沃尔玛等技术巨头已经在 AI

---

① IDC. Automation and Customer Experience Needs Will Drive AI Investment to ＄5 Billion by 2019 Across European Industries [EB/OL]. (2019-05-12) [2024-03-06]. https://www.telecomtv.com/content/ai-ml/automation-and-customer-experience-needs-will-drive-ai-investment-to-5-billion-by-2019-across-european-industries-34715/ .

方面进行了一段时间的试验，并将该技术应用于需求预测和供应链实现。沃尔玛未来的商店——Intelligent Retail Lab（IRL）正在测试 AI 以实现当客户选择最后一个产品时做出响应，然后跟踪商店快速补充产品的能力。

3.1.1　人工智能的内涵

自从 1956 年约翰·麦卡锡提出人工智能（artificial intelligence）这一概念以来，关于人工智能的研究和讨论就从来没有停止过。从达特茅斯夏季专题讨论会上的界定来看，人工智能主要是研究机器模拟人类智能。不少专家学者从 4 个层面对人工智能的定义进行了讨论[①]。

（1）类人行为系统（systems that act like human）

该定义认为人工智能是一种技术，这种技术可以制造出一种机器，而这种机器可以完成那种需要拥有人的智能才能完成的任务[②]。该定义强调人工智能的"行为"与人类相似，与最早的图灵测试的观点是相一致的，因为图灵测试是通过人类的表现来评价智能机器的表现。

（2）类人思维系统（systems that think like human）

该定义强调人工智能的"思想"与人类相似，认为人工智能是那些与人的思维、学习、问题求解和决策等有关活动的自动化[③]。人工智能主要采取的是认知模型的方法。

（3）理性思维系统（systems that think rationally）

该定义强调人工智能的理性思维，认为人工智能是用计算机学科模型对智力行为进行研究[④]。

（4）理性行为系统（systems that act rationally）

该定义强调人工智能的理性行为，认为人工智能是计算机科学中的一个分支，只是这个分支必须是与智能行为自动化有关的内容[⑤]。

综上所述，人工智能是指运用人类的方法和技术（计算、学习、推理、规划、思考等）来模仿和扩展人的智能，从而实现人类水平的机器智能。

---

① 丁世飞. 人工智能导论［M］. 北京：中国工信出版集团，2020.

② KURZWELL R. Age of intelligendt machines［M］. Cambridge：The MIT Press，1990.

③ BELLMAN R E. An introduction to artificial intelligence：can computers think？［M］. San Francisco：Boyd & Fraser Publishing Company，1978.

④ CHARNIAK E, MCDERMOTT D. Introduction to artificial intelligence［M］. Reading, MA：Addison Wesley，1985.

⑤ 卢格尔. 人工智能复杂问题求解的解构和策略［M］. 北京：机械工业出版社，2006.

3.1.2 人工智能的主要研究内容

人工智能是一门新兴的交叉学科，同时也是一门综合性学科，它的基础理论比较广泛，有控制论、信息论和系统论，并涉及大量的自然科学和社会科学的内容，包括工程学、数学、计算机科学、心理学、哲学等，正是这些理论和学科为人工智能提供了广博的知识体系和研究方法[1]。

（1）知识表示

知识是智能的基础，人类获得并运用知识的过程就是人类的智能活动过程。"知识表示"是对知识的一组约定或一种描述，是一种机器可以接受并用于描述知识的数据结构，主要用来研究机器表示知识是否可行、是否有效、是否通用，在此基础上，探索其适用的原则和方法。目前，知识表示的常用方法有连结主义、状态空间、逻辑模式、产生式系统和语义网络等[2]。

（2）推理

人工智能研究最基本的问题之一便是推理。机器推理根据所依据知识的确定性可以分为确定性推理和不确定性推理。确定性推理主要基于一阶经典逻辑，包括一阶命题逻辑和一阶谓词逻辑。不确定性推理基于非经典逻辑和概率等。由于现实世界中的大多数问题都是无法精确描述的，因此不确定推理的使用更多。

（3）搜索与规划

为了实现某个目标，持续寻找推理路线，引导和控制推理，从而使得问题得以解决的过程便是搜索。搜索包括状态空间搜索和与/或树搜索。规划是问题求解技术，是从某特定问题状态出发，建立一个操作序列，到求解目标状态的过程。与普通问题求解技术相比，规划更加强调问题求解过程，它解决的一般是真实世界的实际问题，而不是单纯的数学模型。

（4）机器学习

机器获取知识的过程是通过机器学习实现的，机器学习也是机器具有智能的重要标志，它是人工智能研究的核心问题之一，如果一个计算机系统不具备学习能力，那么这个计算机系统就不能叫作智能系统。目前，机器学习已经成为人工智能理论和现实领域非常热门的研究问题。按照对人

---

[1] 丁世飞. 人工智能 [M]. 北京：清华大学出版社，2010.
[2] 惠军华. 知识表示与处理 [M]. 北京：电子工业出版社，2021.

类学习模拟方式的不同，机器学习可以分为三种方式：①符号学习。在符号主义学派基础上的机器学习实质上是一种符号运算过程。②神经学习。其又被称为连接学习，是一种主要基于人工神经网络的学习方法，它又包括感知器学习、BP 网络学习和 Hopfield 网络学习。③知识发现和数据挖掘。通过运用统计学、模糊数学、粗糙集、机器学习和专家系统等学习手段和方法，从数据库中抽取知识，揭示出数据背后存在的客观世界的内在联系和本质原理，从而实现知识的自动获取。它有别于传统数据库技术的地方在于能够从数据库中获取知识，而不是单纯的查询和检索，可以提高数据的利用价值①。

3.1.3　人工智能的主要应用领域

尽管目前人工智能的发展不过几十年的时间，其理论体系尚未完全形成，但人工智能在现实领域的发展却如火如荼，科研工作者们研究出了人工智能的许多应用领域或子领域。为了便于理解后续章节中体育服务业与人工智能的融合问题，在此对人工智能的主要应用领域进行介绍②。

（1）专家系统（expert system，ES）

专家系统是目前人工智能研究中最活跃、取得成果最多的领域，是指应用人工智能技术在特定的领域内具有相应的知识和经验的一种计算机程序系统。它通过模拟人类专家的思维过程来解决各种问题，最终达到或接近专家的水平。其知识表示和知识推理技术通常用来模拟相关领域专家才能解决的复杂问题。近年来，专家系统广泛地应用于工业、农业、商业、医疗、教育、交通、军事、体育等领域，取得了较为丰硕的成果，极大地提升了工作质量和工作效率③。

（2）模式识别（pattern recognition，PR）

模式识别是人工智能研究最早的领域之一，是通过计算机对给定的事物进行识别，并将其归入与其相类似或者相同的模式。被识别的事物可以是各种各样的，物理的、化学的、生物的、图像、文字、音频等均可。为了帮助计算机进行识别，需要给它匹配感知器官从而使其能够感知外界信

---

① 周志华. 机器学习［M］. 北京：清华大学出版社，2016.

② 史忠植. 智能科学［M］. 北京：清华大学出版社，2019.

③ 蔡自兴，德尔金，龚涛. 高级专家系统：原理设计及应用［M］. 北京：科学出版社，2021.

息。模式识别的工作过程通常是：采集待识别事物信息—对待识别事物进行各种变换和处理—提出待识别事物中有意义的基元—获取待识别事物的模式—与计算机内的标准模式比对—完成对待识别事物的分类识别—输出识别结果。模式识别有多种识别方法，包括模板匹配法、统计模式法、神经网络法、模糊模式法等①。

（3）自然语言处理（natural language processing，NLP）

自然语言处理是人工智能领域与计算机科学领域的重要研究方向，它主要研究计算机与人类之间运用自然语言进行有效交流的各种方法和理论。它融语言学、数学和计算机科学于一体，与语言学的关系最为密切。它不同于语言学，是研究能够有效实现自然语言通信的计算机系统，所以其实质是计算机科学的一部分。自然语言处理包括声音语言理解和书面语言理解，前者包括语音分析、词法分析、句法分析、语义分析和语用分析，后者包括除了语音分析之外的四种分析。自然语言处理应用范围广泛，可以应用于机器翻译、自动摘要、文本分类、舆情监测、中文光学字符识别（OCR）以及文本语义对比、问题回答等②。

（4）智能决策支持系统（intelligent decision support system，IDSS）

人工智能与传统的决策支持系统相结合便构成了智能决策支持系统，它运用专家系统技术使得传统的决策支持系统能够更加充分地利用人类的有关知识，通过逻辑推理来解决较为复杂的决策问题。智能决策支持系统主要由人机接口和各种模型库、数据库等组成，其具体工作过程通常是：用户—人机接口—自然语言处理系统—问题处理系统—各种模型库、数据库等管理系统（推理机）—模型库、数据库、方法库、知识库。智能决策支持系统基于较为成熟的技术，容易构造较为实用的易于被用户所掌握的系统，系统的各组成部分灵活导致其开发成本也较低，因此该系统的应用前景十分广阔③。

（5）神经网络（neural network，NN）

神经网络又称连接模型或神经计算，它将大量人工神经元广泛并行连接成一种人工网络系统，用来模拟生物神经系统的功能和结构。它通过调整网络内部节点之间的相互连接关系，依靠系统的复杂程度，最终达到处

① 王万良. 人工智能导论 [M]. 北京：高等教育出版社，2017.
② 王万森. 人工智能原理及其应用 [M]. 北京：电子工业出版社，2018.
③ 李德毅. 人工智能导论 [M]. 北京：中国科学技术出版社，2018.

理各种信息的目的。其主要研究内容包括人工神经网络的互联结构和系统模型、人工神经元的模型和结构、以神经网络为基础的连接学习机制等。神经网络具备以下特点：分布式存储、大规模并行处理、高度冗余、弹性拓扑以及非线性运算。这些特点决定了神经网络具有很高的运算速度，很强的适应性，超强的联想能力、容错能力和自组织能力。因此，神经网络在诸如机器学习、智能控制、专家系统、信息处理、非线性系统组合优化等领域有很好的应用①。

（6）博弈（game playing，GP）

博弈严格来说是运筹学的一个分支，最初来源于下棋中的对弈，是指一个或几个理性的主体（个人或团体）从各自允许选择的策略中进行优化选择，并获取相应的收益和结果。博弈一般包括博弈的参与者、博弈信息、参与者可以选择的全部策略的集合、博弈的次序以及博弈方的收益。博弈为人工智能提供了很好的实验场所，两者的融合彻底颠覆了传统博弈论对于均衡的分析与关注，让智能主体不仅可以与周围环境打交道，还可以与别的智能主体打交道，甚至可以与人打交道，比如阿尔法狗的出现。人工智能技术的加持使得博弈论的应用范围更加广泛，游戏、政治、社会、军事、经济等领域异常复杂的博弈问题逐渐被层出不穷的新算法突破。人工智能与博弈论的融合发展最终会为人机之间的成功连接搭建起一座桥梁②。

（7）分布式人工智能（distributed artificial intelligence，DAI）

关于分布式人工智能的研究兴起于 20 世纪 70 年代，主要的研究任务是分布式问题的求解（DPS），研究的目的是通过构建一个多子系统组成的协作系统来求解特定问题。分布式人工智能是人工智能与分布式计算之间的结合，鲁棒性③是其控制系统质量的标准。分布式人工智能一般具有分布性、连接性、协作性、开放性、容错性及独立性的特征。分布式人工智能一般可以分为分布式问题求解和多主体（agent）系统两种类型：前者是把某个具体的求解问题分成多个互相合作和知识共享的节点，往往包含一个全局的概念模型及成功标准；后者是指各个主体（agent）之间智能行为

---

① 冯国华，尹靖，伍斌. 数字化［M］. 北京：清华大学出版社，2019.

② 莱维斯克. 人工智能的进化：计算机思维离人类心智还有多远？［M］. 北京：中信出版社，2018.

③ 鲁棒性：控制系统在一定的参数摄动下，维持其他某些性能的特性。

的协调，通常包含多个局部的概念模型及成功标准。这两种类型都研究资源、知识及控制的划分问题。

（8）智能机器人（robot）

智能机器人实质上是一台机器，这台机器具有相当发达的"大脑"，具备某些与人类相似的智能能力，是一种具有高度灵活性的自动化机器。智能机器人一般需要具备以下要素：感觉要素，用于认识周围环境；运动要素，用于对外界做出反应；思考要素，依据感觉要素所获得的信息来思考该如何行动。感觉要素相当于人类的眼、耳、鼻、口等器官，可以借助图像传感器、摄像机、激光器、超声波传感器、行程开关、导电橡胶、压电元件等机电元器件来发挥作用。运动要素需要借助履带、轮子、吸盘、气垫、支架等可移动设备来帮助实现其运动功能，从而使得机器人能够适应台阶、平地、楼梯、坡道、墙壁等不同的地理环境；在智能机器人运动的过程中，需要保持对智能机器人的实时控制，包括伸缩率的控制、力度控制以及位置与力度混合控制等。思考要素是智能机器人的关键要素，包括逻辑分析、判断、理解等智力活动，需要计算机来完成这个过程。智能机器人具有非常广泛的应用前景，医疗、经济、军事、娱乐、体育等领域都可以很好地利用智能机器人进行业务拓展，其中十分引人注目的是机器人世界杯足球赛（Robo Cup），其目标是在未来的人机足球赛中打败专业足球队[①]。

（9）机器视觉（machine vision，MV）

机器视觉是利用计算机来实现或模拟人类视觉功能的新兴科学，即用机器代替人眼进行识别和判断，其研究目的是使计算机具备通过识别二维图像认知三维环境信息的能力，包括对三维环境中形状、姿态、位置、运动等几何信息的感知、识别、描述、理解和存储。要实现机器视觉功能，需要一整套综合技术，包括机械工程技术、图像处理技术、模拟与数字视频技术、计算机软硬件技术等，而一个典型的机器视觉系统应该包括光源系统系统、图像捕捉、图像数字化模块、数字图像处理模块、智能判断决策模块等。机器视觉的主要作用在于提高生产生活的自动化程度和灵活性，在许多不利于人工视觉的工作环境或人工视觉不符合使用要求的环境以及大量的机械性重复性工业生产中，机器视觉可以发挥重要作用。目

---

① 神崎洋治. 从零解说智能机器人：结构原理及其应用［M］. 北京：化学工业出版社，2019.

前，机器视觉大量运用于产品评级领域，以提高合格产品的生产能力。另外，在制药、电子、汽车制造、纺织、交通、物流等行业也开始大量使用机器识别系统①。

（10）模糊计算（fuzzy computing，FC）

以模糊集理论为基础，模糊计算可以模拟人类大脑非线性、非精确的信息处理能力。现实社会存在很多模糊现象，即那些没有严格边界划分而不能精确刻画的现象，这些模糊现象被称作模糊概念。一般用模糊集合来表示模糊概念，模糊集合是用隶属函数来刻画的，元素对集的隶属度可以是区间［0，1］的任何值，从而可以用隶属函数表示模糊集。模糊计算能够处理不精确的信息，在感官灵敏度和精确度方面要求不高，存储空间小，能尽快抓住主要矛盾从而保证处理信息的及时性。模糊集理论与知识表示及推理相结合，形成了模糊推理和模糊逻辑；把神经网络技术融入模糊逻辑技术，则形成了模糊神经网络。模糊逻辑在推理、决策及控制方面得到了十分广泛的应用，比如蒸汽机的控制、温度的模糊逻辑控制、十字路口的交通控制、污水废水处理、列车运行及停车的模糊逻辑控制、汽车速度控制、港口集装箱起重机的小车运行控制、家电模糊逻辑控制②。

从清华—中国工程院知识智能联合研究中心、清华大学人工智能研究院联合发布的《人工智能发展报告2020》来看，过去10年，人工智能领域十大研究热点领域分别是深度神经网络、特征抽取、图像分类、目标检测、语义分割、表示学习、生成对抗网络、语义网络、协同过滤、机器翻译。

3.1.4 人工智能的发展态势

人工智能首先在西方发达国家兴起和发展，下面从国际和国内两个方面分别简要阐述人工智能发展的基本态势。

（1）国际人工智能发展态势

在人工智能发展的几十年里，产生了三次发展浪潮。它们分别是：20世纪50年代至70年代，以逻辑推理为特征的第一次浪潮；20世纪80年代至90年代，以专家系统为特征的第二次浪潮；20世纪90年代至今，以机器学习、深度学习以及大数据为特征的第三次浪潮。

---

① 杜斌. 机器视觉：使用HALCON描述与实现［M］. 北京：清华大学出版社，2021.
② 李永明，李平. 模糊计算理论［M］. 北京：科学出版社，2017.

过去十年，人工智能的发展已取得了如下公认的成绩：①机器人智能日益强大，未来代替人类工作的能力和范围越来越大。智能机器人经历了蓝领机器人—灵巧型行走机器人—知识分享型机器人—灵巧机器人的发展过程。伴随着机器人智能化程度的日益提高，其智能化特征越发明显，它们在人类社会的适用范围必将越来越广泛。②人工智能技术可以让人机通信的方式向人类之间的交互方式转变。人机之间的通信技术从实时搜索和手势界面到便于操作的智能手表，再到超私密智能手机，以及后续的语音接口、刷脸支付、AI 助手等，在先进的人工智能技术的帮助下，人机通信方式正向人与人之间的交流方式转变。③人工智能赋能的使用场景已不再局限于宏观及普通领域。过去十年，人工智能赋能的应用场景不仅包括人类的娱乐、工作、交通及购物等方面，而且包括顾客兴趣挖掘、信息发现与分享、探索周围自然环境等领域。

在《麻省理工科技评论》评选出的过去十年的"十大突破性技术"中，有接近 30%的技术与人工智能相关。其中具有代表性的有：①深度学习。凭借大量算力，机器能够识别对象且对语音进行实时翻译。②神经形态芯片。该种芯片的配置接近人的大脑，可以使得计算机对周围环境的感知更加敏锐和快捷。③知识分享型机器人。该机器人不仅可以学习任务，还可以将知识传输到云端，供别的机器人学习。④强化学习。可以使得计算机在无人给予明确指导的情况下具备和人类一样的自主学习能力。⑤对抗性神经网络。通过两个人工智能系统的相互对抗创造出十分真实的原创声音或图像，使机器具备一种类似于人类想象力的能力。⑥灵巧机器人。这种机器人不仅可以自我学习，还可以应对人类的现实世界。⑦微型人工智能。在保证其能力不丧失的前提下，将现有深度学习的模型缩小，使其设备无须与云端交互就一样地实现智能化操作①。

（2）我国人工智能发展态势

我国人工智能于 20 世纪 70 年代末萌芽，伴随着互联网技术的广泛应用和创新，开始进入快速发展时期。总体来看，我国人工智能经历了四个发展阶段：1978—2000 年，我国成立人工智能学会，开始启动人工智能相关项目的研究；2001—2012 年，互联网技术蓬勃发展，机器学习找到了用武之地，互联网巨头公司开始出现；2013—2015 年，AI 芯片、云计算普

---

① 清华—中国工程院知识智能联合研究中心，清华大学人工智能研究院. 人工智能发展报告 2020［R］. 北京：2021.

及，技术不断成熟，算力提升，人工智能产业规模扩大；2016 年至今，人工智能开始商业化运作，并上升为国家战略。

根据深圳市人工智能行业协会主编的《2021 人工智能发展白皮书》的数据：2020 年，中国人工智能核心产业的总规模高达 3 251 亿元人民币，同比去年增长 16.7%，人工智能领域的投融资金额已接近 900 亿元人民币；截至 2020 年年底，中国与人工智能相关的企业数量达到 6 425 家，其中上市企业近 400 家，分别分布在人工智能产业链的基础层、技术层和应用层，其中应用层的企业数占比超过一半，接近 60%，这些企业主要集中在北京、上海、广东、浙江、江苏等几大人工智能强省；智能文字识别、智能工厂、基因检测、人脸识别等人工智能应用场景正逐渐在各个领域广泛使用，也是未来具有较高增长潜力的应用场景。

在过去的十年间，中国学者在人工智能领域发表的高水平论文数量（22 686 篇）位居全球第二位，仅次于美国学者发表的论文数量（33 255）。中国在有关人工智能专利申请数量方面增加了 200%，位居全球第一，总专利数量远远高于排名第二的美国，占全球专利申请数量的 74.7%。

在国家系列政策的大力支持下，在人工智能高层次人才培养数量方面，中国排名第二，仅次于美国人工智能高层次人才总数。在全球人工智能高层次学者数量 TOP 10 榜单中，清华大学占据一席之地。除此之外，中国科学院、北京邮电大学、浙江大学、北京航空航天大学、电子科技大学、华南理工大学、腾讯科技、国家电网、OPPO 广东移动、百度公司等机构在经典 AI、语音识别、多媒体、计算机网络、物联网和可视化等领域实力突出，技术水平均进入了全球先进行列。

目前中国人工智能在地域发展格局上有三个重要引擎和两个核心板块。三个重要引擎分别是京津冀、长三角和粤港澳大湾区，两个核心板块是快速发展的沿海地区和稳步增长的内陆地区。其中，北京、上海、杭州、深圳、香港、广州是中国人工智能发展中最为重要的引领性城市，而武汉、成都、长沙、合肥等城市则成为内陆地区人工智能发展的重要支撑①。

---

① 郭朝先，方澳.人工智能促进经济高质量发展：机理、问题与对策［J］.广西社会科学，2021，8（314）：8-17.

3.2 体育服务业发展现状

体育服务业是服务业中的一个新兴产业门类，属于现代服务业的范畴，与体育用品业和体育建筑业相比，最能体现体育的本质特征，是真正意义上的低碳环保产业。随着近年来体育服务业增加值在体育产业增加值中占比的快速提升，体育服务业会逐渐成为我国经济发展新的增长点。

3.2.1 体育服务业细分行业

早在 2015 年，国家统计局就发布了有关体育产业的权威统计分类[①]。4 年之后，伴随着国民经济行业分类标准的变化，体育产业统计分类为了进一步与新的行业分类相衔接，经国家体育总局研制并由国家统计局审核的 2019 年版《体育产业统计分类》（国家统计局令第 26 号）正式发布，相较于 2015 年版，该版统计分类中体育产业活动涉及的国民经济行业代码新增了 48 个，说明体育产业在国民经济中的渗透有一定扩展。在该版所涉及的 178 个国民经济行业代码中，有 32 个行业代码是全面反映体育特征的，这也说明体育产业在国民经济中的作用和位置日益凸显。本书依据 2019 年版体育产业统计分类，对体育服务业的内容进行界定。

2019 年版体育产业统计分类将体育产业分为了 11 大类，37 中类，71 小类，在 11 大类中，第 1~8 类及第 10 类共计 9 大类属于体育服务业的范畴[②]。

（1）体育管理活动

体育管理活动包括体育社会事务管理活动、体育社会组织管理活动以及体育保障组织管理活动，具体指各级政府部门体育行政事务管理机构的管理活动和体育专业团体、体育行业团体以及体育基金会等的管理和服务活动。

（2）体育竞赛表演活动

体育竞赛表演活动包括职业体育竞赛表演活动和非职业体育竞赛表演活动。前者指职业体育赛事活动的市场化、商业化组织、宣传、训练，以

---

① 《国家体育产业统计分类（2015）》（国家统计局令 2015 年第 17 号）。
② 《体育产业统计分类（2019）》（国家统计局令 2019 年第 26 号）。

及职业俱乐部和运动员的交流、展示等，项目主要涉及篮球、排球、足球、棒球、羽毛球、乒乓球、马拉松、拳击、电子竞技、围棋等；后者主要指非职业的运动项目训练、辅导、管理、宣传、比赛、运动队服务、运动员交流等活动，包括专业的和业余的，以及相应的非职业赛事承办方和推广机构等组织的各种活动。

（3）体育健身休闲活动

体育健身休闲活动包含运动休闲活动、民族民间体育活动、其他群众体育活动和其他体育休闲活动。其中，民族民间体育活动指具有区域特色的民族民间体育（尤其包括少数民族特色体育）及体育非物质文化遗产保护等活动，其他群众体育活动包括各级基层体育俱乐部、体育总会的各类群众性体育组织、体育类社会服务及文化体育活动机构、全民健身站点等提供的公益性群众体育活动，其他体育休闲活动指游乐场体育休闲活动、电子竞技体育娱乐活动、体育网络游艺以及体育娱乐电子游艺厅服务等。

（4）体育场地和设施管理

体育场地和设施管理包含体育场馆管理、体育服务综合体管理、体育公园及其他体育设施场地管理。其中，体育服务综合体管理指以体育培训、体育用品销售、运动康复、运动健身等体育服务为主，附带提供娱乐、餐饮、文化等其他活动的综合体的管理；体育公园及其他体育设施场地管理指体育主题公园的管理和各种社区、广场、村庄、公园等提供体育器材、临时性体育场地设施等场所的管理，包括健身步道、全民健身路径等。

（5）体育经纪与代理、广告与会展、表演与设计服务

该类主要包括体育经纪服务、体育保险经纪服务、体育中介代理服务、体育票务代理服务、体育广告服务、体育会展服务、体育表演服务和体育设计服务。其中体育设计服务主要指体育服装设计、体育产品和服务的专业设计、体育休闲娱乐工程设计等。

（6）体育教育与培训

体育教育与培训包含学校体育教育活动和体育培训。其中，学校体育教育活动指各级各类学校的体育课程教学活动和校园体育活动，专业体育院校的教学活动以及综合院校的体育管理、体育经济等专业的教学活动。

（7）体育传媒与信息服务

该类主要包括体育出版服务、体育影视及其他传媒服务、互联网体育

服务、体育咨询、体育博物馆服务以及其他体育信息服务。其中，体育出版服务指所有体育类报纸、期刊、图书、音像制品以及电子出版物的出版和数字出版服务；体育影视及其他传媒服务指体育新闻的采访、编辑与发布，体育广播、电影电视等传媒作品的制作及播出，体育摄影等；互联网体育服务指各种体育 App 应用、互联网体育健身与赛事服务、互联网体育信息传播、体育网络直播、体育大数据加工处理、体育物联网以及任何"互联网+体育"的活动；体育博物馆服务指博物馆提供的各种用于展示体育历史发展过程、宣传体育科普知识、传承体育精神、弘扬体育文化等的与体育有关的服务。

（8）其他体育服务

其他体育服务主要包括体育旅游服务、体育健康与运动康复服务、体育彩票服务、体育金融与资产管理服务、体育科技与知识产权服务等。其中，体育旅游服务指观赏性体育旅游活动（如观赏体育赛事、体育表演、体育节等体育旅游活动），以组织体验性体育旅游活动为主的旅行社服务，以体育运动为主要内容的旅游景区服务以及水上运动码头、露营、体育特色小镇、体育产业园区等的管理活动服务；体育健康与运动康复服务指运动理疗、运动康复按摩、科学健身调理、科学健身指导、体质监测等服务以及各级各类专科医院、疗养院等提供的运动康复、运动创伤性治疗、运动减控体重、运动养生保健等服务；体育金融与资产管理服务包含体育产业投资资金在内的体育基金的管理服务、运动意外伤害的保险服务、体育产权与资源交易服务、体育投资与资产管理服务等；体育科技与知识产权服务指体育装备新材料研发、运动医学和实验、体育知识产权相关服务以及体育科学研究。

（9）体育用品及相关产品销售、出租与贸易代理

该类包括的小类较多，包括体育用品及器材销售、运动服装销售、运动鞋帽销售、运动饮料与运动营养品销售、体育出版物销售、体育游艺等其他体育用品及相关产品销售、体育用品及相关产品综合销售、体育用品及相关产品互联网销售、体育用品设备出租、体育用品及相关产品贸易代理。

3.2.2 体育服务业发展态势

2019 年 9 月 4 日，国务院办公厅发布国办发 2019 第 43 号文《国务院

办公厅关于促进全民健身和体育消费推动体育产业高质量发展的意见》。该文件明确提出"提升体育服务业在体育产业中的比重""将体育产业发展成为国民经济的支柱性产业"。体育服务业是体育产业中最能体现体育的本质特征的细分行业，研究体育服务业的发展态势不能脱离体育产业的发展态势，但体育服务业在发展过程中也呈现了隶属于第三产业的现代服务业特征，因此，体育服务业的发展态势既有体育产业的共性特征，也有其自身的个性特征。

（1）产值不断增加，但总体规模偏小

如表 3.1 所示，我国体育服务业增加值从 2006 年的 244.6 亿元，增加到 2021 年的 8 576 亿元，15 年间增长了 35 倍，占体育产业的比重也由 24.9%提升到 70.0%。但是，其绝对值数值偏小。以 2019 年数据为例，体育服务业增加值占 GDP 的比重仅为 0.77%，而在 2013 年的美国（缺乏美国 2019 年的数据），其体育产业增加值占 GDP 的比重就高达 3%。按照美国体育服务业在体育产业中占比至少超 50%来计算，那么早在 2013 年，美国的体育服务业增加值占 GDP 的比重就超过了 1.5%。由此可见，我国体育服务业产值尽管在过去的 15 年间逐年在稳步增长，但是总体规模与世界体育发达国家相比还比较小。

表 3.1 我国体育服务业增加值及占比

年份	体育产业增加值 /亿元	体育服务业增加值[①] /亿元	体育服务业增加值/体育产业 /%
2006	983.00	244.60	24.9
2007	1 207.41	322.50	26.7
2008	1 554.97	416.75	26.8
2009	1 804.69	534.26	29.6
2010	2 220.00	652.71	29.4
2011	2 742.71	892.06	32.5
2012	3 135.95	1 085.11	34.6
2013	3 563.00	1 215.12	34.1
2014	4 040.98	1 357.17	33.6
2015	5 494.00	2 703.60	49.2

---

① 黄海燕，徐开娟. 关于优化和完善我国体育产业统计体系的研究 [J]. 中国体育科技，2019，4 (55)：14-21.

表3.1(续)

	体育产业增加值 （亿元）	体育服务业增加值 （亿元）	体育服务业增加值/体育产业 （%）
2016	6 475.00	3 560.60	55.0
2017	7 811.00	4 449.00	55.9
2018	10 078.00	6 530.00	64.8
2019	11 248.00	7 615.10	67.7
2020	10 735.00	7 374.00	68.7
2021	12 245.00	8 576.00	70.0

（2）细分产业门类较为齐全，但内部结构不平衡

我国于 2006 年建立了体育产业统计体系。经过 15 年的发展，我国体育统计体系逐渐得到完善和优化，这为了解和掌握我国体育产业结构提供了科学保障。根据国家统计局发布的有关体育产业的最新统计分类，目前我国体育服务业可以细分为体育管理活动、体育竞赛表演活动等 9 个细分产业，囊括了所有与体育相关的服务业内容。从国家体育总局的官网上可以查询到 2015 年以来体育产业及体育服务业细分行业的统计数值，这说明我国体育服务业已经形成了较为齐全的细分产业门类。但是，如表 3.2 所示，2021 年，体育服务业中占比最大的细分行业是体育用品及相关产品销售、出租与贸易代理，其占比高达 34.46%，其次是体育教育与培训，其占比为 20.93%。被国内许多专家学者界定为体育服务业的两大主导产业（核心产业）是体育竞赛表演活动、体育健身休闲活动，但它们的占比分别为 1.50% 和 10.40%，完全没能体现其主导产业（核心产业）的地位。另外，体育经纪与代理、广告与会展、表演与设计服务占比也非常低，仅为 1.39%，说明我国体育服务业内部整体结构非常不平衡、不科学，主要倚重隶属于第二产业的体育用品制造业。

表 3.2　2021 年全国体育服务业细分行业状况

体育服务业细分行业	体育服务业增加值	占比/%
体育管理活动	515	6.01
体育竞赛表演活动	129	1.50
体育健身休闲活动	892	10.40
体育场地和设施管理	1 031	12.02

表3.2(续)

体育服务业细分行业	体育服务业增加值	占比/%
体育经纪与代理、广告与会展、表演与设计服务	119	1.39
体育教育与培训	1 795	20.93
体育传媒与信息服务	406	4.73
体育用品及相关产品销售、出租与贸易代理	2 955	34.46
其他体育服务	733	8.55
合计	8 576	100

数据来源：国家体育总局网站。

（3）区域发展差距在缩小，但分布仍不平衡

我国体育服务业发展水平总体上与经济发展水平呈正相关关系，即是说我国经济发展的区域性不平衡导致了体育服务业发展出现区域布局的不平衡发展态势。如表3.3所示，根据2015年和2016年的体育服务业增加值数据构成来看，在江苏省、山东省、上海市等长三角、京津冀以及环渤海经济圈等区域，体育服务业增加值对全国的贡献较大，而重庆、贵州、辽宁等省（自治区、直辖市）的体育服务业增加值非常小。在体育服务业的发展过程中，尽管各个区域间发展水平上的差距在缩小，但是总体呈现的阶梯性差异特征尚未根本改变。从总量指标来看，长三角等省份优势明显；但是从发展速度来看，中西部地区的增速更快。该特征与我国体育产业发展的区域差异特征基本一致。从未来发展来看，京津冀、珠三角、长三角以及海峡西岸经济区和环渤海经济圈仍然是大力发展体育服务业的重要区域群落，而旅游资源以及户外运动资源独特的西部地区，则是未来体育服务业发展非常具有潜力的区域。

表3.3 我国体育服务业增加值区域[1]

区域	2015年		2016年	
	体育服务业增加值/亿元	全国占比/%	体育服务业增加值/亿元	全国占比/%
全国	2 703.60	100	3 560.6	100
江苏	466.71	17.26	696.16	19.55

---

[1] 赵轶龙，戴勝辉. 我国体育产业发展过程中的区域性特征分析：基于现有省际数据 [J]. 中国体育科技，2019，4（55）：31-42.

表3.3(续)

区域	2015 年		2016 年	
	体育服务业增加值 /亿元	全国占比 /%	体育服务业增加值 /亿元	全国占比 /%
山东	363.76	13.45	447.95	12.58
上海	276.09	10.21	344.10	9.66
四川	235.50	8.70	221	6.21
浙江	232.00	8.58	271.44	7.62
北京	190.10	7.03	215.30	6.05
湖南	150.15	5.55	247.52	6.95
福建	130.97	4.84	144.93	4.07
重庆	95.44	3.53	108.96	3.06
辽宁	49.69	1.84	109.84	3.08
山西	45.34	1.68	344.10	9.66
贵州	32.29	1.19	51.87	1.46

（4）需求不断增长，但有效供给不足

2014 年国务院第 46 号文件的出台，使得全民健身的重要性被首次提升到国家战略层次。2021 年 8 月，《全民建设计划（2021—2025）》颁布，我国全民运动进一步普及，大众健康生活意识进一步增强，大众体育消费理念慢慢改变，体育消费需求不断增加。在"互联网+"的技术背景下，大众对于体育服务产品的需求呈现多元化特征，不再像过去那样集中在体育服装、体育器材等传统消费项目上，还对健身休闲、赛事服务、中介培训、体育旅游、场馆服务等方面表现出极大的需求。作为处于体育产业发展初级阶段的国家，我国体育产业基础相对薄弱。尽管经过几十年的发展，我国在有形体育产品方面已经取得了较好的成绩，但是在无形体育产品的生产及开发方面还有一定的空间：具有较强国际影响力的高端体育赛事品牌还较少；群众性体育赛事数量不足，品牌价值也不高；体育服务产品定位不准确，运营模式陈旧，产品类型单一。这导致体育服务产品供给水平较为低下，难以快速撬动体育消费市场，不能有效地满足新时代背景下产生的新型体育消费需求。

3.3 体育服务业和人工智能融合现状的模型研究

2021 年，体育服务业增加值在体育产业增加值中的比重已经达到 70%，其主导地位日益凸显，对国民经济的贡献力度也逐渐增大，但是，仅靠体育服务业自身的发展，没有办法肩负起国民经济新增长点的使命，体育服务业必须进行跨界融合才能实现跨越式发展。体育服务业包含门类繁多，既有隶属于传统服务业的体育用品销售，也有属于现代新兴服务业的体育竞赛表演活动、体育健身休闲活动等。如此大的行业跨度正好为体育服务业与相关产业的融合发展提供了广泛的基础。在国家陆续出台的各级各类文件中，鼓励体育产业与相关产业的融合发展多次被提及，体育产业跨界融合发展必将成为未来体育产业发展的趋势。

3.3.1 融合态势简介

《体育强国建设纲要》（国办发〔2019〕40 号）明确提出"要加快推动大数据、互联网、人工智能与体育实体经济的深度融合"，《关于促进全民健身和体育消费推动体育产业高质量发展的意见》（国办发〔2019〕43 号）指出要"推动人工智能、大数据、智能制造等新兴技术在体育制造领域应用，支持以篮球、足球、冰雪、篮球、赛车等运动项目为主体内容的智能体育赛事发展"。

人工智能是一门新兴的科学技术，而体育服务业是新兴的现代服务业，二者之间的融合必将带来意想不到的效果。

（1）体育服务业与人工智能的融合发轫于体育竞赛表演活动领域

人工智能与体育之间的融合应该说一开始就发生在体育服务业中的体育竞赛表演活动中，最早可以追溯到 20 世纪 60 年代。1951 年，来自英国曼彻斯特学院的克里斯托弗·斯特拉齐（Christopher Strachey）编写了世界上第一个会下西洋跳棋的计算机程序。随后，来自 IBM 的阿瑟·萨缪尔（Arthur Samuel）又编写了可以与业余选手进行对抗的西洋跳棋程序。到 1962 年，几经升级后的该程序便战胜了当时的盲人跳棋高手。1997 年，IBM 公司打造的名为"深蓝"的计算机横空出世，首战世界棋王卡斯帕罗夫。2016 年，谷歌公司的 AlphaGo 与韩国棋手李世石进行了人机大战。

2021 年，由上海新松机器人公司与上海体育大学中国乒乓球学院合作研发的全球首台人工智能乒乓球发球机器人庞伯特（Pongbot）问世，它是世界上第一个拥有两条机械手臂且用手执拍发球的机器人，基本还原了真人的发球动作。随后，在此基础上，高通与上海创屹科技公司又推出了专业版乒乓球鹰眼产品 Seekerpro，它和庞伯特配合，可以发挥教练的眼睛和大脑的功能，对运动员训练状态进行实时评估。

（2）体育服务业与人工智能的融合呈现多维度、多领域特征

尽管人工智能与体育服务业的融合发轫于体育竞赛领域，并在体育训练领域取得了较为突出的效果，但实质上，人工智能与体育服务业所属 9 大细分行业的融合在过去几十年中都有了不同程度的进展。目前，人工智能与体育服务业的众多领域都有不同程度的融合，涉及认知、观赏和体验多个维度。比如，人工智能与体育健身休闲活动的融合产品，目前除了比较普遍的单项式智能健身产品，还有最新的"硬件+内容+服务+AI"的人机交互产品，为健身人群带来了沉浸式极致感官体验。在疫情期间，该产品的作用更为突出。人工智能与体育场地和设施管理的融合则主要体现在场馆运营管理的信息化、硬件设施设备的智能化和服务数据化等方面，为普通大众所熟悉的融合效果之一便是智能场馆可以提前对消费者的相关数据进行采集、存储和分析，从而预测消费者的消费习惯和运动偏好，为消费者提供个性化服务。另外，智能场馆依靠最新科技，还可以为残障人士等量身打造特殊服务。人工智能与体育传媒的融合也产生了非常积极的结果。目前，自然语言、语音处理以及机器学习等多项 AI 技术已被国内外多家媒体机构广泛应用于多元场景，涉及的业务领域主要包括体育新闻采集与写作、人机交互传播与体验等。

（3）智能化应用渐成潮流，可更好地刺激消费者多元化的需求

由数据分析公司尼尔森和中国体育用品业联合会合作发布的《2020 大众健身行为与消费研究报告》显示，大众对智能健身的具体使用场景集中在终端数据和相关功能打通上。对移动端同步数据的需求已经达到 60%，对手机自助服务的需求为 52%，对智能健康管理的需求为 51%。家庭健身正在成为典型运动场景，其比例达到 37%，而"全民健身+科技"成为市场增长点与突破口，运动类 App 的使用已经成为常态，使用率达到 75%。该调查报告还显示，89% 的被调查者认为体育健身智能化是必要的，而智能健身的主要诉求是"软件+内容+饮食+健康"四位一体的管理。上述有

关智能体育方面的数据表明，大众对体育健身智能化的潜在需求日益增加，随着我国5G、云计算、物联网、区块链以及大数据等新一代信息通信技术的飞速发展，体育服务业的应用场景会更加智能化，可以不断激发大众参与体育（包括体育赛事、体育培训、体育健身等众多领域）的热情，而智能体育产品由于能够研判大众需求，可以制订科学的个性化方案，以满足消费者多元化的需求。

3.3.2 融合度测量

关于体育服务业与人工智能融合现状的研究主要包括定性和定量两个部分，该部分拟运用定量模型工具来测量二者之间的融合程度。

选择科学的方法是测量我国体育服务业和人工智能业融合度的基础。通过梳理国内外相关文献，发现目前国内外学术界测算产业融合度的方法主要包括灰色关联分析、投入产出法、AHP-模糊综合评价法、赫芬达尔指数法、贡献度测量法、耦合协调模型、专利相关系数法等。

Fai 和 Tunzelmann（2001）运用专利相关系数法和赫芬达尔指数法测量了产业之间的融合程度，分析了美国 32 家公司 1930—1990 年的专利活动记录情况，研究不同产业间专利份额的系数关系，构建产业技术融合中的系数矩阵，用相关系数表示融合系数，通过相关系数改变状况分析不同产业间的融合程度，最后发现在化学、电子、机械及交通运输产业间有着非常明显的技术融合特征[①]。li 等（2020）运用了耦合协调模型来研究制造业和生产性服务业之间的产业融合问题[②]。

国内学者使用的测量产业融合方法具体如表 3.4 所示，表中归纳了不同方法的主要特点，对比得出最适用于本书的测量方法。

基于以上对产业融合度测量方法的归纳，可以发现目前学术界对产业融合度的测量方法尚未统一，且不同测量方法具有各自的特点和不足。其中，灰色关联分析用产业关联度代替产业融合度，虽然在某些领域之间可能会放大效应，但是胜在计算简便且对数据要求不高；投入产出法所需的投入产出表数据每五年更新一次，且数据样本量较小，难以适用于体育服

---

① FAI F, TUNZELMANNV N. Industry - specific competencies and converging technological systems: evidence from patents [J]. Structural change and economic dynamics, 2001, 12: 141-170.

② LI C, LIN L, YI W, et al. Does industrial convergence promote regional metabolism? Evidence from China [J]. Journal of cleaner production, 2020 (273): 1-11.

务业相关研究；AHP-模糊综合评价法易受到指标体系合理性和专家打分主观性的影响，难以保证测量结果的准确性；赫芬达尔指数法适用于主要依靠技术融合形成的融合现象，且相关专利数据获取难度较大，对于体育服务业相关指标的收集存在局限性；贡献度测量法作为一种成熟的实证方法应用虽比较成熟，但只适用于测量某产业与目标产业的融合度，难以体现两大产业融合的双向互动关系；而耦合协调模型是通过衡量系统间不同要素相互影响、相互作用的程度来反映产业间的融合程度，近年来被广泛应用于不同领域的研究，能够较好地规避数据获取的困难性和计算过程的烦琐性等问题，从而在客观上反映体育服务业和人工智能业之间的融合程度。

表 3.4　产业融合度的主要测量方法

方法名称	方法特点
灰色关联分析①	设定原始比较序列和参考序列，通过无量纲化处理后求出关联系数，再加入权重计算关联度并排序
投入产出法②	基于投入产出原理，借助投入产出表对不同产业间的关联度展开分析，利用中间投入率代替融合度
AHP-模糊综合评价法③	设计指标体系后请专家打分，定性与定量研究相结合
赫芬达尔指数法④	最初用于电子信息技术产业的技术融合度研究，后应用于技术融合度的测算，应用较广泛
贡献度测量法⑤	通过不同变量之间的贡献度判断某自变量对因变量的影响，从而计算出该自变量与因变量的结合程度
耦合协调模型⑥	衡量各个系统间不同要素相互影响、相互作用的程度来反映产业融合度

① 张健，李沛. 京津地区现代服务业协同创新融合度评价：灰色关联分析 [J]. 现代财经，2016，36（1）：13-21.

② 彭徽，匡贤明. 中国制造业与生产性服务业融合到何程度：基于 2010—2014 年国际投入产出表的分析与国别比较 [J]. 国际贸易问题，2019（10）：100-116.

③ 严伟. 基于 AHP-模糊综合评价法的旅游产业融合度实证研究 [J]. 生态经济，2014，30（11）：97-102.

④ 吕洁华，刘艳迪，张滨. 林业产业融合度测算及其影响因素分析：以黑龙江省国有林区为例 [J]. 林业经济，2018，40（5）：60-64，90.

⑤ 梁君，陈显军，杨霞. 广西文化产业与旅游业融合度实证研究 [J]. 广西社会科学，2014（3）：28-32.

⑥ 许金富，陈海春. 中国体育产业与旅游产业发展耦合关联性测度及空间相关分析 [J]. 山东体育学院学报，2020，36（1）：9-16.

因此，本书在借鉴前人研究成果的基础上，选择耦合协调模型来测量我国体育服务业与人工智能业之间的融合水平，用灰色关联分析来研究人工智能与体育服务业、金融业、农业、交通运输业、教育、快递业和安防业等的产业关联度，然后进一步分析人工智能与体育管理活动、体育竞赛表演活动等细分体育服务业的产业关联度，以期发现体育服务业与人工智能具有高度产业融合倾向的细分行业。

3.3.2.1　耦合协调模型分析

"耦合"一词原是度量电路间传送能量影响的物理学概念，后被引入经济学等领域，用于指两个或两个以上的系统在互动中实现相互影响、协调发展从而形成的一种动态关联关系[①]，经济学领域不少专家学者认为该词对刻画不同产业间的相互作用机理具有较强解释力[②]。耦合协调模型则是通过衡量系统之间不同要素相互影响、相互作用的关系来反映产业间的融合程度，近年来被广泛应用于旅游产业[③]、区域经济、生态环境[④]、新型城镇化[⑤]等领域的研究。该模型能够较好地规避数据获取的困难性和计算过程的烦琐性等问题，从而客观反映产业之间的融合程度。本书拟通过构建耦合协调模型来衡量我国体育服务业与人工智能的融合现状，试图定量描述两大产业融合发展的演进趋势、类型和所处融合阶段。

1. 耦合协调模型构建

根据耦合协调理论，可以将本书的体育服务业和人工智能业看作两个耦合的系统，两者之间彼此影响、相互作用。体育服务业和人工智能业的耦合度能够衡量一定时期内两系统的耦合作用强弱，而耦合协调度可以反映两系统间良性互动、协调发展的综合水平。

构建耦合协调模型以计算两个或多个系统之间的耦合协调度时，首先需要构建产业发展水平综合评价体系，并计算各个指标的权重，在确定各个系统发展水平综合评价值的基础上进行计算。

---

① 周宏. 现代汉语辞海 [M]. 北京：光明日报出版社，2003：820-821.

② 杜传忠，王鑫，刘忠京. 制造业与生产性服务业耦合协同能提高经济圈竞争力吗？：基于京津冀与长三角两大经济圈的比较 [J]. 产业经济研究，2013（6）：19-28.

③ 张琰飞，朱海英. 西南地区文化产业与旅游产业耦合协调度实证研究 [J]. 地域研究与开发，2013，32（2）：16-21.

④ 刘定惠，杨永春. 区域经济、旅游、生态环境耦合协调度研究：以安徽省为例 [J]. 长江流域资源与环境，2011，20（7）：892-896.

⑤ 唐未兵，唐谭岭. 中部地区新型城镇化和金融支持的耦合作用研究 [J]. 中国软科学，2017（3）：140-151.

（1）部分指标选取原因及评价体系构建

由于体育产业统计工作开展较晚且统计数据尚不完善，参考许金富[①]、姚松柏[②]等的研究成果，用第三产业中的文化、体育和娱乐业相关统计指标代替体育服务业相关指标。关于替代指标的有效性解释，张金桥指出，体育产业与文化和娱乐业的融合程度非常高，体育产业特别是体育服务业带有强烈的文化特性与娱乐性质[③]，因此，文化、体育和娱乐业的相关指标能够在很大程度上反映体育服务业的发展状况。

2018 年国家统计局发布的《战略性新兴产业分类（2018）》[以下简称《分类（2018）》] 将战略性新兴产业分为新一代信息技术产业、高端装备制造产业和数字创意产业等 9 大领域。其中，新一代信息技术产业包含人工智能产业，而人工智能产业又分为人工智能软件开发、智能消费相关设备制造和人工智能系统服务三个部分。它与国民经济行业所对应的关系如表 3.5 所示。

表 3.5　《分类（2018）》中人工智能产业的分类

产业名称	产业分类名称	国民经济行业代码	国民经济行业
人工智能产业	人工智能软件开发	6511	基础软件开发
		6513	应用软件开发
	智能消费相关设备制造业	3961	可穿戴智能设备制造
		3963	智能无人飞行器制造
		3969	其他智能消费设备制造
		3990	其他电子设备制造
	人工智能系统服务	6531	信息系统集成服务

由于《分类（2018）》中的人工智能软件开发、智能消费相关设备制造业和人工智能系统服务为新增产业类型，难以在统计年鉴中直接查找到相关数据，因此在参考《高技术产业（服务业）分类（2018）》和《高技术产业（制造业）分类（2018）》中产业业务内容的基础上综合考虑，将

---

① 许金富，陈海春. 中国体育产业与旅游产业发展耦合关联性测度及空间相关分析 [J]. 山东体育学院学报，2020，36（1）：9-16.
② 姚松伯，刘颖. 体育产业集聚对区域经济增长影响的实证分析：基于静态和动态面板数据模型 [J]. 体育科学，2017，37（11）：21-29，39.
③ 张金桥，王健. 论体育产业与文化产业的融合发展 [J]. 上海体育学院学报，2012，36（5）：41-44，76.

部分人工智能产业指标利用高技术产业数据进行近似转换处理。其中，人工智能软件开发和人工智能系统服务的数据采用软件与信息技术服务产业数据来表示，智能消费相关设备制造业数据用电子及通信设备制造业数据来表示①。

科学设计评价指标体系是衡量体育服务业与人工智能业融合发展水平的基础，在借鉴前人研究成果的基础上，综合考虑指标选取的系统性、代表性、可操作性等一系列原则，从人力资源、基础环境、产业规模和效益三个维度选择体育服务业和人工智能业具有代表性的14个指标，构建体育服务业与人工智能业发展水平的评价指标体系，如表3.6所示。

（2）指标权重确定

为保证评价结果的科学性、客观性及准确性，采用熵值法确定各指标的权重。熵值法依据指标的变异性以及指标数值的意义来确定权重，有效避免了人为因素的干扰，赋值过程透明且可再现，其权重具有较高的可信度。其具体计算步骤如下。

表 3.6　体育服务业和人工智能业综合发展水平的评价指标体系

产业类型	一级指标	二级指标	单位
S 体育 服务业	人力资源	S_1 文化、体育和娱乐业城镇单位就业人数	万人
		S_2 体育场馆从业人员数	人
	基础环境	S_3 文化、体育和娱乐业企业数	个
		S_4 体育场馆数量	个
		S_5 体育科研机构数	个
	产业规模及效益	S_6 体育服务业增加值	亿元
H 人工 智能业	人力资源	H_1 信息传输、软件和信息技术服务业城镇单位就业人数	万人
		H_2 互联网普及率	%
	基础环境	H_3 互联网上网人数	万人
		H_4 信息传输、软件和信息技术服务业企业数	个
		H_6 人工智能行业投资金额	亿元
	产业规模及效益	H_7 软件和信息技术服务业的软件业务收入	亿元
		H_8 电子及通信设备制造业新产品销售收入	万元

---

① 李旭辉，彭勃，程刚. 长江经济带人工智能产业发展动态评价及系统协调度研究 [J]. 统计与信息论坛，2020，35（1）：89-100.

①由于各指标间的量纲和单位各不相同，无法直接进行比较和计算，因此，在指标权重计算之前，需要对各指标原始数值进行标准化处理。同时，为避免无量纲化处理结果中出现零值造成数据计算无意义，参考相关文献，还需对数据进行加 0.001 的非负化处理。本书选取的指标均为正向指标，其最终标准化公式为

$$Z_{ij} = \frac{x_{ij} - \min_{x_j}}{\max_{x_j} - \min_{x_j}} + 0.001 \qquad (3.1)$$

式中，x_{ij} 表示第 i 年的第 j 个指标的实际值，$\max_{x_j}$ 和 $\min_{x_j}$ 分别表示指标 j 的最大值和最小值。

②计算第 i 年第 j 项指标的比重 P_{ij}。其计算公式为

$$P_{ij} = Z_{ij} / \sum_{i=1}^{m} Z_{ij} \qquad (3.2)$$

式中，$i = 1, 2, \cdots, m$，表示年份次序。

③熵值计算。熵值是对指标不确定性的一种度量。评价系统在某项指标上的值相差越大，信息量越大，不确定性越小，熵值越小。第 j 项指标的熵值 e_j 的计算公式为

$$e_j = -\frac{1}{\ln m} \sum_{i=1}^{m} P_{ij} \ln P_{ij} \qquad (3.3)$$

式中，$i = 1, 2, \cdots, m$，表示年份次序。

④差异性系数计算。对于第 j 项指标来说，熵值越小，指标值 x_{ij} 的差异性越大，则对系统评价结果的影响越大。第 j 项指标的差异性系数 f_j 的计算公式为

$$f_j = 1 - e_j \qquad (3.4)$$

⑤权重确定。指标的权重值越大，指标的重要性越高，对系统评价结果的整体影响越大，反之则相反。权重 ω_j 的计算公式为

$$\omega_j = f_j / \sum_{j=1}^{n} f_j \qquad (3.5)$$

式中，$j = 1, 2, \cdots, n$，表示指标个数。

（3）产业发展水平综合评价值的确定

在得到第 j 项指标的权重 ω_j 后，利用标准化的数据和各指标的权重可以计算体育服务业和人工智能业的产业发展水平综合评价值。其公式为

$$U_1 = \sum_{j=1}^{n} \omega_j a_{ij} \tag{3.6}$$

$$U_2 = \sum_{j=1}^{n} \omega_j b_{ij} \tag{3.7}$$

式中，$j = 1$，2，$\cdots$，n，表示有关产业系统中的指标个数，ω_j 为指标权重数值，a_{ij} 为体育服务业第 j 项指标第 i 年的标准化值，b_{ij} 为人工智能业第 j 项指标第 i 年的标准化值，U_1 为体育服务业发展水平综合评价值，U_2 为人工智能业发展水平综合评价值。产业发展水平综合评价值越大，说明产业发展状况越好，反之则相反。

（4）耦合协调度的确定

借鉴已有研究成果，在得到产业发展水平综合评价值的基础上将体育服务业系统和人工智能业系统作为两个相互耦合的系统，通过相关时间序列耦合指标构建两个系统的耦合度模型。考虑到系统发展水平差异的影响，构建可反映体育服务业与人工智能业良性协调水平的耦合协调模型。具体表达式为

$$C = 2\sqrt{\frac{U_1 U_2}{(U_1 + U_2)^2}} \tag{3.8}$$

$$D(U_1, U_2) = \sqrt{C \times T} \tag{3.9}$$

$$T = \alpha U_1 + \beta U_2 \tag{3.10}$$

式中，C 为两个系统的耦合度，$C \in [0, 1]$；D 为两个系统的耦合协调度，$D \in [0, 1]$，D 值越大，系统之间或系统内部要素之间愈协调，系统愈趋向有序；U_1 和 U_2 分别为体育服务业和人工智能业的发展水平综合评价值；T 为综合协调指数，反映体育服务业和人工智能业的整体发展水平对耦合协调度的贡献程度；α、β 为待定系数，代表体育服务业和人工智能业在模型测度中各自的重要程度，借鉴相关专家和学者研究的做法[1]，将其均取 0.5，即视为同等重要。

---

① 李丽，徐佳. 中国文旅产业融合发展水平测度及其驱动因素分析 [J]. 统计与决策，2020，36（20）：49-52.

（5）耦合协调模型的评价标准

为了直观地反映体育服务业和人工智能业的协调发展情况，参考刘耀彬[①]等对耦合协调度等级划分的研究，对两个产业发展的耦合协调度进行等级分类，如表3.7所示。

表3.7　耦合协调度等级划分标准

耦合协调度 D	协调等级	水平分类	耦合协调度 D	协调等级	水平分类
(0—0.1]	极度失调		(0.5—0.6]	勉强协调	
(0.1—0.2]	严重失调	萌芽阶段	(0.6—0.7]	初级协调	稳定阶段
(0.2—0.3]	中度失调		(0.7—0.8]	中级协调	
(0.3—0.4]	轻度失调	起步阶段	(0.8—0.9]	良好协调	成熟阶段
(0.4—0.5]	濒临失调		(0.9—1.0]	优质协调	

此外，参考有关研究成果[②]，对体育服务业和人工智能业的融合类型进行分类，具体分类标准如表3.8所示。

表3.8　耦合发展类型分类体系

判断标准	基本类型
$U_1 - U_2 > 0.3$	人工智能业滞后型
$0 \leqslant |U_1 - U_2| \leqslant 0.3$	同步型
$U_2 - U_1 > 0.3$	体育服务业滞后型

2. 实证分析

（1）指标权重计算

选取指标数据主要来源于2015—2019年《中国统计年鉴》《中国科技统计年鉴》和国民经济和社会发展统计公报及相关网站等，具体数据详见表3.12。此处主要就中国2015—2019年体育服务业和人工智能业的融合情况进行测算，通过公式3.1到公式3.5，首先计算出体育服务业和人工智能业综合发展水平评价指标体系中各指标的权重，如表3.9所示。

---

①　刘耀彬，李仁东，宋学锋. 中国城市化与生态环境耦合度分析 [J]. 自然资源学报，2005（1）：105–112.

②　生延超，钟志平. 旅游产业与区域经济的耦合协调度研究：以湖南省为例 [J]. 旅游学刊，2009，24（8）：23–29.

表 3.9 体育服务业和人工智能业指标权重

产业类型	一级指标	二级指标	单位	权重
S 体育 服务业	人力资源	S_1 文化、体育和娱乐业城镇单位就业人数	万人	0.150 8
		S_2 体育场馆从业人员数	人	0.160 8
	基础环境	S_3 文化、体育和娱乐业企业数	个	0.163 9
		S_4 体育场馆数量	个	0.153 1
		S_5 体育科研机构数	个	0.174 2
	产业规模及效益	S_6 体育服务业增加值	亿元	0.197 2
H 人工 智能业	人力资源	H_1 信息传输、软件和信息技术服务业城镇单位就业人数	万人	0.130 2
		H_2 互联网普及率	%	0.125 2
	基础环境	H_3 互联网上网人数	万人	0.125 5
		H_4 信息传输、软件和信息技术服务业企业数	个	0.114 7
	产业规模及效益	H_6 人工智能行业投资金额	亿元	0.121 2
		H_7 软件和信息技术服务业的软件业务收入	亿元	0.143 7
		H_8 电子及通信设备制造业新产品销售收入	万元	0.125 8

（2）体育服务业与人工智能业发展水平分析

将所得指标权重代入公式 3.6 和公式 3.7，得到 2015—2019 年体育服务业与人工智能业综合发展水平 U_1 和 U_2，然后运用公式 3.10 计算出两系统的综合评价指数 T，其相应结果如表 3.10 和图 3.1 所示。

表 3.10 体育服务业与人工智能业综合评价指数

年份	U_1	U_2	T	$U_1 - U_2$
2015	0.455 9	0.001 0	0.228 5	0.454 9
2016	0.606 6	0.205 4	0.406 0	0.401 2
2017	0.741 9	0.467 8	0.604 8	0.274 1
2018	0.453 2	0.780 9	0.617 1	-0.327 6
2019	0.485 9	0.923 0	0.704 5	-0.437 1

图 3.1　体育服务业和人工智能业综合评价趋势

从表 3.10 和图 3.1 可以看到，我国体育服务业综合评价值虽然在 2018 年突然下降，但 2015—2019 年总体而言发展势头良好。人工智能业综合发展水平总体呈现上升的趋势，说明人工智能业的实力逐年增强，到 2019 年，人工智能业综合评价指数超过 0.9，说明人工智能业已经处于比较高的发展水平。具体到两大产业的时序变化，体育服务业综合评价值的发展经历了两个阶段：第一个阶段是从 2015 年的 0.455 9 上升到 2017 年的 0.741 9，年均增长率达到 27.56%，说明我国体育服务业自 2015 年起保持着良好的发展态势；第二个阶段是从 2018 年骤降至 0.453 2，到 2019 年增长至 0.485 9，说明自 2018 年起，我国体育服务业逐渐由过去的高速增长状态转变为高质量发展状态，不再单纯地追求数据的大小与增长速度的高低，而是将发展方向转变为满足人民群众日益增长的多元化体育需求。人工智能业从 2015 年的 0.001 0 上升到 2019 年的 0.923 0，增长了 922 倍以上，年均增长率达到 451.19%，说明我国人工智能业在五年时间里快速发展，呈现出迅猛发展的态势。

比较体育服务业和人工智能业综合评价值五年来的相对大小，可以看出：2015—2016 年人工智能业发展水平明显滞后于体育服务业。从 2017 年开始，人工智能业开始逐渐缩小与体育服务业的差距，两大产业的综合评价值愈发接近。在 2018 年，人工智能业综合评价值实现了对体育服务业的反超，并在 2019 年继续扩大领先优势。

（3）耦合度、耦合协调度时序变化分析

将表 3.10 中的相关数据代入公式 3.8 和公式 3.9，计算得到 2015—2019 年体育服务业和人工智能业的耦合度及耦合协调度，结合表 3.6 和表 3.7 所示的耦合协调度等级类型划分标准，得到如表 3.11 所示的体育服务业与人工智能业耦合类型、等级及阶段和如图 3.2 所示的体育服务业和人工智能业的耦合协调度。

表 3.11　体育服务业与人工智能业耦合类型、等级及阶段

年份	耦合度 C	耦合协调度 D	耦合发展类型	耦合协调等级	耦合发展阶段
2015	0.093 5	0.146 1	人工智能业滞后型	严重失调	萌芽阶段
2016	0.869 4	0.594 1	人工智能业滞后型	勉强协调	稳定阶段
2017	0.974 0	0.767 5	同步型	中级协调	稳定阶段
2018	0.964 1	0.771 3	体育服务业滞后型	中级协调	稳定阶段
2019	0.950 7	0.818 4	体育服务业滞后型	良好协调	成熟阶段

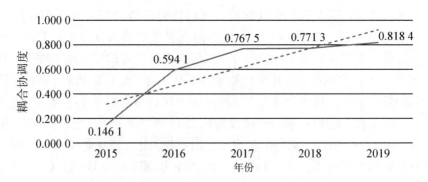

图 3.2　体育服务业与人工智能业的耦合协调度

根据表 3.11 耦合度 C 值可知，我国 2015—2019 年体育服务业与人工智能业耦合度的平均值为 0.770 3，极差为 0.857 7，除了 2015 年，耦合度整体较高，说明体育服务业与人工智能的相互作用较强，但还无法确定这样的强相关是否有利的。于是，需要关注更能体现两大产业良性协调水平的耦合协调度，即表 3.11 中第二列数据耦合协调度 D 的值，也可以直观地参照图 3.2。

3. 结论

由表 3.11 及图 3.2 可知，总体而言，2015—2019 年我国体育服务业与人工智能业的耦合协调度由 0.146 1 上升为 0.818 4，耦合发展类型由人工智能业滞后型发展为同步型再发展为体育服务业滞后型；耦合协调等级由严重失调发展为良好协调；耦合发展阶段由萌芽阶段逐步转变为成熟阶段，表明两系统要素之间的融合程度越来越高、协调发展程度不断加深。

具体来看，不同时间段的发展程度有差异，大体可分为两个阶段：第一，2015—2017 年是快速融合期，这一阶段二者的耦合协调度保持着高速增长状态，从 2015 年的 0.146 1 增长至 2017 年的 0.767 5，年均增长率达

到了 129.19%。第二，2018—2019 年是转型探索期，这一阶段二者的耦合协调度继续保持着增长势头，但增速显著放缓，从 2018 年的 0.771 3 增长至 2019 年的 0.818 4，年均增长率降至 6.10%，见表 3.12。这说明 2017 年年底在我国经济发展方式开始转变的背景下，体育服务业与人工智能业的综合水平差距逐渐缩小，二者的融合也由追求高速度转向追求高质量，两大产业的发展呈现出齐头并进，相辅相成的状态，反映出体育服务业和人工智能业较好的关联效应和广阔的融合前景。

表 3.12　体育服务业与人工智能指标体系相关数据

| 产业类型 | 一级指标 | 二级指标 | 单位 | 年份 | | | | |
				2015	2016	2017	2018	2019
S 体育服务业	人力资源	S_1 文化、体育和娱乐业城镇单位就业人数	万人	149.1	150.8	152.2	146.6	151.2
		S_2 体育场馆从业人员数	万人	1.471 6	1.419 5	1.385 7	1.312 6	1.233 7
	基础环境	S_3 文化、体育和娱乐业企业数	个	6 172	7 725	9 982	10 549	11 398
		S_4 体育场馆数量	个	689	694	683	661	637
		S_5 体育科研机构数	个	58	60	62	56	54
	产业规模效益	S_6 体育服务业增加值	亿元	2 703.6	3 560.6	4 449	6 530	7 615.1
H 人工智能业	人力资源	H_1 信息传输、软件和信息技术服务业城镇单位就业人数	万人	349.9	364.1	395.4	424.3	455.3
	基础环境	H_2 互联网普及率	%	50.3	53.2	55.8	59.6	64.5
		H_3 互联网上网人数	万人	68 826	73 125	77 198	82 851	90 359
		H_4 信息传输、软件和信息技术服务业企业数	个	13 802	16 342	19 371	20 700	22 077
		H_5 计算机、通信和其他电子设备制造业 R&D 经费	亿元	1 611.7	1 810.9	2 002.8	2 279.9	2 448.1
		H_6 人工智能行业投资金额	亿元	331.7	388.9	672.3	1 229.2	742.1
	产业规模效益	H_7 软件和信息技术服务业的软件业务收入	亿元	42 847.9	48 232.2	55 103.1	61 908.7	72 071.9
		H_8 电子及通信设备制造业新产品销售收入	万元	26 700.3	31 820.6	35 983.7	40 342.0	41 331.7

注：人工智能相关数据目前只能搜集到 2019 年。

3.3.2.2　灰色关联分析

中国学者邓聚龙于 20 世纪 80 年代创立了灰色系统理论，该理论主要研究少数据、贫信息等不确定性问题，它以"部分信息已知，部分信息未知"的"小样本""贫信息"的不确定性系统为研究对象。在控制论中，信息的明确程度通常用颜色的深浅来表示。一般黑色表示信息未知，比如"黑箱"是指内部信息未知的对象；白色表示信息十分明确；灰色则是介于黑色和白色之间，表示部分信息明确，部分信息不明确。因此，灰色系统就是指部分信息明确而部分信息不明确的系统①。

两个灰色系统之间的因素随着时间变化关联性大小的量度，称为关联度。如若两个因素之间的同步变化程度较高，则可认为二者关联程度较高，反之，则关联度较低。

1. 数据来源

本部分的灰色关联分析包括两个部分：一是人工智能与体育服务业、金融业、农业、交通运输业、教育、快递行业、安防业之间的关联度分析，二是人工智能与体育服务业所包含的 9 个细分行业之间的关联度分析。因此，计算所需要的数据包括上述各个行业的相关数据。受限于体育服务业细分行业相关数据的可得性（体育服务业细分行业最早的数据只能到2015 年），本部分只包括了 2015—2019 年 5 年的数据。人工智能产业的数据来源于中国人工智能产业数据报告，金融、农业、交通、教育行业数据全部来源于《中国统计年鉴》，快递行业数据来源于中国 2019 年国民经济与社会发展统计公报，安防行业数据来源于智研咨询发布的《2020—2026年中国安防行业市场经营规划及发展前景分析报告》，体育服务业数据均来自国家体育总局官网，所有数据见表 3.13。

表 3.13　灰色关联分析相关数据　　　　　单位：亿元

年份	2015	2016	2017	2018	2019
人工智能产业融资金额	112.4	141.9	216.9	339	500
体育服务业增加值	2 703.6	3 560.6	4 449	6 530	7 615.1
金融业 GDP	56 299.8	59 964	64 844.3	70 610.3	77 077.1
农业 GDP	57 774.6	60 139.2	62 099.5	64 745.2	70 466.7
交通运输业 GDP	30 519.5	33 028.7	37 121.9	40 337.2	42 802.1

---

① 邓聚龙.灰理论基础［M］.武汉：华中科技大学出版社，2000.

表3.13(续)

年份	2015	2016	2017	2018	2019
教育业 GDP	24 370.5	26 964.9	30 208.4	34 001.4	37 911.2
快递业 GDP	206.7	312.8	400.6	507.1	635.2
安防业 GDP	4 860	5 400	6 200	7 183	8 260
体育管理活动增加值	229.1	287.1	504.9	747	866.1
体育竞赛表演活动增加值	149.5	176.8	231.4	292	308.5
体育健身休闲活动增加值	276.9	368.6	581.3	1 028	1 796.6
体育场地和设施管理增加值	856.2	1 072.1	1 338.5	2 632	2 748.9
体育中介服务增加值	47	63.2	81	317	392.9
体育培训与教育增加值	247.6	296.2	341.2	1 722	1 909.4
体育传媒与信息增加值	100	110.4	143.7	500	705.6
其他体育服务增加值	139.6	179.7	197.2	616	707
体育用品及相关产品销售、出租与贸易代理增加值	1 562.4	2 138.7	2 615.8	2 327	2 562

2. 计算过程

（1）确定分析数列

反映系统行为特征的数据序列称为参考数列，又称为母序列。由影响系统行为的因素组成的数据序列称为比较数列，又称为子序列。本部分包含两个灰色关联度的计算。在第一个灰色关联度的计算中，人工智能是母序列，体育服务、金融、农业、教育等行业为子序列；在第二个灰色关联度的计算中，人工智能仍然是母序列，体育服务业的9大细分行业为子序列。相关数据见表3.14和表3.15。

表 3.14　人工智能与体育服务业及其他行业之间的灰色关联分析矩阵

母序列	人工智能	112.4	141.9	216.9	339.0	500.0
子序列 1	体育服务	2 703.6	3 560.6	4 449.0	6 530.0	7 615.1
子序列 2	金融	56 299.8	59 964	64 844.3	70 610.3	77 077.1
子序列 3	农业	57 774.6	60 139.2	62 099.5	64 745.2	70 466.7
子序列 4	交通运输	30 519.5	33 028.7	37 121.9	40 337.2	42 802.1
子序列 5	教育	24 370.5	26 964.9	30 208.4	34 001.4	37 911.2
子序列 6	快递	206.7	312.8	400.6	507.1	635.2
子序列 7	安防	4 860.0	5 400.0	6 200.0	7 183.0	8 260.0

表 3.15　人工智能与体育服务业细分行业之间的灰色关联分析矩阵

母序列	人工智能	112.4	141.9	216.9	339	500
子序列 1	体育管理活动	229.1	287.1	504.9	747	866.1
子序列 2	体育竞赛表演活动	149.5	176.8	231.4	292	308.5
子序列 3	体育健身休闲活动	276.9	368.6	581.3	1 028	1 796.6
子序列 4	体育场地和设施管理	856.2	1 072.1	1 338.5	2 632	2 748.9
子序列 5	体育中介服务	47.0	63.2	81.0	317	392.9
子序列 6	体育培训与教育	247.6	296.2	341.2	1 722	1 909.4
子序列 7	体育传媒与信息	100.0	110.4	143.7	500	705.6
子序列 8	其他体育服务	139.6	179.7	197.2	616	707
子序列 9	体育用品及相关商品销售、出租与贸易代理	1 562.4	2 138.7	2 615.8	2 327	2 562

（2）对上述矩阵进行无量纲化处理

由于各个序列指标的物理意义不一致，不便于比较或者比较却无法获得较为正确的结论，因此，需要进行无量纲化处理。无量纲化处理一般有均值化法、初值化法等，在此选用均值法，计算公式如下：

$$x_i(k) = \frac{x'_i(k)}{\frac{1}{m}\sum_{k=1}^{m} x'_i(k)}, \quad i = 0, 1, \cdots, n; \ k = 0, 1, \cdots, m. \quad (3.11)$$

经过无量纲化计算，得到如下矩阵，见表 3.16 和表 3.17。

表 3.16　人工智能与体育服务业及其他行业之间的灰色关联分析去量纲化矩阵

母序列	人工智能	0.428 9	0.541 5	0.827 7	1.293 7	1.908 1
子序列 1	体育服务	0.543 8	0.716 2	0.894 9	1.313 4	1.531 7
子序列 2	金融	0.856 2	0.911 9	0.986 1	1.073 8	1.172 1
子序列 3	农业	0.916 4	0.953 9	0.985 0	1.027 0	1.117 7
子序列 4	交通运输	0.830 2	0.898 4	1.009 8	1.097 3	1.164 3
子序列 5	教育	0.794 1	0.878 6	0.984 3	1.107 9	1.235 2
子序列 6	快递	0.501 1	0.758 3	0.971 2	1.229 4	1.540 0
子序列 7	安防	0.761 7	0.846 3	0.971 7	1.125 8	1.294 5

表 3.17　人工智能与体育服务业细分行业之间的灰色关联分析去量纲化矩阵

母序列	人工智能	0.428 9	0.541 5	0.827 7	1.293 7	1.908 1
子序列 1	体育管理活动	0.434 9	0.544 9	0.958 4	1.417 9	1.644
子序列 2	体育竞赛表演活动	0.645 4	0.763 3	0.999 0	1.260 6	1.331 8
子序列 3	体育健身休闲活动	0.341 7	0.454 9	0.717 4	1.268 7	2.217 3
子序列 4	体育场地和设施管理	0.495 0	0.619 9	0.773 9	1.521 8	1.589 4
子序列 5	体育中介服务	0.260 8	0.350 7	0.449 5	1.759 0	2.180 1
子序列 6	体育培训与教育	0.274 1	0.327 9	0.377 7	1.906 4	2.113 9
子序列 7	体育传媒与信息	0.320 6	0.353 3	0.460 7	1.602 3	2.262 0
子序列 8	其他体育服务	0.379 5	0.488 4	0.536 0	1.674 4	1.921 7
子序列 9	体育用品及相关商品销售、出租与贸易代理	0.697 1	0.954 3	1.167 2	1.038 3	1.143 1

（3）计算每个子序列中各项参数与母序列中对应参数的关联系数

关联系数可以通过以下公式计算：

$$\zeta_i(k) = \frac{\min\limits_{i}\min\limits_{k}|x_0(k) - x_i(k)| + \rho.\ \max\limits_{i}\max\limits_{k}|x_0(k) - x_i(k)|}{|x_0(k) - x_i(k)| + \rho.\ \max\limits_{i}\max\limits_{k}|x_0(k) - x_i(k)|}$$

$$(3.12)$$

式中，$\zeta_i(k)$ 为灰色关联系数，ρ 为分辨系数，$0 < \rho < 1$。若 ρ 越小，关联系数间差异就越大，区分能力就越强，一般地，$\rho = 0.5$。

经过上述公式的计算，得到如下的关联系数矩阵，见表 3.18 和表 3.19。

表 3.18　人工智能与体育服务业及其他行业之间的灰色关联分析的关联系数

子序列 1	体育服务	0.813 4	0.728 0	0.897 3	1.000 0	0.537 7
子序列 2	金融	0.504 4	0.541 9	0.749 5	0.674 5	0.366 8
子序列 3	农业	0.470 0	0.513 7	0.751 0	0.626 3	0.349 9
子序列 4	交通运输	0.520 9	0.551 7	0.718 7	0.701 3	0.364 3
子序列 5	教育	0.545 6	0.566 6	0.751 9	0.714 1	0.388 4
子序列 6	快递	0.887 7	0.677 9	0.770 2	0.902 9	0.543 6
子序列 7	安防	0.569 9	0.592 7	0.769 5	0.736 8	0.411 3

表 3.19　人工智能与体育服务业细分行业之间的灰色关联分析的关联系数

子序列 1	体育管理活动	0.993 3	1.000 0	0.751 9	0.761 6	0.596 8
子序列 2	体育竞赛表演活动	0.644 2	0.638 6	0.696 8	0.928 5	0.402 5
子序列 3	体育健身休闲活动	0.821 6	0.822 6	0.783 1	0.947 0	0.557 9
子序列 4	体育场地和设施管理	0.860 2	0.837 3	0.884 5	0.632 0	0.550 3
子序列 5	体育中介服务	0.700 9	0.673 1	0.507 3	0.455 2	0.589 6
子序列 6	体育培训与教育	0.718 2	0.647 4	0.463 5	0.387 8	0.656 0
子序列 7	体育传媒与信息	0.786 3	0.676 9	0.514 9	0.557 9	0.524 0
子序列 8	其他体育服务	0.893 5	0.885 9	0.572 4	0.505 6	0.974 2
子序列 9	体育用品及相关商品销售、出租与贸易代理	0.593 1	0.485 2	0.534 5	0.605 0	0.336 3

（4）计算各个子序列与母序列的关联度

关联度的计算公式如下：

$$r_{0i} = \frac{1}{m} \sum_{k=1}^{m} \zeta_i(k) \tag{3.13}$$

式中，r_{0i} 为灰色关联度，m 为 5。经过计算得到最终结果，见表 3.20 和表 3.21。

表 3.20　人工智能与体育服务业及其他行业之间的灰色关联分析的关联度计算结果

行业	体育服务	金融	农业	交通运输	教育	快递	安防
关联度	0.795 4	0.567 5	0.542 4	0.571 4	0.593 4	0.756 6	0.616 1
排序	1	6	7	5	4	2	3

表 3.21　人工智能与体育服务业细分行业之间的灰色关联分析的关联度计算结果

行业	体育管理活动	体育竞赛表演活动	体育健身休闲活动	体育场地和设施管理	体育中介服务	体育培训与教育	体育传媒与信息	其他体育服务	体育用品及相关商品销售、出租与贸易代理
关联度	0.820 8	0.662 2	0.786 5	0.752 9	0.585 2	0.574 6	0.612 0	0.766 4	0.510 9
排序	1	3	8	4	2	7	5	6	9

3. 结论

通过表 3.20 的计算结果可知，在 2015—2019 年的五年动态发展过程中，人工智能与体育服务业之间的关联度数值最大，接近 0.8，其次是快递业和安防业，随后是教育行业和交通运输行业，最后是金融业和农业。这说明，在人工智能发展过程中，在笔者所讨论的包含体育服务业在内的7个行业中，体育服务业与人工智能之间的变化态势是一致的，即二者之间同步变化程度最高。这一结论与前述耦合协调模型得出的结论是完全一致的，区别在于耦合协调模型没有别的行业作为参考，而灰色关联分析可以根据需要选择若干行业做对比分析。

而表 3.21 的计算结果则表明，在 2015—2019 年的五年动态发展过程中，人工智能与体育服务业中的体育管理活动之间的关联度数值最大，高达 0.82，其次是体育中介服务、体育竞赛表演活动、体育场地和设施管理，数值大小排在最后的是体育用品及相关商品销售、出租与贸易代理。这说明，人工智能与体育管理活动之间的变化态势是一致的，即二者之间同步变化程度最高。

3.4　本章小结

本章是整个研究中最为重要的内容之一。要研究人工智能与体育服务业的融合问题，就必须对二者之间的融合现状有个清醒的把握。本章主要对以下问题进行了深入的研究：

第一，阐述了人工智能行业的发展概况，包含人工智能的内涵，人工智能的主要研究内容，人工智能的主要应用领域以及目前国际、国内人工智能整体的发展态势。

第二，对我国体育服务业现状进行了研究。先对体育服务业的 9 大细分行业进行界定，它们分别是体育管理活动，体育竞赛表演活动，体育健身休闲活动，体育场地和设施管理，体育中介服务，体育培训与教育，体育传媒与信息，体育用品及相关商品销售、出租与贸易代理以及其他体育服务。接着对我国体育服务业的发展态势进行了概括总结。研究认为，目前我国体育服务业与人工智能的融合首先发生在体育竞赛表演活动领域，人工智能与体育服务业的融合呈现多维度、多领域特征，体育服务业智能化应用已成为潮流，更好地刺激了消费者多元化需求的产生。

第三，主要进行人工智能与体育服务业融合现状的定量研究。主要通过耦合协调模型和灰色关联分析来进行融合度的测量。研究发现，关于产业融合，业界专家学者用得比较多的方法主要是：灰色关联分析、投入产出法、AHP 模糊综合评价法、赫芬达尔指数法、贡献度测量法、耦合协调模型、专利相关系数法等。在对上述方法进行比较之后，根据本书研究对象的特点和数据搜集情况，综合选择了耦合协调模型和灰色关联分析两种方法。利用前一个模型研究得出的结论是人工智能与体育服务业之间耦合度较高，且存在良性协调发展关系。2015—2017 年是人工智能与体育服务业的快速融合期。2018—2019 年是人工智能与体育服务业的转型探索期，虽然耦合协调度的数值增速降低，但是绝对值仍然在提升，这与我国经济发展方式转变、二者之间向着高质量融合发展的态势是相一致的。而灰色关联分析得出的两个结论是：第一，在体育服务、金融、教育、农业、交通运输、快递、安防 7 个行业中，人工智能与体育服务业之间的灰色关联度数值最大，说明在这 7 个行业中，体育服务业与人工智能的发展态势是高度一致的。第二，在体育服务业所包含的 9 类细分行业中，体育管理活动、体育中介服务、体育竞赛表演活动与人工智能之间的同步变化程度最高，其关联度数值分别排名前三位。

为了避免单一研究模型得出结论的片面性，本部分专门选择了两个不同的模型方法对人工智能与体育服务业的融合现状进行研究，研究结果显示，两个研究模型相辅相成、可以互相佐证彼此，得出的结论基本一致。该结论可以为政府部门制定体育服务业与人工智能健康融合发展政策提供科学依据，也可以为有关企业更好地实现自身发展提供有益的指引。

4 体育服务业与人工智能融合机理及细分产业分析

与计算机服务业和软件服务业一样，体育服务业也被列入了我国新兴服务业的范畴，因此，体育服务业与人工智能的融合既具有普通产业融合的共性，也因为体育服务业自身的特点而使得其与人工智能的融合又具有一定的特殊性。

4.1 融合机理

要解释清楚"机理"一词，首先要搞清楚的概念是"机制"。该词来源于拉丁语，原意是指机器的构造和工作原理，后被其他学科广泛采纳使用。"机制"一词逐渐被用来描述某个主体各个构成部分之间相互的联系、发展及其作用功能等。后来，"机制"的概念也进入了经济学领域，如经济机制指经济领域中各个体系的构成要素相互之间的关系①。

机理，是指事物发生变化的道理与缘由。从定义出发，机理包括组成要素之间的相互关系和组成要素本身两个层面。其基本的工作原理是某个系统中各组成要素的工作方式和各组成要素在一定条件下相互作用、相互关联的运行原理及运行规则，工作的最终目的是实现某一个特定的功能。"机制"与"机理"的概念有所不同：机制的实质是一种体系或者体制，是一个整体性的概念。因此，作为"机制"这一概念组成部分的"机理"，其重点在于"理"字上，强调理论、道理及原理，而"机制"侧重于

---

① 陈维操. 中国农村产业融合机制研究［D］. 成都：四川大学，2021：14-18.

"制"字，强调约束、条件及规则。

基于前文对于体育产业、体育服务业、产业融合、体育产业融合等相关概念的界定，本部分从融合动因、融合效应、融合模式及融合路径四个方面来构建体育服务业与人工智能融合机理框架，见图4.1。

图 4.1　体育服务业与人工智能融合机理

4.1.1　融合动因

（1）技术和科技创新是产业融合的内置驱动源

技术和科技创新是产业融合发展的内置驱动源，技术和科技创新在产业融合发展进程中起着十分重要的驱动作用。其驱动作用具体体现在以下三个层面：第一是科技和技术创新可以极大地推动传统的体育服务行业与人工智能的深度融合，丰富融合发展产业的形式和内涵，从而更好地服务消费者；第二是随着时代的发展，作为产业发展之间黏合剂的科技创新，可以为不同产业提供相同的技术基础，促使不同产业之间的界线慢慢模糊及消失，从而逐渐产生融合现象；第三是在较大程度上，体育服务业市场的需求特征慢慢地会被科技创新改变，从而出现新的体育市场需求，最终新需求可以增加产业融合的内容①。

（2）竞争及对范围经济的追求是产业融合的根本动力

市场环境在不断变化，体育服务业的同质产品越来越多，在竞争压力较大的局势下，体育服务业为谋求差异化发展，跨领域与其他产业融合，不仅可以打破产业之间的界限，结束产业条块分割的局面，还能通过持续的技术创新，更加契合消费者需求，最大限度地降低成本，实现利润的最大化，从而保持持久的竞争优势。产业融合后所提供的产品或服务在一定

---

① 刘徐方. 现代服务业融合发展的动因分析 [J]. 经济与管理研究，2010 (1)：40-44.

程度上会形成"范围经济"①，范围经济最大的特征是以较低的成本提供种类繁多的产品与服务。为了实现范围经济，许多体育服务企业尽管隶属不同产业，仍然会进行多产品、多元化经营，其目的在于借助技术领域的融合创新变更成本结构，降低生产成本，利用业务领域的融合形成产品和服务的差异化特征，从而通过对顾客消费习惯和消费内容的引导实现体育消费市场的融合，最终形成产业融合。

（3）管制的放松是产业融合的外在条件

产业之间的相互进入需要打破各自的边界。产业融合的实现需要将技术进步、放松管制及管理创新结合起来②。体育服务业与人工智能的融合发展也不例外。为让体育服务业在行业竞争中脱颖而出以及占据更多的市场份额，需要国家改革规制和放松管制，在被管制产业的投资服务、准入条件、价格制定等方面取消限制，为体育服务业和人工智能的融合创造比较宽松的政策和制度环境。

（4）体育服务业自身的多元性和关联性为产业融合提供了广泛的基础

体育服务业本身的多元性和关联性造就了体育产业融合的基础和根本③，多元性体现在体育服务业拥有种类丰富的体育产品和服务，能够自由进行组合，衍生不同的业态。关联性则体现在体育产业链上，体育竞赛表演业及体育健身休闲业等位列体育产业链上游，体育中介、体育服装、体育培训、体育器材、体育场馆运营及体育媒体等位列体育产业链中游，体育旅游、体育相关食品等位列体育产业链下游。随着产业链各部分与外部的不断融合，共同推动产业的正向发展，为产业融合提供了广泛的基础。

（5）消费者日益多元化的体育需求成为产业融合的重要推动力

随着我国经济发展水平的提高，体育消费需求也呈现多元化特征，该特征有力地推动着体育服务业与人工智能的深度融合④。在体育强国建设

---

① 范围经济（economies of scope）指由厂商的范围而非规模带来的经济效益，也就是同时生产两种产品的费用低于分别生产每种产品所需成本的总和的状况。

② 匡导球. 现代服务业的跨产业融合发展：动因、模式与效应 [J]. 新视野，2012（3）：45-49.

③ 曹美娇，刘春华. 我国体育产业融合的动因、路径与发展对策 [C] //北京：第十二届全国体育科学大会论文摘要汇编：墙报交流（体育产业分会），2022：390-391.

④ 王龙飞，殷小翠. 健康中国战略下体育产业与健康产业融合发展的动因与路径研究 [J]. 体育学研究，2020，34（3）：34-39.

背景下，消费者在体育方面的需求开始升级，例如：体育服务行业打造超级 IP 需求增加；全民健身政策的颁布，对智能化体育场馆的迫切需求，对运动装备类型、多样化和科技化的需求日益凸显；在体教融合政策下，青少年体育的市场占比增加，对体育运动培训机构需求增加；等等。因此，体育消费需求升级必然引起产业供给者做出相应的反应，体育服务业和人工智能的融合发展在一定程度上能够解决体育领域人民日益增长的美好生活需要和不平衡不充分的发展之间的矛盾。

（6）系列政策的出台为产业融合保驾护航

新时代背景下随着体育产业精细化发展的需要以及科技的不断成熟，国家和地方出台的系列政策能够为体育产业与其他领域的融合发展保驾护航。政策出台的最终目标是要促进市场消费。系列政策的保驾护航体现在两个方面：第一，环境型政策方面，从目标规划、法规管制、金融税收等方面烘托环境，影响体育市场的发展。例如国务院颁布的《体育强国建设纲要》提出，截至 2050 年年底，社会主义现代化体育强国要全面建成。第二，供给型政策方面，国家从资金投入、人才培养、信息服务、场地设施等方面出台政策，推动体育市场[1]。国务院办公厅颁布的《全民健身计划（2021—2025)》及《关于加强全民健身场地设施建设 发展群众体育的意见》等政策均是很好的体现。

4.1.2 融合效应

（1）正面效应

①创新优化效应。体育服务业与人工智能融合发展将优化整合资源，促进传统体育服务业创新，产生新技术、新服务模式、新产品，优化产业属性，使产业结构整体优化升级，丰富产业形态。体育服务业中的人工智能技术创新打破了传统体育服务业的发展技术壁垒，为追求产业效益最大化提供了技术支持，从而形成扩散效应，开拓新的体育服务业市场，提高融合产业经济效益，拓宽体育市场覆盖面。二者的融合发展有助于区域经济一体化，优化区域发展网络组织，加速区域间资源的合理高效利用[2]。

---

① 杨蒙蒙，吴际，等. 体育消费政策工具：选择特征、变迁过程与优化策略：基于政策工具和发展要素双重视角 [J]. 上海体育学院学报，2022，46（12)：70-81.

② 张龙鹏，张双志. 技术赋能：人工智能与产业融合发展的技术创新效应 [J]. 财经科学，2020（6)：74-88.

②竞争效应。竞争效应包含竞争性能力效应和竞争性结构效应，二者有机结合，可提升竞争力，拉动产业链，带动体育服务业生产力，提升产业经济效益，为二者融合发展提供内驱力①。新业态的产生使拥有新的发展模式的企业进入市场，带来巨大的竞争，各企业在不断变化的环境中为谋求发展，不断加强合作与竞争，从而不断提升企业竞争力与生产效率，最终形成持续的竞争优势。

③结构效应。在创新科技的帮助下，体育服务业与人工智能的融合可以促进体育产业结构优化升级，由传统体育产业结构转型至新兴体育产业结构；在不同产业之间、不同企业之间建立起新的联系，使体育市场结构发生新的变化，塑造新的市场结构，产生新的市场准入机制。体育服务业产业结构以及市场结构的转变，也会对企业组织结构形式提出新的要求，因此，体育服务业企业内部组织结构必须进行策略层面的创新性调整。

④消费性能力效应。体育服务业与人工智能的深度融合可以有效拉动市场消费。因产业融合而出现的范围经济对提升消费能力有较大作用，主要体现在"市场供给可以创造自身需求"。产业融合后衍生出的系列新产品和新服务可以更好地刺激人们对更高层次体育消费的需求。

⑤区域效应。体育服务业和人工智能的融合，不仅可以促使区域产业结构内部升级呈现复杂化、多样化特点，还可以打破体育服务业与人工智能产业之间的技术边界、市场边界、业务边界，尤其是不同地区之间的边界。基于信息技术平台实现业务重组、形成新业务，可加速不同区域之间资源的充分流动，推动区域中心的极化，获得扩散效应，使得空间二元结构得以改善；二者之间的融合还可以加强制度建设从而推动区域经济一体化②。

（2）负面效应

虽然人工智能与体育服务业的融合发展能够促进体育产业结构的优化与升级，但是不同行业的融合除了产生正面效应外，也会带来负面效应，主要体现在某些行业短期内的失业、垄断、安全隐患以及挤出效应。

首先，体育服务业与人工智能的融合会造成体育服务业中的某些传统产业短期内出现大规模的失业，比如在体育服务业增加值中占比最大的体

①　陈柳钦. 产业融合的动因及其效应分析 [J]. 西南金融，2007（4）：10-11.
②　陈柳钦. 产业融合效应与促进我国产业融合的措施 [J]. 北京市经济管理干部学院学报，2007（2）：13-19.

育用品及相关产品销售、出租及贸易代理行业，人工智能技术的使用会导致该行业短期内对普通劳动力需求的减少。其次，对短期利益的过度追求及恶意的人才竞争会导致垄断，使得各行各业之间贫富分化加剧。再次，人工智能技术自身存在无法预测的风险，会造成与其相融合的产业资源泄露等安全隐患。最后，将人工智能引入体育服务业，在为社会体育消费者带来更优质服务的同时，也压缩了其他行业的生存空间，加之社会层面的过多关注，也会造成一定程度上的挤出效应。

4.1.3　融合模式

基于企业、产品、技术和市场等产业价值链模块的功能升级及重新组构，不断更新其价值生态系统，伴随产业边界逐渐模糊，最终实现体育服务业与人工智能的跨界融合。现实领域主要的融合模式有：科技发展渗透融合模式、功能拓展优化融合模式、价值链重组融合模式、利益导向融合模式。

（1）科技发展渗透融合模式

体育服务业与人工智能以科技发展渗透进行融合，由于体育服务业自身拥有丰富的资源，可以将科技手段运用于体育服务业的各个分支领域，实行交叉互融，创造新业态。伴随闲暇时间增多及收入水平的提升，消费者对于体育潜在的多元化需求被激活，体育服务业通过内生动力与人工智能交叉融合可以进一步满足消费者的高级需求。在此基础上，结合融合相关产业的人力资源、各种应用功能等，最终形成体育科技产品设计、体育科技传播等智能体育新业态。比如，体育竞赛表演业是体育服务业的主导产业，与人工智能的产业交叉融合则催生了北京冬季奥运会上的智能服务机器人，包括消毒机器人、机器人餐厅。

（2）功能拓展优化融合模式

体育服务业与人工智能的功能拓展优化融合模式是通过在各环节上升级改造优化，让科学技术渗透到体育服务业中，从而使得原有功能得以拓展的一种融合模式。具体而言，在体育竞赛表演业中以科技手段为载体优化赛事传播路径，利用各种体育直播平台，通过视频直播、主播演播及文字直播等具体形式，为各类型体育赛事观众提供便捷方式，供其实时观看比赛情况。而智能化的体育穿戴设备借助人工智能实现功能升级，记录运动过程中的数据，通过精准的数据对体育运动参与者的运动水平进行分析，从而不断优化其训练方案等。

（3）价值链重组融合模式

为了满足顾客多元化深层次愉悦需求，体育服务业借助人工智能技术，通过产业价值链的重组使各自相对独立的产品和服务实现一定程度上的创新，具体表现形式为商业形态的重组、资本的重组、产业业态的重组以及结构的重组等。

产业重组的核心驱动力是产业创新，而体育服务业要实现产业创新目标，可以通过与人工智能技术的重组来实现。只有实现了产业创新，才能促进产业的发展。体育服务业与人工智能的融合可以产生大量新的业态，从而刺激消费者更加多元化、个性化的需求。

（4）利益导向融合模式

在市场中根据多方利益主体的需求自由融合，可以使体育服务业和人工智能碰撞出更多不一样的业态。利益（利润）是引导市场中资本投资的重要因素之一。在后疫情时代，人们更加注重健康，体育服务业是大健康产业的重要成分。利益（利润）越大，吸引来的资本就越多，从而更能激发体育服务业与人工智能的快速融合发展。

4.1.4 融合路径

（1）推动产业链与创新链协同发力

推动产业链和创新链协同发力，充分发挥科技创新驱动力量，促进体育服务业与人工智能产业的融合发展。首先，创新链是产业链发展的动力源，将二者采用双螺旋缠绕上升的方式进行布局，使其相互促进、协同发展，把握二者同向发力的运作规律，促进产业链进一步优化升级。其次，在产业链上下游强化创新链的嵌入，进行产业科技攻关，进入上游基础产业环节和技术研发环节，进入下游市场拓展与用户服务体验反馈环节，延伸产业链。最后，体育服务业中的细分行业如体育健身休闲业、体育场地和设施管理业、体育竞赛表演业、体育传媒与信息服务业等与人工智能进行产业链与创新链嵌入式横向与纵向的深度与宽度融合，不仅体现在产品智能化、信息智能化上，还体现在体育服务智能化上[①]。

---

① 贾卫峰，王朔，等. 技术融合视角下的产业融合创新 [J]. 西安邮电大学学报，2020，25 （1）：105-110.

（2）加强技术渗透

要使技术渗透体育服务，重视行业数据，利用技术手段整合重建；提升人工智能为体育服务业带来的科技体验感，使体育服务业智能化。在技术渗透体育服务业的同时，重视体育服务业的本质特点，使其不被过度的技术化所破坏，遵循体育服务业原有技术融合轨道，使新兴技术融合过程科学化，形成突变式新旧产业技术融合跨越路径。

（3）重视市场引导

尽管体育健身休闲业及体育竞赛表演业在体育服务业中所占市场份额不高，但是其发展势头迅猛，因此，可以以体育服务业市场结构及市场现实情况为基础，实行扶持体育竞赛表演业和体育健身休闲业、拉动体育场地和设施管理业和体育传媒与信息服务业的策略（俗称"扶二拉二"），大力扶持体育竞赛表演业、体育健身休闲业与人工智能的融合发展，借助社会资本市场效应拉动体育场地和设施管理业、体育传媒与信息服务业以及其他服务业与人工智能的融合发展。同时，增强媒体引导与宣传，扩大市场影响力范围，进行市场引导性融合发展，实现体育市场与技术型市场互动发展。

（4）提升专业型人才培养质量

创新体育人才与科技人才培养模式，培养新型体育科技人才。制订并完善我国体育科技人才发展规划，实行高层次体育人工智能科技人才专项培养计划，培养一批懂体育、爱体育并拥有人工智能技术创新能力的专项人才。同时，国家应该高度关注高校体育专业型人才的重点培养，不仅要培养一批拥有超高竞技技术水平的运动员，还应加强社会体育实用型人才的培养，加大体育服务业管理人才培养力度[①]。

4.2 细分产业分析

人工智能的出现，为体育服务业带来了更好的发展契机。上文从融合动因、融合效应、融合模式、融合路径四个方面对体育服务业和人工智能融合机理进行了研究，下面将对体育竞赛表演业、体育健身休闲业、体育

---

① 王凯. 体育产业高质量发展的人才需求与高校"产业、专业、创业"融合培养路径研究［J］. 南京体育学院学报，2020，19（6）：1-10.

场地和设施管理业和体育传媒信息业各自与人工智能的融合进行详细分析。

4.2.1 体育竞赛表演业

体育竞赛表演业尽管被业界专家界定为体育产业的主导产业，但是从国家体育总局公布的数据可知，2021 年其产业增加值占体育服务业增加值比重仅为 1.5%，占体育产业增加值比重为 1.1%。因此，如何进一步挖掘体育竞赛表演业的巨大潜力，是体育服务业发展面临的一个重要任务。人工智能的出现与兴起，应该是一个难得的机遇。

4.2.1.1 体育竞赛表演业与人工智能的融合现状

体育竞赛表演业与人工智能融合，可以看作一项融合的经济活动，在整个长链中包含了各个环节上的小经济活动，它们构成了体育竞赛表演业。《关于加快发展体育竞赛表演产业的指导意见》（国办发〔2018〕121 号）明确指出：到 2025 年，我国体育竞赛表演业的总规模要达到 2 万亿元[①]。在实现目标的过程中，离不开人工智能的助力，用人工智能的优势弥补体育竞赛表演业发展中的劣势，才能在 2025 年完成体育竞赛表演业的发展目标。

作为体育服务业主导产业的体育竞赛表演业，它与其他领域、行业、技术等融合发展的内涵在不断丰富，其中人工智能与体育竞赛表演业的融合现状具体如下：

第一，人工智能赋能体育竞赛表演业的发展。随着时代和科技的发展，传统的体育竞赛表演行业需要革新、融入新的元素从而更好地发展。人工智能的出现必将助力传统形式下的体育竞赛表演行业向智能化、精细化的方向发展，让终端消费者有更好的消费体验。在体育竞赛表演业的发展过程中，人工智能更多是一种催化剂，是通过大数据分析体育竞赛表演行业的消费群体的喜好，从而使体育竞赛表演业和消费群体产生的反应更加剧烈，带来更多的利益。目前，人工智能在赛事数字化、场馆智慧化应用方面已经表现出强烈的优势[②]。

第二，人工智能激发体育竞赛表演业潜力、挖掘其更大的价值。相比

---

① 国办发〔2018〕121 号《关于加快发展体育竞赛表演产业的指导意见》。

② 胡摇华，蔡犁. 人工智能与体育产业融合发展的现实审视与推进策略 [J]. 体育科研，2021，42（5）：77-82.

于体育产业中的其他细分行业，目前，体育竞赛表演业具有较强的比较优势，而人工智能技术的加持，除了能高效地配置体育竞赛表演业拥有的各种资源之外，还可以挖掘出其巨大的潜力。人工智能能够激发体育竞赛表演行业的上下游产业的潜力，包括赋能上下游产业链中的人工智能体育赛事，例如提供智能场馆、智能赛事比赛专用摄像头、智能安检等，同时也能激发人们对各环节智能产品的兴趣，还能够引起学校、社会、政府的关注，加快培养精通人工智能的体育人才，为体育人工智能产业的发展提供强大的智库支持。

第三，人工智能和体育竞赛表演业的结合催生更多新生行业。新一代人工智能与体育竞赛表演活动融合而产生的新产品、新行业与新模式，不但可以解决目前国内体育竞赛表演业未来发展出现不足的弊病，也必将为中国体育产业发展带来新的动力与新的经济增长点[1]。在人工智能和体育竞赛表演业这条经济链条上，存在众多的衍生支链，例如：人工智能对竞赛表演业进行信息化渗透产生赛事直播平台、赛事短视频、赛事转播新媒体等新模式；人工智能与体育竞赛表演业的结合除了依靠硬件设施以外，还需要以软件设施为载体，因此，各类体育设施软件的开发势必成为体育竞赛表演业转型升级的重点[2]。

第四，人工智能与体育竞赛表演业的融合发展路径先进多样。人工智能和体育竞赛表演业融合发展的路径体现在体育竞赛表演业各个环节上，通过人工智能的助力来提升消费者的服务体验。同时，两者的发展离不开多方主体的援助，现阶段主要的路径有：鼓励政府、消费者、体育企业、高等院校及科研机构进行深度合作，加大资源开放共享的力度，营造互助合作的产业创新发展环境[3]；构建具有创新优势的体育竞赛表演行业人工智能算法框架，加快人工智能超算平台的落地应用；努力推动体育竞赛表演业的大数据建设，为优化服务供给提供数据支撑；强化智能网络设施建设，实现区域体育的一体化服务。

---

① 鲁志琴，陈林祥，任波. 人工智能对我国体育产业发展的推动作用 [J]. 体育学研究，2021，35（1）：52-59，67.

② 张坤，杨海燕. 新基建赋能我国体育竞赛表演业的实践困境与推进策略 [J]. 体育文化导刊，2021（9）：79-85.

③ 吴飞，赵燕. 人工智能推动我国体育产业高质量发展研究：基于全民健身的视角 [J]. 科技智囊，2022（1）：23-32.

4.2.1.2 人工智能对体育竞赛表演业的影响

（1）人工智能对体育竞赛表演业的正面影响

第一，能够满足人们在体育竞赛表演业中日益增长的美好生活需要。我国的恩格尔系数不断下降，意味着我国人民的消费从以前的生活必需品消费向娱乐性消费过渡，加之人们对体育消费的差异化越来越明显、个性化也越来越强，因此体育消费需求也越来越多，对体育消费的服务体验感要求也越来越高。人工智能通过自身的技术，依托特定的算法，精准匹配体育竞赛表演业中的各类资源，解决人们对体育消费的众多诉求，从质和量上满足消费者各种各样的美好生活需要。

第二，人工智能的优势有助于体育竞赛表演业高质量发展。人工智能的优势有高效性、开放性、整体性、协同性、预测性。具体而言，高效性体现在人工智能能够对体育竞赛表演业进行海量的数据分析，精准分类后反馈，从而杜绝要素分配过程中的浪费现象；开放性主要表现为各级各类体育企业充分利用人工智能技术助力各类不同应用场景，从而促进体育竞赛表演业与相关产业实现深度融合；整体性指充分利用大数据与人工智能结合的优势，统筹协调各个地区的资源要素，最终达到不同地区之间交换资源要素及匹配优势区位；协同性主要体现在体育竞赛表演业依靠互联网及移动终端等新信息环境，解决体育产业链中存在的信息不对称问题，推动体育服务业全产业链实现协同发展；预测性则指人工智能与区块链、云计算及大数据等进行深度结合从而增强自身的预测功能，实现对体育竞赛表演业发展变化及未来走向的精准合理预测。

第三，人工智能能够提升体育竞赛表演业的商业价值。在人工智能还没介入体育竞赛表演业之前，体育竞赛表演业的商业价值仅表现为举办体育赛事的门票、广告、赞助以及赛事转播权。人工智能与体育竞赛表演业融合发展，让体育竞赛表演业的市场更为广阔，一些新增的人工智能机器人、设备等可以刺激体育消费，激发市场中体育竞赛表演业的需求。例如，在2022年北京冬季奥运会上出现的人工智能机器人、从事疫情防控工作的消毒机器人、提升物流效率的物流机器人、智慧餐厅里的智能炒菜机器人等都能成为体育竞赛表演业吸引人们关注的新增长点，能够激发人们的消费欲望，增加市场需求，从而提升体育竞赛表演业的商业价值。

（2）人工智能对体育竞赛表演业的负面影响

第一，人工智能可能会造成体育竞赛表演业中大规模的失业。人工智能越先进，就越能够取代体育产业链上规模效应明显的某些工作。从就业整体结构上看，人工智能规模性地替代劳动力会导致岗位两极分化严重。同时，人们也更愿意让人工智能去取代一些人工成本较高的工作，如体育竞赛表演业中的同声传译。总体来说，人工智能参与体育竞赛表演业的发展具有一定的不确定性，在市场中容易造成大规模的失业。

第二，人工智能会造成体育竞赛表演业中的恶性人才竞争，导致垄断、贫富分化加剧。人工智能在推动社会、学校、政府培养高素质智能人才的同时也会造成体育竞赛表演行业人才的垄断和恶性竞争，尤其是此领域还正处于发展初期。恶性竞争和垄断会导致体育竞赛表演行业内部出现机构臃肿、工作效率低下、运营成本高昂，从而阻碍体育竞赛表演的健康发展。

第三，人工智能的固有风险会造成体育赛事资源泄露等安全隐患。海量的个人信息数据是体育竞赛表演业与人工智能融合的重要支撑，也是人工智能技术实现迭代升级十分重要的"粮食"。若在体育竞赛表演业中人工智能收集的海量数据得不到合理管控，抑或出现一些无法预测的机器风险，那一定会造成体育竞赛表演中相关资源信息泄露等安全隐患。

4.2.1.3 案例分析

此处选取 2022 年北京冬季奥运会作为案例进行分析。北京冬奥会竞赛项目主要有雪上项目和冰上项目两大类，为更好地举例说明，选择不确定因素较多的雪上项目为分析的主要对象。

雪上项目包括：高山滑雪、越野滑雪、跳台滑雪、自由式滑雪、有舵雪橇、无舵雪橇、俯式冰橇、单板滑雪、现代冬季两项及北欧两项共 10 个大项目。

（1）人工智能与雪上项目融合所具备的条件

第一，雪上项目自身的特殊性。雪上项目的比赛场地以及参赛运动员的各类动作都具有一定的特殊性，具体而言，就是户外比赛环境冷、滑雪场地高、滑行速度快、技术动作复杂、危险性高等。通过互联网、各类终端 App 的传播，该项目能够得到普及，并吸引更广大的群体参加滑雪运动，"带动三亿人参与冰雪运动"。

第二，保证赛事的客观性和公平性。高山滑雪项目对裁判具有高要求，人工智能可在其中扮演重要的角色。在自由式滑雪中，人工智能打分系统可辅助线下裁判打分，智能高速摄像头等能够客观地呈现以保证赛事的公正性。

第三，提升线上线下的观赛质量。在自由式滑雪中充分利用了百度智能云及"AI+3D"技术，为首钢滑雪大跳台创造了1∶1的3D模型，观众可借助3D场景漫游模式，获得沉浸式观赛体验。

第四，帮助滑雪运动员提高自身技术。滑雪运动员的人工智能运动装备具有数据记录功能，通过数据、视频回放等可以更加精准直观地了解动作的准确度、完成度，及时发现问题，帮助滑雪运动员以更科学的方式完善动作细节，有助于他们提升自身的技术水平。例如："观君小冰系列"为绝密服务项目，已默默为自由式滑冰高空技能运动队提供服务三年多，依靠世界领先的电脑视野及整体架构科技，首创了"小样品、大任务"的冰雪体育数据分析模式，为教练和选手带来即时、专门的评估及专业指导建议。

（2）人工智能与雪上竞赛项目融合的主要方式

第一，用"同场竞技""时空定格""3D场景漫游"等多种模式实现科技观赛。比如在自由式单板滑雪的大跳台比赛项目中，百度智能云平台利用"3D+AI"的技术破解了高速度、高难度动作复原的难关，将个人比赛项目变为"多人赛事"，完成了冠、亚军赛事视频画面的三维恢复和虚拟现实翻转，让线上线下观众透过一条跑道看见各个运动员的真实动态。

第二，AI手语主播。通过语音识别、机器学习翻译技术和人工智能技术，形成了一个高度复杂且高度精准化的智能手语自动翻译的引擎，可以自动完成从语音文本内容和图像音视频内容等多种手语内容的自动翻译，并可借助由专业的智能手语优化工程师开发的自然语音动作引擎，实现手语虚拟形象动作的驱动。其他的融合模式还有人工智能MOML算法赋能天气预报模型、人工智能裁判与教练等。

4.2.2 体育健身休闲业

随着新时代健康中国和全民健身政策的不断出台，人们对于健康的追求与日俱增，对健身健体的热情日益高涨，体育健身休闲业成为一种满足群众健身休闲需求的重要经济活动。体育健身休闲业以体育运动为主要载体，通过向人们提供服务和各类产品，达到增强人民体质、丰富群众生活以及提高人们生活质量的目的。

4.2.2.1　体育健身休闲业与人工智能融合概况

各服务型产业在数字经济下实现产业升级与转型已成为一种客观趋

势，体育健身休闲业也不例外。体育产业传统的生产要素、产品、服务的创新因为经济新业态、新模式的出现而不断加速，健身休闲业借此机会可持续重构、优化资源配置，丰富产品的来源，进而提供更优质的产品及服务，最终形成一种新型产业发展形态，从而获得可持续发展。

当前我国体育健身休闲业仍存在产业规模较小、产业要素匮乏、产业体系有待完善、缺乏科技驱动力以及相关政策保障机制不完善等诸多问题。人工智能作为当今时代最具革新性的前沿技术，能够促进全要素生产率的提升，拓展生产可能性边界和经济发展新空间①。由此可见，人工智能技术为解决体育健身休闲业发展的问题提供了新的契机，已在体育健身休闲业中有了大量的实践应用。

（1）人工智能技术与健身休闲业融合的必然性

2015年至今，随着5G技术、大数据、人工智能等科技的不断突破并取得显著成果，数字经济已进入智慧化、智能化发展阶段②。如今在整个社会中人们对于智能化健身服务的需求正在不断增长，健身休闲业的智能化转型已经成为大势所趋，人工智能技术在健身锻炼活动中的普及与应用将给人们带来全新的健身休闲体验，也将创新新一代健身休闲的发展模式，引领人们享受高质量生活方式。

人工智能的应用和普及可以将体育消费者的心理需求准确地反映出来，从而使得体育健身休闲业能够做出相对应的调整。通过互联网问卷调查可以了解体育消费者对于调整结果的满意度，然后做进一步的改善；还可以根据体育消费者的特殊需求开展私人定制服务。因此，人工智能技术在体育健身休闲产业领域的运用因体育消费者需求的不断刺激而变得更加广泛。比如，我国新兴的在线智能虚拟活动、虚拟直播、智能设备竞赛等，为体育健身休闲业提供了全新的发展模式。目前，人工智能技术与体育健身休闲业的融合已经有了一个不错的开端，体育健身休闲业的新型发展模式已具雏形，在人工智能技术的不断发展以及相关政策的持续推进下，体育健身休闲业的高质量发展目标才能落到实处。

① 郭晗. 人工智能培育中国经济发展新动能的理论逻辑与实践路径 [J]. 西北大学学报（哲学社会科学版），2019, 49（5）：21-27.
② 潘玮，沈克印. 健身休闲业数字化转型：动因、机制与模式 [J]. 体育成人教育学刊，2021, 37（4）：28-33, 103.

（2）人工智能技术与体育健身休闲业融合的类型

伴随人工智能技术的飞速发展，体育健身休闲业与人工智能技术的联系日益密切。5G、AI等智能技术被广泛运用到体育健身休闲业中，但在应用程度上存在差异。

人工智能与体育健身休闲业融合主要采用以下三种类型：

一是"人工智能+健身服务业"。健身服务业是体育健身休闲业的主要产业之一，是人工智能技术应用的重要领域，在传统健身服务业发展理念的基础上融入人工智能技术，可以使得人们的健身方式更加便捷化与科学化。自国务院印发《关于加快发展体育产业促进体育消费的若干意见》（国发〔2014〕46号）以来，健身服务业得到了飞速的发展，出现了以私人教练和健身俱乐部为核心的新型健身俱乐部，Keep、咕咚、三体运动、每步科技等一大批健身应用软件、平台及健身企业逐渐出现。随着互联网技术的迅猛发展，人工智能技术逐渐渗透健身服务业，健身企业可以运用"AI健身"模式智能化开发健身产品与服务，也可以依靠"数字技术智能化健身"模式推动健身产品产业链条中各个环节的互联互通，从而实现真正意义上的数字化与智能化。尽管健身服务业与人工智能技术的深度融合已是大势所趋，但从已有具体实践应用来看来仍处于不成熟阶段，需得到进一步深化融合，因此，探寻人工智能技术在健身休闲活动中的合理运用具有重要的现实意义。

二是"人工智能+体育休闲业"。目前，我国的体育休闲业的发展已呈现出"运动休闲业+大健康"趋势，运动休闲的智能化特征愈发明显。体育休闲活动场所在智能化设备的支持下，朝着模块化、小型化的方向发展；互联网系统的操作趋于简单化，消费者参加健身休闲运动的机会不断增加，门槛不断降低；体育休闲企业为了取得更大的市场份额不断创新，研发出了大量新型智能化健身产品并投入市场，为消费者提供了更加智能的产品及服务，拓宽了消费者的选择空间，在服务范围扩大的同时获取更多的收益。"线上"的智慧科技，会使消费者的传统消费模式发生转变，他们会进行"线上"与"线下"相结合的产品体验，而体育健身场所则能在云端收集用户的详尽数据并精准定位目标消费者人群。俱乐部会员的发展方式也会发生变化，健身俱乐部应以各类健康信息为基础，通过微信、QQ、抖音等媒介，为不同的爱好者提供针对性的市场推广营销，从而实现增加会员的目的。大数据技术和电子商务平台的发展，为体育休闲业的发展开辟了一条全新的道路。

三是"人工智能+健身休闲用品业"。现如今可穿戴智能设备和各种体育健身 App 已经愈发受到全球健身爱好者的青睐，这也从侧面表明人工智能技术已经与健身休闲业产生了不可分割的联系。体育 App 拥有指导、互动、社交以及娱乐等多种功能，并且使用门槛也较低，在大众中普及后已经深深影响着人们的健身方式乃至生活方式。可穿戴智能设备因其穿戴简便、时尚美观以及使用寿命长等优点而备受广大健身休闲爱好者的喜爱；相比于传统健身设备，拥有更为广泛的信息来源渠道，并能在接受使用者信息的第一时间立刻给出反馈，信息互通极其高效。体育健身 App 与可穿戴智能设备的结合使用搭建了一个完备的体育健身网络体系，可穿戴智能设备收集用户信息后将其传输到体育健身 App 中，用户则能在体育健身 App 中查看自己系统化的数据信息，之后无论是进行自我对比抑或分享给他人，都很方便。体育健身 App 和可穿戴智能设备在满足体育健身消费者需求的同时也为全民健身指出了一条科学道路。

（3）人工智能在体育健身休闲业中的具体应用场景

在传统体育健身俱乐部中，为客户提供的健身服务以私人教练为核心，但在数字技术的发展趋势下，大量智能技术开始应用于健身活动场景，其中又以人工智能为最核心的要素。虚拟智能系统能够通过受力感应、形态捕捉以及动态交流等方式实时把握健身用户的数据信息，并发掘最有价值的部分数据进行分析，然后及时给出反馈，进一步制订科学的健身指导方案。将人工智能技术应用到体育健身休闲业当中，通过所形成的强大连接性系统，不仅可以与健身者展开互动，也可与健身者的运动装备进行组合搭配，如健身者乐于使用的运动手表、健康监测手环、智能手表、运动心率监测表等组合互联后，可以实现其装备功能的转换，支持用户创建相关配置文件，实现使用过程的全程跟踪[①]。同时，健身用户为了更好地完成自己的健身方案，可以根据自己的特点设定适合自己的训练时间、锻炼强度等，从而拥有更好的健身体验。随着人工智能技术的不断成熟，用户的健身过程越来越合理化与科学化，健身效果更加明显，健身消费市场的需求持续增大，健身企业可以获得更大的经济效益，从而有足够的资金进行人工智能技术的创新与研发，拉动体育健身消费，进而形成一

---

① 路领. 哈尔滨市健身休闲产业发展路径选择研究 [D]. 哈尔滨：哈尔滨体育学院，2019.

个良性的市场循环体系。

4.2.2.2 人工智能对体育健身休闲业的影响

（1）人工智能对体育健身休闲业的正面影响

第一，人工智能使体育健身休闲运动更加合理、便捷与科学。在"互联网+"新型业态下，为了满足人们对达到健康指标、身体塑形以及姿态纠正等多方面的需求，智能化、科技化运动逐渐成了全民健身活动的主体。可穿戴智能设备和智能器械的兴起，不仅为全民健身提供了科学保障，也使大众的生活习惯与运动方式发生转变。随着我国全民健身活动的广泛开展，大众对于自身的健康愈发重视，健身健美需求也与日俱增，所需要的健身产品与服务也在向着高水平、高质量方向发展。例如，亿健公司研发出的新型跑步机精灵 Magic，运用了 AI 识别、心率调节、AI 交流、跑道倾斜度调整等尖端人工智能技术，它在感知到用户的各项数据后能够进行自我思考与判断并给出合理的反馈，还可以通过智能运动心脏系统实时监测人体的心率变化，然后根据心率自动调节跑步机相应的速度。它的功能不再局限于辅助健身用户完成跑步活动，还可以打造适合用户个性化需求的健身方案，为用户创造最舒适的健身环境，向用户提供更科学、更合理、更优质的健身服务。

第二，人工智能持续推动"全民健身"与"全民健康"的进一步融合。人民群众的体质健康是实现体育强国目标的关键因素之一，人工智能技术与体育健身休闲业的融合能够使我国全民健身活动的开展更为顺利。人工智能技术的衍生产品一方面可以将大众的健康数据指标清晰化，据此可以制定相应举措规避健身运动中的受伤风险；另一方面，也能使大众对于健身休闲活动的满意程度提升。收集与分析用户的健身数据，能够从宏观上对国民体质进行评判与估测，最终对于全民健身战略的相关政策制定有着极大的借鉴作用和参考价值①。同时，人工智能技术在信息网络构建过程中起到了积极作用，促进了信息的全方位、高效率流通，减少了信息的不对等和滞后等问题，平衡了区域体育资源的分配，推动了我国体育健身休闲业的均衡化、可持续发展。

第三，人工智能助力体育健身休闲业升级转型。人工智能技术的广泛应用为健身企业节约了大量的劳动力成本，在不影响产量的同时，极大地

① 王灿. 人工智能助力体育强国建设［N］. 中国体育报，2018-03-14（01）.

提高了生产效率，同时还优化了产品和服务，改进了整个健身产业市场的生产模式，以推动我国体育健身休闲业的转型与升级。

（2）人工智能对体育健身休闲业的负面影响

第一，人工智能存在网络信息安全隐患。虽然人工智能与健身休闲业的融合发展能够促进体育健身休闲业产业体系的优化与升级，但人工智能所依赖的传感器、训练数据以及使用的开源软件等都可能存在安全隐患[①]。大量的用户数据是体育健身休闲业智能化发展的重要支撑，一旦人工智能内部软件出现问题，例如传感器受到不同因素的干扰，数据系统发生自我欺骗行为抑或受到入侵与破坏，都可能成为引发用户信息泄露的安全隐患。此外，人工智能技术的滥用可能对体育新闻传媒行业产生负面影响。一些媒体为了在竞争中处于有利地位，可能会借用人工智能技术生成虚假内容进行宣传，如果社会大众缺乏辨别能力，很可能会因此受到欺骗。

第二，人工智能可能导致体育健身休闲业人才两极化问题。将人工智能引入体育健身休闲业，在为大众带来更优质服务的同时，也压缩了传统健身行业的生存空间。大量的人工智能教练替代了传统的健身教练，部分从业人员会面临失业风险，而最为优秀的一部分健身教练则能凭借自己的能力存活下来，成为整个健身市场的稀缺资源，而拥有他们的健身俱乐部会逐渐拥有垄断整个健身行业市场的能力，各健身企业之间的差距将不断拉大，最终造成健身产业的"寡头垄断"现象，不利于体育健身休闲业的可持续发展。

第三，人工智能技术不成熟可能引发健身运动风险。大多数人工智能健身器械只能检测到受力变化，无法判断健身人员动作是否存在问题。例如，健身人群在进行背部拉伸时产生了明显的耸肩活动，但是器械却无法做出及时而有效的反馈。此外，在对人体各类最大数据进行收集时，智能器械过分强调尽全力而忽视了肌肉代偿甚至动作严重变形等问题，导致数据收集不准确，进而造成健身人员的身体损伤。

4.2.2.3　案例分析

××运动是上海的一家体育健身企业，致力于健身房品牌加盟、健身器械生产及配套、产业一站式服务。该公司已经与几十家健身中心和健身俱乐部达成长期合作，会员人数截至 2019 年年底已有近 52 万人。××运动以

---

① 谢正阳，周铭扬. 人工智能与公共体育服务融合发展的逻辑、价值与路径 [J]. 北京体育大学学报，2021，44 (12)：176-184.

客户为中心，以满足客户需求为目的，成立初期就取得了较好的发展态势，在浙江、江苏、湖南、上海等多地开设了近150家分店。因为其全新的装修理念和智能化的健身体验而备受众多健身爱好者的青睐。

随着日新月异的技术革新，××运动逐步走到体育健身休闲业的前沿，构建了一个全新的智能健身服务体系。和传统的健身俱乐部相比，××运动最大的亮点在于其前瞻性地摸索出了一条适合体育健身休闲业发展的新型道路，进一步凸显和扩大了传统健身房的优点，创造了更多的盈利机会。例如：第一，用户的全部数据通过一个账号共享，数字化程度更高；第二，在用户健身之前会自动测量肢节长度并记录到个人信息中，刷手环之后每种器械会自动调节到合适位置；第三，没有了恼人的教练推销私教课程，健身环境更为自在。××运动利用智能手环将操课、淋浴、餐饮以及扣费串联起来，优化了资源配置，降低了中间成本，增加了俱乐部的效益；推出了各类创新智能项目，其智能化设备与传统健身房存在实质性的不同，在体育健身俱乐部的竞争中占据了优势地位。××运动的管理更为扁平化，公司自主研制了智能+SAAS系统，其中自助入场系统取代了前台的职能，缩减了管理人员数量，优化了管理人员编制。此外，运用云端技术对用户的健身数据进行存储、整合和分析，精准定位目标客户，以此促进用户二次消费从而获得更大利润。

××运动是我国体育健身休闲业中较早将互联网技术运用到体测仪中的企业之一。互联网智能体测仪以人体基本身体成分分析为基础，同时增加了心肺功能评估和血压监测两项健康检测项目。它与SAAS平台、App数据信息互联互通，为所有的会员建立永久性存储的健康档案。用户在每次进入健身场地时，都能获取到自身的健康档案信息，同时App也会将信息即时推送给对应的健身教练。健身教练在充分地了解用户身体状态的基础上调整健身方案，帮助俱乐部实现智能化管理。

综上所述，随着人工智能技术的发展，体育健身休闲业也在与时俱进。体育健身作为追求健康的有效方式之一，已经成为现代社会生活中不可或缺的一部分，并拥有着广阔的消费市场。但是，目前传统的体育健身休闲业的发展业态已无法满足人们的需要，人工智能技术的应用为健身用户提供了更加人性化、科学化的服务，同时促进了智能体育服务模式的形成与创新。人们通过对互联网大数据的综合科学分析，可以培养科学锻炼、规范健身的新理念，确保健身的连续性、有效性以及科学性。

4.2.3　体育场地和设施管理业

体育场地和设施管理业作为体育服务的供给载体，无论是对于全民健身计划的推进，还是对体育竞赛表演业以及体育健身休闲业的开展，以及对促进体育产业高质量发展、满足人民日益增长的体育消费需求均具有重要作用。但当前我国体育场地和设施管理业的发展存在着服务功能单一、场馆闲置率高、场馆规划设计不合理等问题。

4.2.3.1　体育场地和设施管理业与人工智能融合概况

人工智能作为21世纪尖端技术之一，目前已成为驱动经济和社会发展的一大动力。人工智能与制造、交通运输、健康、教育等行业的融合发展，推动了对它们的改造升级，极大地促进了经济社会发展。人工智能的发展与运用为解决体育产业的发展问题提供了契机。人工智能已广泛运用于健身休闲、竞赛表演、体育教育、体育场馆等各个领域。人工智能与体育场馆的融合不但能弥补体育场馆发展的短板，还能增强体育场馆发展的动力。目前，人工智能在体育场地和设施管理业中已有大量的实践运用，有利于改善体育场馆设备设施、提升体育场地和设施管理质量。人工智能与体育场馆融合的技术与手段已经相对成熟，但在许多方面仍需继续研究推进。

第一，人工智能与体育场地和设施管理业融合发展的政策支持。在政策方面，随着"智慧社会"等理念的提出，体育场馆作为社会体育活动的重要载体，借助高新技术和人工智能不断地提升其服务质量已成为其发展的方向，国家层面也开始对传统体育场馆的智慧化转型予以重视，先后制定出台并且实施了多项政策法规以促进和保障体育场馆与人工智能的融合。2016年10月国务院办公厅颁布的《关于加快发展健身休闲产业的指导意见》鼓励以移动互联网、大数据、云计算技术为支撑提升体育场馆综合服务水平[①]。2018年，国家体育总局提出实施公共体育场馆"改造功能、改革机制"的体育场馆"两改"工作，提出要改造升级体育场馆，推动体育场馆的信息化和智能化建设[②]。2019年12月，由财政部、发改委、商务部等多个部门联合出台的《关于促进"互联网+社会服务"发展的意

---

①　张强，王家宏. 新时代我国智慧体育场馆运营管理研究［J］. 武汉体育学院学报，2021，55（11）：62-69.

②　杜绍辉. 全民健身视域下智慧化体育场馆建设困境与优化路径［J］. 体育文化导刊，2022（3）：45-51.

见》提出要促进体育场地和设施管理数字化、智能化发展①。2020年5月，国家体育总局正式发布的《体育场馆信息化管理服务系统规范》和《全民健身信息服务平台数据接口规范》为未来中国公共体育场馆管理的全面信息化、智能化体系建设发展指明了方向。2021年，国务院颁布的《全民健身计划（2021—2025年)》以及体育总局颁布的《"十四五"体育发展规划》将"全民健身智慧化服务"和"打造智慧体育场馆"列为"十四五"时期体育发展的重要任务。目前国家对于体育场地和设施管理业与人工智能的融合给予了高度重视，并出台相关政策法规予以保障。

但是这些政策文件多为建设性和指导性的意见，表达了国家对于人工智能与体育场地和设施管理业融合的重视与支持，而目前对于融合的科学指导和实践操作标准则较为缺乏。

第二，人工智能与体育场地和设施管理业融合发展的主要方式。在现阶段，人工智能与体育场地和设施管理业的融合主要体现为人工智能设备和人工智能系统在体育场馆中的开发与运用，即智能化的硬件与软件的应用。硬件主要指一些高科技的设备设施，如智能闸机、VR设备、人脸识别、灯光音响、监控系统等，软件主要指信息化的场馆管理软件②。

人工智能技术已在大型和中小型体育场馆中广泛运用，提高了场馆的管理效率，为用户带来了更加优质的服务。例如西甲马德里竞技打造的智慧体育场——马德里万达大都会，场馆配备10个VR看台，使球迷能够像马德里竞技球员一样身临其境地观赛，而超过300个内部人脸识别门禁系统，在提高场馆管理效率的同时保证了用户的安全。四川泸州体育生态园游泳馆在满足专业训练以及举办比赛的同时，还要承担市民平时健身游泳的需求。该馆配备了智能水质检测和感测设备，能够随时监测水质变化情况，场馆内部建立了数据大屏健康管理系统，安装了智能闸机、智能监测系统，可远程实时监控，能发现泳池异常情况，从而保障了场馆的正常运营秩序以及游泳者的人身安全。5G技术不但可以有效改善现有体育场馆的网络服务，还可以有效缓解体育场馆信号传输拥挤缓慢的问题。部分国内大型的体育场馆如国家体育场、西安奥体中心等目前也已经开始全面推广使用5G技术。5G技术的广泛运用可以有效地让体育场馆智能设施最大限

---

① 国家发改委.关于促进"互联网+社会服务"发展的意见 [J].财经界，2019 (36)：1-2.
② 朱梦雨，黄海燕.5G技术在体育场馆智慧化建设中的应用研究 [J].体育科研，2020，41 (5)：2-9.

度地发挥出其应用功能，提升体育场馆网络的整体智能化和管理水平。

目前我国人工智能与体育场地和设施管理业的融合仍处于初级阶段，场馆的信息化管理水平有待提高，人工智能与体育场地和设施管理业的融合主要停留在设备设施的融合上，虽然目前人工智能硬件设备的应用较为普遍，但是智能化的管理软件尚未广泛运用，并且5G技术并未普及，只是在一些大型体育场馆中运用，许多中小型体育场馆并不具备运用5G技术的条件。

4.2.3.2 人工智能对体育场地和设施管理业的影响

（1）人工智能对体育场地和设施管理业的正面影响

第一，使体育消费者更加安全便捷地享受服务。目前，日益增长的体育消费需求与体育资源不平衡不充分的问题是体育场地和设施管理业发展的主要矛盾。随着我国经济社会的发展，人民生活水平不断提高，人们对于体育锻炼的需求也随之增多。随着人工智能设备与体育场馆的融合，一些高科技的人工智能设备在体育场馆中投入使用，从而最大限度地使消费者便捷地享受体育服务。如人脸识别、智慧闸机等设备，极大地省去了消费者排队检票入场的时间，实现了高效的人流管制。同时线上场馆应用可以使客户足不出户地及时获取场馆信息并完成预订、退订、线上支付等功能，从而提高了人们健身的舒适性与便利性。位于上海市的宝山体育中心游泳馆将电子钥匙直接植入每位游泳者佩戴的安全泳帽，并设定包括安全、警示、警报等在内的六个实时状态预警，以全程实时追踪每位游泳者在锻炼过程中的状态，确保游泳者锻炼过程中的安全。同时，场馆的服务理念也发生了变化，更加突出以客户为中心的理念，不再是之前"定点上班，到点闭馆"的观念，而是通过人工智能设备的运用使消费者享受更多更优质的服务，从而改善消费者的用户体验。人工智能与体育场地和设施管理业的融合能够有效地提高人们参与体育消费的满意度。

第二，绿色低碳，节能环保。我国提出要在2060年达到碳中和，因此节能环保日益成为体育场地和设施管理业的一个重点。体育场馆的建设与后续的运营是一项庞大的工程，在建设过程中会消耗各种资源，难免带来污染与浪费；而后续的日常运营对于水、电等能源的需求量巨大，如果管理不善，很容易出现资源浪费的情况。人工智能设备与体育场地和设施管理业的融合可以有效地解决这一问题。在体育场馆建设方面，已经结束的北京冬奥会主要的比赛场馆国家游泳中心利用人工智能技术将游泳馆中的架空结构成功转换为冰壶场地，是目前全球首个可以进行"冰水转换"改造的大型体育场馆，减少了因新建大型体育场馆而产生大量人力物力资源的额外耗费。场馆改造后的独特的高科技仿冰冷玻璃墙能够通过利用自然光照射的方式有效降低场馆用电量，它还可以有效过滤紫外线，以降低热效来场馆冰面温度的影响①。人工智能设备可以使体育场馆在运营的过程中更加环保节约，通过智能设施、设备极大地减少水电等能源的浪费。例如目前国内一些体育场馆配备的智能灯光系统，可通过线上系统知晓场馆的实时在线人数，自动化地控制灯光的开闭，以达到节省能源、避免浪费的目的。国家速滑馆、首都体育馆等北京冬奥会比赛场馆运用的直冷制冰技术是一种清洁环保的人工智能技术，减少了在制冷过程中二氧化碳排放对于臭氧层的破坏，也大大降低了制冷带来的能源消耗。由此可见，人工智能与体育场馆的融合能大大减少场馆建设及日常运营中的能源消耗与浪费，实现节能减排、低碳环保。

第三，助力大型体育赛事举办。现代化的高新技术和人工智能与大型体育场馆的融合为大型体育赛事的顺利举办提供了有力的保障。在国际大型体育赛事中，体育场馆往往会承载巨大的负荷，面临着大量的观众带来的交通拥堵、治安隐患、运营管理等多方面挑战，因此，大型体育场馆与人工智能的融合势在必行。在 2022 年北京冬季奥运会和冬残奥会中，运动健儿的精彩表现备受瞩目，而人工智能、5G、物联网等高新技术在比赛场馆中的运用同样吸引眼球。人工智能与体育场馆的大量融合成为保障赛事安全和顺利举办的基础。面对开幕式以及重点场次赛事巨大的网络流量压力以及现场大密度的人流量带来的通信压力，国家体育场通过商用 5G 网络全覆盖打造了全球体育场馆中最快的网络传输速率，在解决赛事网络及通信问题的同时，也为场内外智慧设备的应用创造了必要条件，而各场馆内的人工智能设备也为赛事管理者和观众带来了极大的便利和新的体验，如 VR（虚拟现实技术）全景直播设备、路径导航服务设施、国家跳台滑雪中心的智能灯光管理系统等②。足球是世界第一大运动，在重要的足球赛事中经常出现因裁判误判而引起比赛不公、球场骚乱等问题。在场馆中引入 VAR（视频助理裁判）技术，利用视频智慧监控等人工智能手段，在

---

① 傅钢强，魏歆媚，刘东锋.人工智能赋能体育场馆智慧化转型的基本表征、应用价值及深化路径［J］.体育学研究，2021，35（4）：20-28.

② 遥歌.新基建为体育场馆带来了什么？［N］.人民邮电，2022-03-29（006）.

关键的争议球时裁判可以通过观看各个角度的清晰回放来做出正确的判罚,从而避免引起争议。综上所述,承办大型体育赛事的场馆与人工智能的融合,不仅可以提高观众的观赛体验,同时也可以帮助赛事承办方更加安全、顺利地完成赛事的承办工作。

人工智能与体育场地和设施管理业的融合能够一定程度上解决体育场地和设施管理业发展过程中的一些弊端,给体育消费者带来更优质的体验,给场馆管理者带来便利,从而为体育产业的发展注入新的活力。但与此同时,人工智能作为一种新兴事物,在法律约束和伦理规范尚未健全时,与体育场地和设施管理业的融合也具有一定的风险,可能会带来一些负面的影响。

(2)人工智能对体育场地和设施管理业的负面影响

第一,过度依赖人工智能。目前,人工智能设备已广泛地融入体育场馆的日常运营,并逐渐扮演着重要的角色,大大缓解了人的劳动压力,极大地便利了管理者,减少了日常运营开支。但同时,这也使得体育场馆对于人工智能设备的依赖度越来越高。虽然人工智能技术发展迅速,但人工智能设备终究是由人研发出来的机器,机器有一定发生故障的概率,并且人工智能设备的运行大多通过电力来供能,所以,当体育场馆管理者过度依赖人工智能时,一旦机器发生故障或供电出现问题,往往会使体育场馆的运营瘫痪甚至发生安全事故,造成不可挽回的损失。

第二,增加隐私泄露的风险。在当今大数据时代,人们的隐私保护已经面临很大挑战,而人工智能设备的应用更是加剧了隐私泄露的风险。人脸识别设施、智慧闸机等人工智能设备可以速度更快、效率更高地收集、分析处理甚至储存人们的隐私信息。因此,人工智能在体育场地和设施管理业的运用可能会加大对于数据安全和隐私保护的风险。

第三,部分人将面临失业风险。人工智能的运用可以有效地代替人类的体力劳动,将人们从繁琐、枯燥、重复的工作中解放出来,会取代一部分人工职业。随着人工智能技术的不断发展,未来人工智能所能完成的工作将会越来越多、越来越复杂,不仅可以代替人类的体力劳动,更高水平的人工智能甚至会代替一部分脑力劳动。因此,人工智能会带来一定的失业风险①。

---

① 何哲. 人工智能技术的社会风险与治理 [J]. 电子政务,2020(9):2-14.

4.2.3.3 案例分析

本处选取五棵松体育馆为案例进行分析。五棵松体育馆坐落于北京市海淀区，于2005年开工建设，2007年建设完毕并交付使用，由华熙集团投资兴建，建筑面积超60 000平方米，总投资超过7亿元人民币，是北京奥运会主要的比赛和训练场馆之一，同时也是2022年北京冬奥会冰球项目比赛场馆①。2008年北京奥运会结束后，华熙集团作为场馆的主要投资方，成为五棵松体育馆今后数十年的独家运营商。从2011年开始，华熙集团就对五棵松体育馆进行了升级改造，在将场馆改造为体育服务综合体的同时，为成功举办2022年北京冬奥会，在场馆内融入了大量人工智能设备。

VR设备：采用VR技术提高观赛体验，场馆使用了多维度观赛体验和VR直播技术。馆内装配了60个采用5G+8K技术的吊装相机和3个球形摄像机，使得用户可以使用手机、VR设备和电视大屏实现多视角和VR直播观看，打破了传统的固定设备和固定视角观看的限制，提高了用户的观赛体验，使用户充分享受到体育竞赛带来的视觉盛宴。

智能防疫系统：在当时疫情的严峻形势下，2022年北京冬奥会作为一场全球性的大型国际赛事，必须将安全健康放在第一位。五棵松体育馆作为赛事主场馆之一，迎来了大量来自国内外的运动员、记者和志愿者。如何防控疫情是对五棵松体育馆的一大考验。五棵松体育馆通过人工智能技术的加持，为全力做好疫情防控做了充足准备。在场馆门口，进出人员只需在多验合一智能终端设备上扫描二维码即可显示本人的健康信息、疫苗接种及行程情况实现快速通行。场馆使用的智能测温设备，实现了快速无感测温与健康情况核验以及智能辅助筛查发热人员，只需要少数的工作人员即可完成大量人员的提问核查工作。人工智能设备与场馆的融合，构成了一道道防疫的关卡，助力场馆安全完成赛事承办任务。

人工智能机器人：五棵松体育馆是目前为数不多能够在国际大型体育赛事中广泛运用智能机器人来完成许多工作的体育场馆。场馆内配备了数十个雾化消毒机器人和紫外线消毒机器人，每分钟消毒面积可达36平方米，可以更高效地完成场馆的消杀工作。场馆内的机器人"球童"采用激光+视觉设备，自动规避障碍，通过提前规划好的行动区域和行走路线在场馆内自由行驶，完成重达十几公斤一套的冰球装备的搬运工作，节省了

---

① 国家体育总局体育经济司. 全国体育服务综合体典型案例 [J]. 体育博览, 2021 (10)：92-105.

大量人力。同时，搬运机器人可以完成无人接触式的配送，以减少人员的接触。

正是在人工智能设备的加持下，五棵松体育馆才完美地完成了承办2022年北京冬奥会冰球比赛的任务，给运动员带来了良好的竞赛环境，给观众带来了一场视觉盛宴，同时也保障了运动员、记者以及志愿者的安全。由此可见，人工智能与体育场馆的融合对于大型体育场馆以及国际赛事的举办必不可少。

4.2.4 体育传媒与信息服务业

体育传媒与信息服务业是体育服务业中比较重要的细分行业，包含体育影视及其他传媒服务、体育出版物出版服务、互联网体育服务以及其他体育信息服务。人工智能在各行各业中逐步渗透，传媒行业也不例外。人工智能与传媒业不断融合，促使传媒业从传统媒体时代逐步进入智媒时代。2019年8月正式印发的《体育强国建设纲要》指出，要加快推动体育与人工智能、大数据、互联网的融合发展，我国人工智能发展战略应当优先考虑发展体育智能化，从而使得体育服务业提质增效。这也表明了我国对体育传媒和信息服务业与人工智能融合发展政策上的支持。

4.2.4.1 体育传媒与信息业和人工智能融合概况

传统的体育传媒与信息服务业多借助报刊、电视、广播等媒介传播体育讯息，体育媒体的传播方式随着互联网技术、大数据、人工智能技术的发展，转变为利用互联网、移动终端等进行传播。引领一个行业转型的关键就在于对新技术的接受与应用，而AI语音、图像、视觉识别技术已经成为人工智能在体育传媒领域的重要应用技术，并逐渐成为体育传媒领域新一轮行业变革的核心驱动力。在发达国家人工智能的发展水平处于领先地位，我国的人工智能技术与发达国家相比还有一定差距，但多项技术也已领先于整体水平。这也意味着我国体育传媒与信息服务业和人工智能的发展水平还有巨大进步空间。从2017年开始，我国人工智能技术进入加速发展期，在体育领域更是出现大批以互联网媒体为平台进行体育信息处理与传播服务的体育类App。

随着人工智能技术在各个行业的不断渗透，各行业原有的生存模式被改变，全球传媒格局也随着智媒时代的到来被人工智能重塑。从生态结构上来看，我国的智能传媒行业总体可划分为基础层、技术层以及应用层①。而我国体育传媒与信息业与人工智能技术的融合发展从以上三个层面来看也同样适用。在体育传媒与信息业的发展中，体育新闻与信息传播占据主要地位，基础层智能传感器可以对体育新闻与信息进行多方位、多领域高精度采集和有效反馈。互联网技术的高速发展，使体育领域出现大批以互联网为基础的新媒体平台、进行体育信息处理与传播服务的体育类 App，技术层的机器学习算法可以进行海量信息识别，根据大众喜好精准投放视频。在体育传媒与信息业应用层，人工智能技术与体育传媒场景融合，深入体育媒体资源共享管理。

（1）体育传媒与信息业与人工智能融合的现状

首先，体育新闻稿写作方式发生转变。在产业融合的时代背景下，社会大众越来越清晰地看到人工智能技术给体育传媒与信息业带来的价值。在体育传媒领域，体育新闻与信息传播与人工智能的融合最为突出。机器学习算法技术在体育新闻生产与传播中应用广泛，在体育新闻传播领域出现了大批机器人写作及数据采集机器人等。比如，Dreamwriter 是腾讯体育公司专属的智能写作机器人，快笔小新是新华体育社推出的新闻写作机器人，它主要利用自然语言处理技术来进行体育新闻稿件的写作。2022 年北京冬奥会期间，我国利用数字传播机器人进行冬奥会新闻传播与报道，并使用冬奥手语播报数字人进行手语播报，以满足特殊群体的冬奥观看需求。我国体育新闻稿由传统的写作方式转变为智能化的机器人写作。

其次，体育新闻传播方式发生变化。从技术层面来看，我国体育新闻传播利用算法驱动的方式进行自动化传播。不仅如此，在进行自动化传播前，利用算法将不同用户运动的不同爱好进行分类，利用大数据对用户进行分析，在各大互联网平台向用户进行精准推送。例如在 2022 年冬奥会上，利用智能机器人、云转播等技术在各大互联网平台进行赛事新闻传播。

最后，体育信息收集模式发生转变。传统体育传媒随着科技的进步不断革新，体育信息的采集方式也发生了巨大变化。因为大数据、云计算、人工智能技术的介入，体育信息的收集从传统的统计方式转为智能采集。在智能体育传媒时代，智能采集为体育新闻工作者在广阔的信息海洋里精准定位，在各大社交媒体及各大互联网平台中智能锁定有效信息，利用人

---

① 元昊. 人工智能技术在传媒领域的应用 [J]. 电子技术与软件工程，2021（17）：127-128.

工智能、大数据等技术迅速截取体育热门信息，使用智能机器人快速写稿产生新闻进行传播。

然而，机器人写作虽然速度快，时效性高，但机器人不具备人类的逻辑和情感，机器人在逻辑运算中难以实现语义理解。所以，尽管通过语法的运用使得机器的逻辑推算在形式上能够实现高度模仿人类表达的目的，然而，由于机器难以了解语义，它要达到人类智能的高度是非常困难的，因此，机器就难以驾驭在人类智能的高度上进行写作等高智能工作[①]。

（2）体育传媒与信息业与人工智能融合的具体方式

①AI视频推送。相较于传统的体育电视频道、广播等，在社交媒体及互联网各大平台中，体育视频的传播量巨大。例如抖音App利用人工智能技术对用户兴趣爱好进行智能采集，在后台通过大数据计算，采用智能推送机制，为用户推送相关体育运动视频。利用AI平台进行视频分析，极大地提高了体育视频编辑团队的工作效率。

②AI视觉传播。利用智能影像技术对体育活动进行现实采集与智能视频录制，运用结构化视觉分析技术进行编辑处理，通过后期制作形成完整影像，可以让用户置身于虚拟环境。

③体育影视制作。在体育电影、体育视频的制作中，人工智能技术体现在各个环节之中。在影视传媒领域，场景、声音、图像等都可借助人工智能中的语音处理技术、视觉智能处理技术等来获得完美的视觉呈现。影谱科技，一家AI影像生成基础设施服务提供商，在智能文娱中占据领导地位，其主营业务包括了智慧文娱、智慧媒体等。在影视传媒领域，越来越多的人工智能技术应用其中，体育影视传媒与人工智能技术的融合趋势将势不可挡。

④体育传媒资料管理。随着自媒体、互联网的迅速发展，我国进入自媒体行业的网民人数剧增，人工智能在体育媒体资源管理中的作用越来越突出。随着直播文化热潮的兴起，在体育传媒领域无论是电子竞技，还是其他体育运动直播，视频量均剧增，使得体育直播不合规现象增加，因而出现了利用视觉识别技术、图像识别技术等对体育直播内容进行智能监管。体育传媒拥有大规模的数字化信息，体育新闻传播资源种类繁多且数量大，人工智能可以利用语音智能识别技术等对体育新闻视频、音频讯息

---

① 白贵，王太隆. 体育赛事机器新闻写作的现实困境与改进路径：以腾讯"机器人NBA战报"为例 [J]. 上海体育学院学报，2018，42（6）：23-29.

进行整理归档，建立专门资料库，对体育媒体资源进行智能化、自动化管理，极大地节约人力成本。

4.2.4.2 人工智能对体育传媒与信息服务业的影响

（1）人工智能对体育传媒与信息服务业的正面影响

第一，人工智能推动传统体育传媒与信息服务业转型，打破了传统体育传播的桎梏。传统体育传媒与信息服务业依靠电视、广播、报刊等进行传播，传播范围相对较小，大众接收到讯息的时间延迟高，新闻的时效性相对较低。随着人工智能技术的发展，我国传统体育传媒与信息服务业逐步向智能传媒转型，从数字化到智能化，体育传媒与信息业的交互性、时效性增强，体育信息的采集逐步向自动化、智能化采集转变，体育新闻与信息的传播范围扩大，打破了传统体育传媒与信息服务业的桎梏。

第二，人工智能提升体育传媒与信息服务业从业人员的工作效率。在人工智能时代，运用智能机器人写作新闻稿、智能多媒体编辑新闻等，利用人工智能技术进行数据加工、文本处理、视频制作等，极大地提高了新闻报道效率，扩大了体育新闻与信息的传播速度与传播范围，同时提高了体育新闻工作者的工作效率。

第三，人工智能技术为体育传媒与信息服务业赋能。AI 技术被运用到体育传媒与信息服务业中，智媒时代的体育新闻与传播运用机器人进行写作、智能信息采集、智能营销，运用语音处理与识别技术、智能影像技术等进行视频制作、智能推送等，使体育传媒与信息业区别于传统体育传媒，赋予体育传媒新功能。人工智能技术特别是机器学习算法对我国体育传媒与信息服务业的赋能越来越多，使我国体育传媒与信息业产生更多的新产品、新应用、新功能，促进我国体育传媒与信息业更好、更快地发展。

第四，人工智能在疫情时代突破体育场地限制。AI 智能影像技术、视觉识别技术等在体育影视传媒领域应用广泛。利用 AI 内核可理解分析视频数据，可自动生成体育短视频，进行体育影视资源制作。体育运动是一项具有极强参与性和体验性的活动，利用 AI 技术融合智能移动终端 VR 或 AR 技术，可通过场景模拟，突破体育场景限制。通过现实场景进行视频虚拟模拟传播，让体育爱好者拥有第一现场视角。

（2）人工智能对体育传媒与信息服务业的负面影响

第一，使体育传媒与信息业制式化，破坏体育受众社交媒体环境。人工智能技术的渗透，使体育传媒与信息服务业衍生了一批智能写作机器人，套用模板生成新闻稿，最后智能推送新闻，使体育新闻传播形成一种新的生产模式。由于 AI 目前仍处于"智商高、情商低"的阶段，机器人没有人类的思维模式和情感，算法的自动化功能容易造成语义理解错误，从而创造出枯燥、模式化的新闻和假新闻等。承担着培养体育人才、传播体育精神、进行舆论导向的重大使命的体育传媒与信息服务业，对体育情感和信仰的表达是简单的陈述方式无法完成的任务，而人工智能简易化及公式化的表达尽管能够更好地满足个性化需求，却也对主流的新闻思维模式带来了极大的挑战①，人工智能会使得体育传媒与信息服务业的用户流放、后真相信息等问题更加棘手。从体育电影、短视频传播的角度来看，智能推送机制带有极大的倾向化。首先，运用人工智能技术、大数据等对用户进行兴趣、偏好分析，然后精准推送，会造成社会大众对体育信息获取的局限性，使人们总是在同一类体育讯息中封闭循环，形成学者们常说的"信息茧房"。其次，由于自媒体的发展，个人进入传媒领域，体育视频量剧增，但大多数的体育视频带有极强的个人情感色彩，容易制造出偏见，具有误导性。智能推送极易使体育受众群体心理发生变化，让体育视频所传达的信息缺失客观性。

第二，人工智能可能导致体育传媒与信息业的人力资源结构失衡。传统体育传媒与信息服务业的新闻获取、新闻传播、信息管理等都需要从业者亲力亲为，岗位需求量大，工作灵活性强。由于人工智能的渗透，体育新闻报道越来越智能化、自动化，新闻生产环节由人工智能替代，使传统体育记者的存在感急剧下降。由于体育新闻的模板式生产，体育文本、体育视频量增加，使得体育讯息加工技术人员需求增加，从而出现体育传媒与信息服务业的人力资源结构失衡。

第三，人工智能技术增加了体育传媒与信息服务业虚假文本、虚假视频、信息泄露等问题。人工智能技术是一把"双刃剑"。人工智能可以促进体育信息最迅速地得到利用，可以促进体育传媒与信息服务更优化，但是人工智能若不合理、不合法运用，将为体育传媒与信息业带来问题。人工智能的便捷会使体育传媒从业人员的产生对机器的依赖，丧失新闻工作者应有的思维与判断能力，未考证信息的真实性复制他人新闻内容，可能

---

① 牟向前，王庆军，俞鹏飞，等.人工智能时代体育新闻生产与接受面临的挑战及应对策略 [J].山东体育学院学报，2019，35（5）：37-43.

产生虚假信息。人工智能在体育明星肖像重塑、体育新闻生产、电子竞技游戏制作以及体育视频剪辑等领域的各种应用，因涉及责任主体界定及知识产权等问题，可能产生一定的法律风险①。由于人工智能创作具有复制性、模板化，感情色彩低，不具有独特的创造性，使成果受版权保护较少，侵权性难以界定。在体育传媒领域，体育信息智能采集规模大，人工智能技术性强，大量个人信息被存储，存在信息恶意或偶然泄露的危机。

4.2.4.3 案例分析

（1）腾讯写作机器人 Dreamwriter

近年来，人工智能技术高速发展，人工智能应用领域广泛，在体育传媒与信息服务业中的体育新闻传播业应用人工智能技术较为频繁。在2015年腾讯智能写作机器人 Dreamwriter 出现后，近几年我国研发出了大批智能写作机器人，如智搜推出的 Giiso 写作机器人、新华体育社推出的快笔小新以及今日头条的 Xiaomingbot 等。目前的智能写作机器人拥有财经快讯及体育赛事等写作类型，在体育赛事应用较为普遍。以下将以腾讯写作机器人 Dreamwriter 生产里约奥运会、NBA 新闻稿为例进行分析。

在里约奥运会上，各国都有利用智能写作机器人推出体育新闻稿的现象。例如在2016年里约奥运会，华盛顿邮报宣布使用 Heliograf 报道里约奥运战况，Heliograf 几秒钟内便可根据赛事情况生成一条 Twitter 新闻。我国也使用今日头条 Xiaomingbot 以及腾讯创造的 Dreamwriter 等对接里约奥组委数据库信息，实时撰写里约奥运会新闻稿件。在 NBA 的赛事报道上，Dreamwriter 的表现也十分突出。早在2015年，腾讯体育就曾经购买过美国篮球职业联赛2016—2017赛季的转播权和全套数据，运用其新推出的新闻写作机器人 Dreamwriter 进行报道并取得了成功。智能写作机器人不仅能利用最新的自然语言处理技术，通过语法合成与排序快速生成文稿，还可以结合图像识别技术在文章中插入图片，采用语音技术进行智能语音播报。因此，在体育新闻中人工智能的应用有自然语言处理技术（体育新闻稿写作）、图像识别处理技术（体育内容审核）、语音技术（体育新闻智能语音播报）等。

（2）影谱科技 Moviebook SAiDT 助力2022年北京冬奥会体育赛事传播

Moviebook SAiDT（赛事动态内容生成方案）是影谱科技助力体育赛事

---

① 王相飞，王真真，延怡冉. 人工智能应用与体育传播变革［J］. 上海体育学院学报，2021，45（2）：57-64.

的智能影像内容一站式平台。2022 年北京冬奥会成功应用 Moviebook SAiDT 技术在短时间将海量赛事内容自动化生成赛事集锦视频，定向、快速、高效地为广大观众提供体育赛事视频内容。

同时，MCVS（从 2D 视频中捕获动作的估算框架）、MAGC（沉浸式媒体内容创建基础设施平台）等 AI 技术在体育传媒领域也逐渐得到广泛的运用。基于影谱科技的 AI 智能影像技术、AI 视觉识别技术，可在短时间内自动识别冬奥会体育赛事视频内容，利用数据统计分析和数据可视化，洞察并提取赛事关键帧，对数据进行分析，得出体育见解，对图像进行注释。利用 AI 动作捕捉和 AI 技术生成，可从设备导入视频流，一键升级为 AI 增强视频，自动化生成体育短视频集锦，并传送至社交媒体平台发布，进行商业化运营。影谱 SAiDT 系统从对冬奥会赛事运动员的动作捕捉到关键帧图像、镜头提取，到体育赛事视频生成、内容交付、营销的全过程，极大地降低了人力成本、节省了时间，促进了冬奥会赛事视频极速传播，提升了赛事运营工作效率。

4.3　本章小结

近年来，我国体育服务业取得了长足的进步，2021 年其增加值占体育产业增加值比重已经达到 70%，日益成为体育产业发展的核心力量。与此同时，人工智能产业也呈现迅猛发展态势，因此，体育服务业与人工智能的融合问题成为体育服务业及人工智能产业发展的重要内容。本章主要研究了以下两个问题：

第一，体育服务业与人工智能的融合机理。该部分重点阐述了体育服务业与人工智能融合的动因、效应、模式以及路径。研究认为，体育服务业与人工智能融合主要是因为技术和科技创新、竞争及范围经济、管制的放松、体育服务业自身的多元性和关联性、系列政策的出台以及消费者日益多元化的体育服务产品的需求。融合效应包括正面效应和负面效应，正面效应包括创新优化效应、竞争效应、结构效应、消费能力效应以及区域效应，负面效应包括短期的失业问题、垄断问题、安全隐患以及挤出效应。融合模式有科技发展渗透、功能拓展优化、价值链重组以及利益导向四种融合模式。融合路径主要有产业链与创新链协同发力、加强技术渗透、重视市场引导以及提升专业型人才培养质量。

第二，体育服务业细分产业与人工智能的融合研究。该部分重点研究了体育服务业中的四大细分行业各自与人工智能融合的具体情况。这四大细分行业是体育竞赛表演业、体育健身休闲业、体育场地和设施管理业以及体育传媒与信息服务业。该部分详细阐述了四大细分体育服务业与人工智能融合的现状、人工智能对四大细分体育服务业的影响，并进行了案例研究。

研究发现，尽管体育服务业在我国是新兴服务业，但是其众多的细分行业与人工智能在实践领域已经呈现出丰富多彩的融合态势、衍生了种类繁多的新业态及产品、革新了体育服务业传统的发展方式、激发了体育服务业的巨大活力。人工智能在使体育服务业焕发极大生机的同时，也导致了一系列问题，这需要引起理论界及实践领域相关人员的高度重视。

5 体育服务业与人工智能融合评价

如前文所述，体育服务业中出现人工智能的身影，已经不再是假想，二者之间已经呈现出相互影响的融合发展态势，体育服务业与人工智能的融合发展将在很长一段时间内对我国经济、社会乃至环境产生重要影响。这些影响是不是都是正面的？是不是都是相互促进的？回答这些问题需要对当前体育服务业与人工智能的融合现状进行评价研究。而在进行评价研究之前，需要界定影响二者之间融合发展的具体因素有哪些。

5.1 体育服务业与人工智能融合的影响因素

随着我国经济发展水平的进一步提高，对可持续发展模式的重视日益上升到国家战略的高度，从政府到各个企事业单位再到每个社会公民，对环境问题均越来越关注。体育产业增加值从 2016 年占我国 GDP 的 0.46%上升到 2019 年的 1.14%，体育产业在国民经济中发挥着日益重要的作用。在体育产业发展的初期阶段，学术界普遍持有体育产业（尤其是体育服务业）是低碳环保产业的观点，我们听到的呼声更多是希望国家释放更多的优惠政策，大力支持体育产业的发展。然而，随着世界范围内体育产业对环境产生负面影响，人们陆续开始关注体育产业的环保问题。

诚然，人工智能技术的发展有助于分析环境问题的成因及制定环保问题的解决方案，但同时它也可能给环境带来破坏和灾难。而在体育服务业与人工智能融合的过程中，除了学界探讨的单纯由人工智能引起的环境问题之外，不可避免地还有体育服务业可能引发的环境问题。

从体育服务业与人工智能融合的可持续发展角度出发，本书借鉴利益相关者理论（stakehokders theory）来进行融合影响因素分析。在该理论的支撑下，许多学者提出了如下的影响因素：社会及公众压力①、国家政策法规②、投资者及供应商要求③、管理者的环保意识④⑤等。考虑到体育服务业及人工智能的自身特点及各种影响因素之间相互作用的动态性特征，在此拟在利益相关者理论的基础之上利用三重底线理论作为融合影响因素的分析依据。有学者指出，任何产业的可持续性必须体现为通过整合环境、经济及社会三个方面来建立具有较大弹性的组织⑥。而三重底线理论则要求产业的发展必须综合地考虑环境绩效、社会绩效及经济绩效⑦。

通过大量查阅已有文献，综合而言，环境、经济及社会三方面的影响因素主要有以下方面：

环境影响因素主要包括环境恶化⑧、消费者绿色需求⑨⑩等。

---

① WALKER H, SISTO L D, MCBAIN D. Drivers and barriers to environmental supply chain management practices: lessons from the public and private sectors [J]. Journal of purchasing & supply management, 2008, 14 (1): 69-85.

② 朱庆华. 绿色供应链管理动力/压力影响模型实证研究 [J]. 大连理工大学学报（社会科学版），2008, 29 (2): 6-12.

③ 朱庆华. 影响企业实施绿色供应链管理制约因素的实证分析 [J]. 中国人口·资源与环境，2009, 19 (2): 83-87.

④ 曹景山, 曹国志. 企业实施绿色供应链管理的驱动因素理论探讨 [J]. 价值工程, 2007, 26 (10): 56-60.

⑤ 曲英, 朱庆华, 武春友. 绿色供应链管理动力/压力因素实证研究 [J]. 预测, 2007, 26 (5): 1-6.

⑥ BANSAL P, MCKNIGHT B. Looking forward, pushing back and peering sideways: analyzing the sustainability of industrial of industrial symbiosis [J]. Journal of supply chain management, 2009, 45 (3): 26-37.

⑦ ELKINGTON J. Partnerships from cannibals with forks: the triple bottom line of 21 century business [J]. Environmental quality management, 1998, 8 (1): 37-51.

⑧ LOUIS Y Y, WU C H, KUO T C. Environmental principles applicable to green supplier evaluation by using multi-objective decision analysis [J]. International journal of production research, 2007, 45 (18-19): 4317-4331.

⑨ CARTER C R, EASTON P L. Sustainable supply chain management: evolution and future directions [J]. International journal of physical distribution & logistics management, 2011, 41 (1): 46-62.

⑩ BANSAL P, ROTH K. Why companies go green: a model of ecological responsiveness [J]. The academy of management journal, 2000, 43 (4): 717-736.

经济影响因素主要包括管理水平①②、经济利益③等。

社会影响因素主要包括责任意识④、政策⑤、非政府组织、道德观念等。

结合以上多位学者的观点，综合考虑体育服务业与人工智能融合可能出现诸多新业态的现实情况，参考利益相关者理论与三重底线理论，本书提炼出三大具体影响因素，具体参见图 5.1。

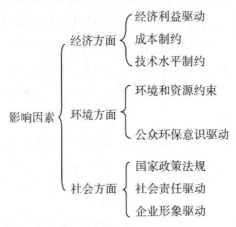

图 5.1　体育服务业与人工智能融合基于三重底线理论的影响因素

5.1.1　经济影响因素

（1）经济利益驱动

体育服务业目前包含 9 个细分行业，除去体育用品及相关产品销售与出租之外的 8 个细分行业均属于现代新兴服务业的范畴。人工智能是推动体育服务业高质量发展的新引擎，它可以帮助实现体育领域的"智能+体

---

①　HE J K, TENG F, QI Y. Towards a new climate economics：research areas and prospects［J］. Chinese journal of population, resources and environment, 2015, 13（1）：1–9.

②　LAMBERT D M, KNEMEYER A M. We're in this together［J］. Harvard business review, 2004, 82（12）：114–122, 150.

③　张璐，马志军，田东红，等. 企业绿色供应链管理实践的影响因素研究：基于元分析方法的探索［J］. 中国人口·资源与环境，2017, 27（12）：183–195.

④　SARKIS J. A boundaries and flows perspective of green supply chain management［J］. Supply chain management：an international journal, 2012, 17（2）：202–216.

⑤　叶飞，张婕. 绿色供应链管理驱动因素、绿色设计与绩效关系［J］. 科学研究，2010, 28（8）：1230–1239.

育"的全方位发展。人工智能可以改变体育活动的组织方式，提升体育企业的竞争力和适应能力，产生体育经济新业态，推动体育产业结构向高级化演进，形成新的经济增长点，还可以通过催生新的消费需求，增强供给端与需求端的一致性，从而最终实现经济效率的提高。

以目前最为炙手可热的智能体育场馆为例，当传统的体育场馆遇上了人工智能技术以后，人们对于体育的热情（无论是观赏型体育消费还是体验型体育消费）一下子被激发出来。智能体育场馆可以更好地满足人们各种各样的个性化需求，能够及时提供数据反馈和进行个体信息跟踪，让体育消费行为更加具有针对性和个性化，从而极大地释放了体育消费需求，催生需求侧的结构性变革。

无疑，巨大的经济利益是当前体育服务业与人工智能产生融合趋势的重要驱动力。

（2）成本制约

正如已有研究表明的那样，不少企业（组织、机构）认为，在现有的组织架构基础上引入人工智能技术虽然存在未来提高经济效率的极大可能性，但是短期内无疑会面临巨大的边际成本即新增成本，这些成本主要包括数据成本、算法成本和算力成本。数据成本是指为了获取数据集和标注数据而产生的费用。在大数据时代背景下，如果说获取海量数据的成本可以忽略不计的话，那标注数据的成本则是无法回避的一项庞大开支，而标注过的数据是广泛应用深度学习网络训练的基本条件。算法成本主要指人工智能工程师的人力成本开支，人工智能工程师的稀缺性决定了其薪资水平的高低。算力成本主要指发展人工智能技术所涉及的基础设施购置费用，这也是一笔庞大的支出，任意一个人工智能训练模型就可能需要上万美元的计算资源，为了提高模型计算的准确性，往往需要成倍的数据来进行处理。数据越多，模型就越复杂，对于人工智能依赖的处理器的要求就越高，相应的成本开支就越大。

就目前体育服务业范围内的主体规模来看，不少体育企业体量普遍较小，资金不够雄厚。如果引入人工智能效比较缓慢的话，比较容易打击体育服务业领域相关主体采用人工智能技术的积极性和信心。因此，在体育服务业与人工智能融合的过程中，成本方面的考虑必须慎重。

（3）技术水平制约

尽管人工智能技术的引入可以给体育服务业带来新的增长引擎，但现实中人工智能技术的实施却充满了技术层面的挑战。熟练地应对这些挑战，需要克服技术水平上的巨大障碍。这些障碍主要包括：获取海量数据的技术；对大量的数据进行标注的技术，"黑匣子"问题，实现"模型"的通用性，克服数据与算法中的"偏见"。

对于机器学习技术和深度学习而言，要想获得较为理想的分类能力，必须对成千上万条的数据记录进行学习。更有甚者，要达到与人类相近似的判断准确率，则需要上百万条的数据用于分析学习。在现实应用中获取如此海量的数据难度是非常大的，因此，需要采用专门的技术来解决这个问题。在获取了海量数据之后，还需要对数据进行标注；而如何识别数据标注过程中出现的错误，又是另一个技术问题。输入的数据如果附带了人类的某些偏见，那么模型计算结果也会延续这种偏见，该问题的解决也需要技术上的支持。

鉴于上述技术限制，不同的体育服务企业，对待人工智能的态度也有所不同。规模大、技术水平先进的体育服务企业，其引入人工智能的意愿会更加强烈，而一些规模较小、技术水平低下的体育服务企业，由于难以克服知识及技术障碍，既没有能力也没有意愿实施与人工智能的融合。

5.1.2　环境影响因素

（1）环境和资源约束

美国科普作家蕾切尔·卡尔森在1962年出版的《寂静的春天》一书中指出，对农药不加限制地使用会造成严重的生态环境问题[①]。美国著名系统哲学家拉兹洛也曾经说过：人类过去几百年所取得的技术进步，由于消耗了太多能量与物质，导致了极其严重的环境损害，给人类社会带来了很大的负面影响[②]。而格于布勒在《技术与全球性变化》一书中也指出了技术与环境这对矛盾关系即"技术—环境悖论"，需要我们更进一步地理解技术与全球性环境变化之间的相互作用[③]。技术具有双重功能，既可以成为全球性环境恶化的起因，也可以成为改善环境的补救办法。

人工智能作为新时代的新兴产业技术，其推动经济发展和社会进步的

---

① 蕾切尔·卡尔森. 寂静的春天 [M]. 辛红娟，译. 南京：译林出版社，2018：199-214.
② 拉兹洛. 系统哲学讲演集 [M]. 闵家胤，等译. 北京：中国社会科学出版社，1991：271.
③ 格于布勒. 技术与全球性变化 [M]. 吴晓东，等译. 北京：清华大学出版社，2003：375-378.

作用是显而易见的，但是，与之相伴相随的环境问题却也不能忽视。中国面临的环境和资源问题也须严肃对待。中国人口众多，人均资源拥有量远远低于世界平均水平。在大力发展人工智能技术的过程中，如果一直被单一的经济维度牵引，忽视环境维度，那么，"技术—环境悖论"将无法避免。体育服务业尽管被业界定义为低碳环保产业，但在与人工智能相生相融的过程中，势必出现以下问题：人工智能技术可能会加快对自然资源的消耗与利用；人工智能参与的体育服务产品的频繁升级换代可能会造成大量的固体垃圾；大量的智能机器人会过度挤占人类生存空间；智能产品所产生的各种辐射及噪声会对自然生态环境造成破坏；等等。

在可持续发展理念的指引下，环境问题开始逐渐得到广泛关注。伴随着环境保护意识的提升，各个体育企业（组织、机构）必须采取环保措施来提升自身的绿色形象。只有在体育服务业与人工智能融合的过程中充分重视对环境的影响，才可能保证融合过程及结果不偏离人类的预期。

（2）公众环保意识驱动

社会公众是指参与社会中各种社会活动的民众和群体，公众既是各种智能体育产品的使用者，也可能是对人工智能技术赋能体育服务业所产生各种环境污染问题进行投诉的人群。他们可以通过手中的货币"选票"对新兴智能体育企业（组织、机构）施加压力，迫使其进行体育产品生产全过程的绿色化处理，从而满足公众的环保诉求。随着社会的进步和人们生活水平的提高，公众越发关注身边的一切可能给社会带来各种危害与风险的生产活动。公众环保意识的增强，也进一步对人工智能与体育服务业融合而催生的新业态提出更加严格的要求，它们不仅需要提供新兴技术带来的新体验，还需要符合社会和公众的长远利益。在互联网时代，任何组织的一举一动均会暴露在公众视野中，这也为其施压提供了一个广阔的平台。比如2018年第21届世界杯足球赛期间，日本队因为比赛结束后的一个小小的行为（虽然输掉了比赛，却还是在离开赛场前把更衣室收拾干净），受到公众好评，公众对于环境保护的内在渴求可见一斑。因此，从这个角度来看，公众压力可以推动体育服务业与人工智能融合过程中对环境维度的重视。

市场经济与计划经济最大的区别可以概括为是"以需定产"还是"以产定需"。市场经济体制下，需求可以在很大程度上决定市场生产的产品类型。随着我国经济发展水平的进一步提高，人民群众解决了温饱问题之后，对于精神层面的追求日益增多，绿色消费也就逐渐成为他们心中一种高尚、自然的全新消费方式。这种绿色消费理念会引导各类厂商和机构认真思考如何实现绿色生产和绿色服务。市场需要引导消费者形成较为牢固的绿色消费偏好。资源的配置是通过市场竞争实现的，这是市场机制的主要功能，而价格机制是市场机制的基本机制，由于消费者对绿色产品和绿色服务的偏好，优质资源会自动地流向绿色产品。我们需要尽力发挥市场机制及价格机制的作用，在体育服务业与人工智能融合的过程中，引导各相关主体自觉考虑环境维度的相关指标，主动做到兼顾经济效益和环境效益。

5.1.3　社会影响因素

（1）国家政策法规驱动

鉴于人工智能技术对经济和社会的巨大影响，世界各国均先后出台了专门针对人工智能发展的相关政策文件，并纷纷将人工智能上升到国家战略高度。我国也不例外，近年来我国政府多次把人工智能的发展与规划纳入国家政策，确认人工智能在我国战略发展中的重要地位。从中央到地方均制定有相应的系列政策，在全国 31 个省（自治区、直辖市）中，已有 19 个省（自治区、直辖市）（除港、澳、台）政府发布了人工智能规划，16 个省（自治区、直辖市）制定了有关人工智能产业的规模发展目标。

在人工智能+体育领域，顶层设计同样呈现了大力支持二者融合的趋势。2019 年 9 月 2 日，国务院办公厅印发《体育强国建设纲要》（国发办〔2019〕40 号），其"战略任务一"专门强调"推进全民健身智慧化发展"，鼓励运用物联网、云计算等信息技术推进智慧健身路径、智慧体育公园等的建设，提升智慧化全民健身公共服务能力。在"战略任务三"中，专门指出"加快推动大数据、互联网、人工智能与体育实体经济深度融合，促进体育服务业提质增效"。2019 年 9 月 17 日，国务院办公厅印发了《关于促进全民健身和体育消费推动体育产业高质量发展的意见》（国发办〔2019〕43 号）。该文件提出"推动智能制造、人工智能、大数据等新兴技术在体育制造领域的应用，鼓励体育企业与科研院所、高校联合创建体育用品研发制造中心""支持以足球、篮球、赛车、冰雪等运动项目为主题内容的智能体育赛事的发展"。在国家相关政策的大力驱动下，国内智能体育呈现出蓬勃发展态势。

（2）社会责任驱动

早在 1924 年，英国学者欧利文·谢尔顿就在《管理的哲学》一书中首次提出"社会责任"的概念。他所持的观点在 100 年后的今天来看也是完全正确的：社会利益高于公司盈利。美国学者阿奇·卡罗尔在 20 世纪 70 年代提出一个企业的社会责任应该包括经济责任、法律责任、伦理责任和慈善责任[①]。

任何一个组织都应该以一种有利于社会的方式从事自己的经营管理活动。越是有影响力的组织和机构，越会受到社会责任的驱动。当体育服务业遇上人工智能，人们最先看到的是二者融合带来的好处。人们总是把技术与进步画等号，总是认为只要一种技术能够帮助我们做事"更快、更多、更智能"，它带来的就只是改善、高效率和多样化。然而，人工智能技术是一股强大的力量，由于其自身特点，它正给社会带来日益深远的影响，2018 年 Facebook 数据泄露事件和人工智能歧视案例（如美国一项来自非营利组织 ProPublica 的调查显示，用于评估美国犯罪风险得分的 COMPAS 程序本身就对黑色人种存有偏见）表明，人工智能在与相关产业相互融合过程中，如果脱离了社会责任的框架，就会犹如一匹脱缰的野马。因此，必须制定相应的法律法规，确保人工智能在各个融合领域做出公平、合理、正确的决策，并让其承担相应的社会责任。

因此，社会责任的驱动可以在很大程度上保证人工智能与体育服务业的融合共生具备可持续性。

（3）企业形象提升驱动

如前文所述，体育服务业包含 9 类细分行业，每一个小类均存在与人工智能相互融合的边界点。以体育健身休闲业为例，人工智能的发展令人们的健身休闲活动发生了翻天覆地的改变，运动手环及系列智能健身设备让参与健身的人群能亲眼看见自己的训练成果，智能场馆还可以根据"看得见"的运动数据为参与健身人群提供个性化的科学健身方案，让每一位参与健身的人享受到量身定做的健身指导服务，克服了盲目训练的弊端。传统意义上的体育场馆及设备日益被众多的高智能化产品所替代，融入了人工智能的锻炼方式逐渐受到了健身人群的追捧，相应地，"人工智能+健身"的体育场馆的知名度也大幅提升。2020 年 6 月，杭州市出现了国内首

---

① CARROLL A B. A three-dimensional conceptual model of corporate performance [J]. Academy of management review, 1979, 4 (4): 497-505.

家室内智能高尔夫球训练馆——杭州永基国际高尔夫训练馆，"人工智能+室内高尔夫球训练"使其名噪一时。在该智能训练馆里打出的每一个高尔夫球，训练者均可以在屏幕上看见其飞行距离、转速以及运动轨迹，这些运动数据除了具有可视性之外，还具有可存储性，从而帮助训练者更好地调整自己的训练计划。该场馆一经媒体报道，就受到高尔夫爱好者的大力追捧。

于 2022 年在杭州举办的第十九届亚运会也因为人工智能技术的加持而独具科技魅力。杭州市政府专门推出"智能亚运"重点项目解决方案，包括智能出行、智能观赏赛事、智能安防、智能指挥、智能场馆、智能安检等，通过广泛应用虚拟现实、大数据、物联网、区块链等尖端技术，着力提升大型体育赛事运行效率。

5.2 基于多目标理论的评价

联合国环境规划署曾经强调，如果从事建筑行业的方式不改变的话，截至 2032 年年底，建筑的扩张将会摧毁或者影响地球表面超过 70% 的自然栖息地和野生动物（联合国环境规划署，2002）。伴随环境污染的加剧和能源匮乏，越来越多的专家学者开始关注可持续发展问题，普遍认为在决策过程中只有经济目标是远远不够的，还需要加入别的维度的考量。可持续发展主要基于满足经济发展、社会发展和环境发展的三大支柱，而这三大支柱中每一个都包含不同的目标和方法。多目标规划问题一般比单目标规划问题要困难，因为多目标规划问题通常有一系列的最优解，被称作帕累托最优解。而帕累托最优解的个数有可能是无限的，这会使获得所有帕累托最优解变得不切实际，因此，一个比较好的多目标规划算法应该是一组具有良好收敛性和多样性的最优解。多目标优化指在约束条件下在一系列可供选择的解决方案中寻求一种能够最大化或者最小化多决策目标的一组方法。多目标优化不会因为冲突目标的存在而设置一个单一的最优解；相反，它会在满足所有约束条件的情况下，通过不同目标实现上的相互权衡在帕累托最优集中发现几个可行解。帕累托最优集的一个解也被称作非支配解或非劣解，因为没有哪一个帕累托最优集中的单个解能够在不导致至少一个目标变差的情况下改善另一个目标①。

从单一产业发展角度来看，最具体育本质特征的体育服务业将会在很长一段时间内对我国经济、环境、社会产生重大影响。过去我们注重的一直是"体育搭台，经济唱戏"，对体育的诉求是单一的经济维度。而从体育服务业与人工智能融合的角度来看，有了人工智能技术加持的体育服务业更是容易爆发出经济维度的巨大潜力，而其社会维度尤其是环境维度的影响则是比较容易被忽略的。

尽管近年来已有不少专家学者开始关注"人工智能+体育"对环境、社会的影响，但是，同时使用三个维度的融合评价研究还不算太多，大家用得更多的评价维度仍然是经济方面的。然而，人工智能技术自身的特点决定了它在与体育服务业融合的过程中势必对环境和社会带来较大的影响，因此，非常有必要采用多维度而不是单一维度的方法来对二者之间的融合现象进行整体评价。本部分拟构建一个混合多属性决策框架，确定体育服务业与人工智能融合经济目标、环境目标和社会目标的系列指标，并运用模糊 AHP-TOPSIS 评价进行运算，对经济、社会、环境三个维度共计 18 个指标进行融合评价研究，再提供四个备选方案，以供政府推动体育服务业与人工智能可持续融合发展进行决策选择。

5.2.1 评价研究现状

笔者查阅了大量中外文文献，发现虽然专门针对产业融合现象进行的评价研究文献不多，但是关于影响评估或者绩效评价的定量研究方法却比较丰富，这为本部分评价方法的选择提供了坚实的基础。结合体育服务业和人工智能产业的自身特点，笔者总结提炼出了比较适合对二者融合现象进行评价的指标体系和综合方法。

5.2.1.1 评价方法

现实世界不确定性的大量存在，需要研究者运用多种科学理论对不确定性问题进行理论研究，已有的研究证明，模糊理论在处理大量具有模糊性和不确定性的现实问题过程中产生了非常多的成功案例。众多学者一致认为，评价对象越复杂，评价工作就面临越大的挑战。在近年来的研究

---

① MOALLEMI E A, ELSAWAH S, RYAN M J. Model-based multi-objective decision making under deep uncertainty from a multi-method design lens [J]. Simulation modelling practice and theory, 2018, 84 (1): 232-250.

中，有关各种综合评价，多属性决策方法的运用越来越多。

多属性评价方法主要有 ELECTRE（和谐性分析方法）、AHP/FAHP（层次分析法/模糊层次分析法）、MAVT（多属性价值理论法）、TOPSIS（优劣解距离法）等。

Abdullah 和 Zulkiflfli（2015）提出了一种混合模糊 AHP 方法与 DEMA-TEL（决策实验和评估实验室法），用于人力资源管理绩效评价①。侯克鹏和王黎蝶（2021）综合运用 FAHP-CRITIC（模糊层次分析法—客观权重赋权法）对露天矿边坡的危险性进行评价②。Ng（2016）使用 FAHP 方法对备选方案的环境影响进行评价③。Kilincci 和 Onal（2011）运用 FAHP 方法对洗衣机供应商进行选择评价④。张洁和张林（2021）运用 AHP 和神经网络方法对城市景观设计进行评价⑤。Chen 等（2015）运用 FAHP 方法对教学效果进行评价⑥。

Sari 和 Suslu（2018）主要研究了酒店供应链的绿色绩效评价，设计了15 个绿色指标，这 15 个绿色指标分为基本绿色实践和高级绿色实践两部分，并由土耳其的 20 个酒店经理赋予这 15 个指标权重。研究结果表明基本绿色实践指标比高级绿色实践指标更重要，他们运用多属性决策方法中的模糊 TOPSIS 方法获得绿色绩效评分，并对酒店供应链排序⑦。Zyoud（2016）等人运用模糊 AHP-TOPSIS 评价帮助发展中国家解决水土流失问题⑧。

① LAZIM ABDULLAH, NORSYAHIDA ZULKIFLFLI. Integration of fuzzy ahp and interval type-2 fuzzy dematel：an application to human resource management ［J］. Expert systems with applications, 2015, 42（9）：4397-4409.

② 侯克鹏，王黎蝶. 基于改进的 FAHP-CRITIC 法与云理论的露天矿边坡危险性评估模型 ［J］. 安全与环境学报, 2021, 21（6）：2443-2451.

③ C Y NG. Evidential reasoning-based fuzzy ahp approach for the evaluation of design alternatives' environmental performances ［J］. Applied soft computing, 2016, 46（C）：381-397.

④ OZCAN KILINCCI, SUZAN ASLı ONAL. Fuzzy ahp approach for supplier selection in a washing machine company ［J］. Expert systems with applications, 2011, 38（8）：9656-9664.

⑤ 张洁，张林. 基于层次分析法和神经网络的景观设计评估 ［J］. 微型电脑应用, 2021, 37（39）：114-116.

⑥ JENG FUNG CHEN, HO NIEN HSIEH, QUANG HUNG DO. Evaluating teaching performance based on fuzzy ahp and comprehensive evaluation approach ［J］. Applied soft computing, 2015, 28（c）：100-108.

⑦ SARI K, SUSLU M. A modeling approach for evaluating green performance of a hotel supply chain ［J］. Technological forecasting & social change, 2018, 137（1）：53-60.

⑧ SHAHER H ZYOUD, LORENZ G KAUFMANN, HAFEZ SHAHEEN, et al. A framework for water loss management in developing countries under fuzzy environment：integration of fuzzy ahp with fuzzy topsis ［J］. Expert systems with applications, 2016（61）：86-105.

陶杰和刘治彦（2021）运用动态 TOPSIS 模型综合评价长江经济带高质量发展问题[1]。于小芹等（2022）运用熵权 TOPSIS 模型对山东省海岸带生态修复的政策效果进行评价研究[2]。

从众多的文献可以看出，将模糊理论和 AHP 及 TOPSIS 结合起来使用是比较常见且行之有效的评价方法，该综合研究方法被广泛运用于社会生产生活的各个领域，并取得了较为丰硕的研究成果。因此，笔者认为选择模糊 AHP-TOPSIS 综合方法对体育服务业与人工智能的融合影响进行评价也应该能够实现预计的研究目的、得到预期研究结果。

5.2.1.2 评价维度及指标

（1）环境方面的评价指标

Tseng 等（2017）认为有必要从供应商、消费者、物流服务商和制造商的角度来考虑环境方面的评价标准。

在供应商方面，已有文献归纳出了 9 个指标：考虑符合环境标准的绿色供应商[3]；对供应商产品、生产过程、运输以及国际管理进行监督以便确保其在产品中不使用有害或危险材料；节约能源及减少废弃物；使用环境友好型的运输；在公司管理中明确环境目标和任务[4]；供应商应该有碳减少目标从而控制碳排放；与供应商合作建立规划以共同减少或消除废弃物；与供应商分享环境管理技术和知识；监督供应商环境保护的现状与实践[5]。

在消费者方面，已有文献归纳出了 5 个指标：与消费者合作寻求环境管理办法[6]；与消费者合作回收材料和包装；与消费者合作从而改变产品

① 陶杰，刘治彦. 长江经济带高质量发展综合评价研究：基于动态 TOPSIS 模型的分析 [J]. 价格理论与实践，2021（9）：111-115，202.

② 于小芹，马云瑞，于静. 基于熵权 TOPSIS 模型的山东省海岸带生态修复政策效果评价研究 [J]. 海洋环境科学，2022，41（1）：74-79.

③ TSENG M L. Green supply chain management with linguistic preferences and incomplete information [J]. Applied soft computing journal, 2011, 11（8）：4894-4903.

④ ENARSSON L. Evaluation of suppliers: how to consider the environment [J]. International journal of physical distribution & logistics management, 1998, 28（1）：5-17.

⑤ DWYER R, LAMOND D, WITTNEBEN B B, et al. Climate change basics for managers [J]. Management decision, 2009, 47（7）：1122-1132.

⑥ ELTAYEB T K, ZAILANI S, RAMAYAH T. Green supply chain initiatives among certified companies in Malaysia and environmental sustainability: investigating the outcomes [J]. Resources, conservation & recycling, 2010, 55（5）：495-506.

规格；自愿定期为消费者提供有关环境管理的信息①；与消费者开展有关生态设计方面的合作②。

在物流服务商方面，已有文献归纳了 4 个指标：合适的物流整合与运作，通过运输设备达到减少环境冲击的目的③；将处于生命周期末期产品的回收纳入正向物流，这样做的目的是使回收产品的价值最大化；在运输过程中关注社区、职工健康和安全；使用环境友好型燃料④。

在制造商方面，已有文献归纳了 16 个指标：有关于环境保护方面的任务陈述；设计环境奖励制度；进行环境监控与审计⑤；参与 ISO 14001 环保认证；与他人共享废物处理厂；使用别的公司的废物；对废物进行循环利用以生产出环境友好型产品⑥；不使用有害或者被限制的原料；使废弃物实现内部循环以产生最低量的废弃物⑦；在生产过程中加入减少环境有害物质的绿色设计；在生产过程中加入有关水循环和废弃物减少的设计⑧；生态包装；使用可回收、再利用、再循环包装⑨；节能硬件及数据中心的

① AZEVEDO S G, CARVALHO H, MACHADO V C. The influence of green practices on supply chain performance：a case study approach [J]. Transportation research part E, 2011, 47（6）：850-871.

② ROSTAMZADEH R, GOVINDAN K, ESMAEILI A, et al. Application of fuzzy VIKOR for evaluation of green supply chain management practices [J]. Ecological indicators, 2015, 49（1）：188-203.

③ WIENGARTEN F, PAGELL M, AHMED M U, et al. Do a country's logistical capabilities moderate the external integration performance relationship?［J］. Journal of operations management, 2014, 32（1-2）：51-63.

④ KARIA N, ASAARI M H A H. Transforming green logistics practice into benefits：a case of third-party logistics（3PLs）[C].［s. n.］：International Conference on Industrial Engineering and Operations Management. Kuala Lumpur, 2016.

⑤ OLUGU E U, WONG K Y, SHAHAROUN A M. Development of key performance measures for the automobile green supply chain [J]. Resources, conservation & recycling, 2011, 55（6）：567-579.

⑥ MAZUMDER L T, HASAN S, RAHMAN M L. Hexavalent chromium in tannery solid waste based poultry feed in Bangladesh and its transfer to food chain [J]. IOSR journal of environmental science, toxicology and food technology, 2013, 3（1）：44-51.

⑦ DAM L, PETKOVA B N. The impact of environmental supply chain sustainability programs on shareholder wealth [J]. International journal of operations & production management, 2014, 34（5）：586-609.

⑧ BÜYÜKÖZKAN G, ÇIFÇI G. A novel hybrid MCDM approach based on fuzzy DEMATEL, fuzzy ANP and fuzzy TOPSIS to evaluate green suppliers [J]. Expert systems applcations, 2012, 39（3）：3000-3011.

⑨ HSU C C, TAN K C, ZAILANI S H M. Strategic orientations, sustainable supply chain initiatives, and reverse logistics：empirical evidence from an emerging market [J]. International journal of operations & production management, 2015, 36（1）：86-110.

使用；使用 IT 产品生态标签；购买环境友好型的原材料。

从多位前人的研究成果可以看出，关于环境方面的共同性的评价指标有以下几个：在能源消耗方面、废弃物处理方面，由 3R 演变而来的 4R（reduce、reuse recycle、replace，即减量、重复利用、再循环、能源回收利用），消费者和厂商的环保意识，环保材料使用以及碳排放等。

（2）经济和社会方面的评价指标

Chardine-Baumann 和 Botta-Genoulaz（2014）与 Boukherroub 等（2015）均提出要考虑经济方面的评价，需要从以下几个方面进行：可靠性、响应性、柔性、质量和财务状况[1][2]。

Ramezankhani 等（2018）认为，经济方面的评价指标有：责任、可靠性、柔性、合作伙伴关系、时间和速度、敏感性、质量和生产力、适应性、兼容性、主动行为、投资回报、销售量、时间效率、一体化、对消费者需求的快速反应、供应商表现、成本、资产、稳定性、责任感、资源、产量、创新、信息等；社会方面的评价指标有：顾客满意度、ISO 14001认证、工作安全、职业伤害与疾病、培训教育与社区发展、工人安全与劳动健康等[3]。

Matos 和 Hall（2007）认为社会方面的评价有以下指标：健康和安全、机会均等和多样性、工作岗位、提高/转移到当地社区的知识、潜在负面影响、当地社区的健康和安全、利益相关者、利益相关者参与满意度[4]。

从上述学者的研究结果来看，经济评价方面的共同指标有财务状况、可靠性、柔性、质量、产值等，社会评价方面的共同指标有工作环境、就业、满意度等。

---

① CHARDINE BAUMANN E, BOTTA GENOULAZ V. A framework for sustainable performance assessment of supply chain management practices [J]. Computers & industrial engineering, 2014, 76（C）：138-147.

② BOUKHERROUB T, RUIZ A, ALAIN GUINET, et al. An integrated approach for sustainable supply chain planning [J]. Computers & operations research, 2015（54）：180-194.

③ RAMEZANKHANI M J, ALI TORABI S, VAHIDI F. Supply chain performance measurement and evaluation：a mixed sustainability and resilience approach [J]. Computers & industrial engineering, 2018, 126（1）：531- 548.

④ MATOS S, HALL J. Integrating sustainable development in the supply chain：the case of life cycle assessment in oil and gas and agricultural biotechnology [J]. Journal of operations management, 2007, 25（6）：1083-1102.

5.2.1.3 产业融合评价综述

在中国知网输入"融合评价""体育产业评价""人工智能评价"等主题词，出现较多的文献是"体育产业与某某产业的融合评价"方面的内容，单纯关于"人工智能评价"的文献比较少，更多的是"人工智能在某个领域应用的评价"研究。而有关"人工智能与体育产业评价"或者"人工智能与体育服务业评价"的文献也不算多。总体来看，有关融合评价方面的研究主要涉及以下内容：

（1）采用定量方法进行产业融合评价的研究

杨梅等（2021）综合运用 DEA（数据包络分析法）和 FSQCA（模糊集定性比较分析法）对我国武陵山片区的 37 个区（市、县）2015—2020年的农业产业与旅游产业融合发展后的脱贫效率进行评价，根据模型计算结果识别主要的影响因素[①]。陈志莹和邵战林（2021）运用灰色关联分析对新疆乌鲁木齐农村一、二、三产业 2014—2018 年的融合发展基础、关联度、模式及困境等进行评价研究[②]。王婵（2021）在其论文中重点对我国体育产业与旅游产业的融合度进行了测量与评价，运用熵值法、空间相关性分析法、协调度模型对 2010—2019 年我国 31 个省（自治区、直辖市）（除港、澳、台）的体育产业与旅游产业的融合度进行测量，并构建了体旅融合评价指标体系，动态分析了各个省（自治区、直辖市）体旅融合程度变化情况，并对影响二者融合的因素进行了提炼分析[③]。刘龙飞（2021）在其论文中重点研究了我国体育产业与健康产业的融合问题，运用灰色关联分析、VAR 向量自回归模型、耦合协调模型、熵值法等对我国 31 个省（自治区、直辖市）（除港、澳、台）2010—2019 年的体育产业与健康产业之间的融合度进行测量，并对融合现状进行了评价[④]。贾磊等（2021）运

---

① 杨梅，李梦丽，等. 武陵山片区农旅融合脱贫效率评价及组态因素分析［J］. 资源开发与市场，2022（2）：217-223.

② 陈志莹，邵战林. 乡村振兴战略下乌鲁木齐县农村一二三产业融合程度评价［J］. 科技和产业，2021，21（6）：305-310.

③ 王婵. 我国体育产业与旅游产业融合测度与评价［D］. 太原：山西财经大学，2021.

④ 刘龙飞. 我国体育产业与健康产业融合评价与对策研究［D］. 太原：山西财经大学，2021.

用耦合协调模型对部分城市体育旅游与文化产业的融合程度进行了评价①。

（2）建立评价指标体系进行产业融合评价的研究

赵俊远（2021）在文化产业和旅游产业融合的背景下，通过构建非遗资源富集度、非遗资源载体、非遗资源投资潜力3个一级指标，非遗数量、非遗多样性、非遗级别优势度、非遗类别优势度、传统聚落数量、人文景区优势度、自然景区优势度、非遗聚集区与城市关系、投资能力、旅游服务水平、交通条件11个二级指标对河南省信阳市主城区和所辖8个县区的非遗资源旅游开发潜力进行综合评价②。陈波和刘宇（2021）通过构建三级指标体系对我国文化产业与旅游产业的融合问题进行了评价研究。一级评价指标包括文化旅游体制融合效率、文化旅游市场活力、文化旅游公共服务效能、文化旅游融合支撑体系，二级评价指标共计14个，三级评价指标共计29个③。向从武（2021）通过构建一套三级指标体系对四川省农村产业融合发展情况进行综合评价。一级评价指标包括农村产业融合行为和农村产业融合效益2个，二级评价指标包括农业多功能性发挥、农业产业链延伸、农民增收、农业增效以及城乡融合5个，三级评价指标包含人均休闲农业产值在内的16个指标④。沈绮云等（2021）通过构建三级指标体系对产教融合的目标达成度进行了综合评价⑤。

从上述有关产业融合评价的文献来看，有不少文献是围绕发生融合现象的两个产业，运用一定的定量计算方法，通过构建专属的指标体系来进行评价研究，这为本部分研究内容的开展提供了有益的参考。但同时，通过梳理筛选大量的相关文献，笔者也发现，针对产业融合的评价研究，其指标体系更多地偏向于经济维度，无论是什么产业之间的融合，经济维度

---

① 贾磊，聂秀娟. 体育旅游与文化产业耦合协调发展评价研究 [J]. 体育科学研究，2021，25（3）：11-19.

② 赵俊远. 文旅融合视角下信阳市非遗资源旅游开发潜力评价与发展对策 [J]. 南阳师范学院学报，2021，20（6）：7-14.

③ 陈波，刘宇. 文化和旅游融合指数评价体系研究基于全国31个省（市、区）的考察 [J]. 学习与实践，2021（11）：129-140.

④ 向从武. 四川省农村产业融合发展评价及空间分异研究 [J]. 中国农业资源与区划，2021，42（8）：226-233.

⑤ 沈绮云，欧阳河，等. 产教融合目标达成度评价指标体系构建：基于德尔菲法和层次分析法的研究 [J]. 高教探索，2021（12）：104-109.

的指标都是重点，这可能和经济维度指标比较直观且容易量化有关。部分文献构建的评价指标体系也涉及社会维度，比如上述的"文旅融合公共服务效能"这一指标。而涉及环境维度评价指标的文献就相对比较少了。从笔者查阅的文献来看，较少有文献同时涉及经济维度、社会维度和环境维度的评价指标。

当前，人工智能产业发展势头迅猛，其他产业争先恐后地想要与之交叉共融，以便催生出新的活力，而有望成为国民经济支柱性产业的体育产业也呈现出蓬勃发展态势。"强"与"强"之间的融合是不是一定就是更强？回答这个问题我们必须慎重。二者之间的融合如果只考虑经济维度的评价，势必在我国新兴产业可持续发展道路上埋下诸多隐患。因此，结合人工智能产业的特征和体育服务业发展现状，笔者认为非常有必要建立一个专门针对人工智能与体育服务业融合发展的可持续评估框架。从有关可持续发展的研究成果来看，包含三个维度的评估指标体系和科学的研究方法都是必不可少的。通过该评估框架的制定，希望能够为新兴产业之间的可持续融合发展提供有用的参考。

5.2.2 评价模型

在现实背景下，想要通过精确的语言和工具对某一事件进行评价是比较困难的，因为现实中许多信息都是模糊的，即一个研究对象是否符合这个本身就模糊的概念难以确定；同样地，人工智能与体育服务业融合的评价，也很难获得精确的数字信息。多属性决策评估在相互冲突、不可公度的有限方案集中进行方案评判、排队和选优具有强大功能。在本章，笔者运用模糊 AHP 来确定人工智能与体育服务业融合标准的权重，运用模糊 TOPSIS 来进行四大备选方案的排序。

5.2.2.1 框架结构

本部分的研究计划分为两个步骤进行，具体见图 5.2。

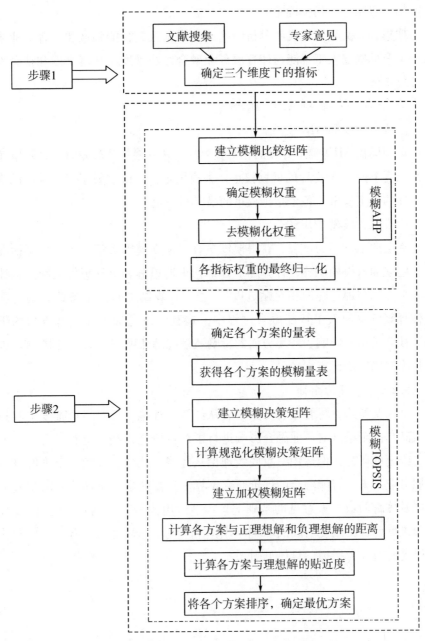

图 5.2 基于模糊 AHP–TOPSIS 评价的研究步骤

第一步骤——指标确定。

搜集相关文献，在文献分析的基础上根据人工智能领域和体育产业领域专家意见确定人工智能与体育服务业融合经济维度、环境维度和社会维度评价指标。

第二步骤——模糊 AHP-TOPSIS。

阶段一，模糊 AHP。

运用模糊 AHP 确定等级的相对重要性，建立模糊比较矩阵，计算隶属三个维度下的 N 个指标的模糊权重，去模糊化，获得隶属于三个维度的 N 个指标的确定权重，各个指标权重的最终归一化。

阶段二，模糊 TOPSIS。

确定四个方案的量表，获得模糊量表，建立模糊决策矩阵，矩阵标准化，建立加权模糊矩阵，计算各个方案到正理想解和负理想解的距离，计算各个方案与理想解的相对贴近度[①]，根据计算结果对四个备选方案（即在体育服务业与人工智能融合过程中，政府应该更加关注经济方面的影响、社会负面的影响、环境方面的影响还是统筹兼顾三个方面的影响）进行排序并确定最优方案。

5.2.2.2　评价指标

如前文所述，尽管已有专家学者从经济、环境、社会三个维度中取其一或其二两个维度对产业融合影响进行了评价研究，甚至也有学者进行了三个维度的研究，但运用三重底线理论从经济、社会、环境三个维度对体育服务业与人工智能融合的评价研究不算多。在搜集大量评价专家和人工智能及体育领域专家意见的基础上，本书运用德尔菲法构建了经济维度、环境维度和社会维度所属的 18 个具体评价指标，经济维度、环境维度和社会维度各有 6 个指标，具体见图 5.3。

[①] 岳超源. 决策理论与方法 [M]. 北京：科学出版社，2003：206-220.

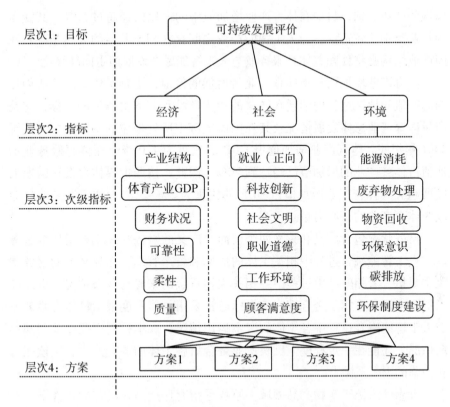

图 5.3　体育服务业与人工智能融合评价层次结构

（1）经济维度

经济维度是国家发展与社会进步最不可缺失的维度，被一些学者认为是一切评价研究中最重要的维度，经济基础决定上层建筑，经济影响在某种意义上可以说是评价体育服务业与人工智能融合是否成功的重要标准，是影响体育服务业和人工智能产业是否愿意参与融合的重要因素。本部分经济维度的评价指标有 6 个，分别是：产业结构（industrial structure，C_{11}）、体育产业增加值（added value of sports industry，C_{12}）、财务状况（C_{13}）、可靠性（Reliability，C_{14}）、柔性（Flexibility，C_{15}）、质量（Quality，C_{16}）。

产业结构是指一、二、三产业分别在国民经济中所占的比重，产业结构高级化往往伴随着第三产业所占比重逐步提高的过程，体育产业作为第三产业中的新兴产业业态，必将成为国民经济新的增长点，会在我国产业结构高级化的过程中做出重要贡献，而体育服务业是体育产业中最具体育属性的产业类别，目前在体育产业增加值中的占比已经超过50%，其涵盖的行业类别比较宽泛，与人工智能产业之间存在相融共生的天然基础，我国产业结构必将伴随着体育服务业与人工智能融合发展而走向高级化。

体育产业增加值是指体育产业新增加的价值，也是指体育产业所创造的总产值扣掉该过程中消耗和转移的物质产品和劳务价值后的余额，它是衡量体育产业总体发展情况及其在国民经济中所处地位的重要指标。截至2021年年底，体育产业增加值占GDP的比重为1.07%，而体育服务业增加值占体育产业的增加值已经达到70%。因此，按照世界体育发达国家的发展趋势（体育产业增加值占GDP的比重为2%~3%），体育服务业将会成为体育产业的核心力量。

财务状况包含广义和狭义两个层面。广义的财务状况主要指体育服务业与人工智能融合过程中相关主体的成本和资产管理，而狭义上的财务状况主要指二者相融共生过程中各相关主体资金的来源与分布情况，重点在于资金来源与占用是否合理。该指标通常采用价值尺度来衡量体育服务业与人工智能融合过程中各主体的资金运用情况、成本控制情况以及利润实现情况，还能在一定程度上反映产业融合后各主体的盈利能力、偿债能力和面临的财务风险①。

可靠性来源于实物产品领域，原意是指有形产品在既定的条件下，在既定的时间内，完成既定功能的能力。而在此处，可靠性指体育服务业与人工智能融合过程中各相关主体的顾客或产品使用者对各相关主体提供的系列产品的满意程度及对各相关主体的信任程度。比如，智能体育场馆建设是否达到预期效果（尤其指没有出现负面影响）、赛事物资是否在规定时间到位、比赛项目是否在预定日程开始、赛事服务产品是否按规定提供等。

柔性指标衡量体育服务业与人工智能融合过程中相关主体快速响应外部条件变化的能力，从其英文术语"flexibility"来看，包含相关主体灵活地适应市场外部条件变化并做出相应反应的含义。体育服务业与人工智能融合后会形成许多新的业态和服务，这些新业态和服务必须做到对各种突发事件迅速反应并及时采取相应措施保证业务顺利开展并完成预定的目

① SARKIS J, DILEEP G DHAVALE. Supplier selection for sustainable operations: a triple-bottom-line approach using a bayesian framework [J]. International journal of production economics, 2015 (166): 177-191.

标。以体育赛事+人工智能为例，柔性是指从体育赛事准备阶段开始，到比赛结束期间，赛事组委会等相关方面具备的对各种突发事件迅速反应并采取相应措施保证赛事顺利进行的能力。

质量评价包含了社会性、经济性和系统性三个层面的内涵。融合评价的社会性层面不仅仅从顾客（或受众）角度出发考虑问题，而是从整个社会的角度出发来进行有关安全、环境、生态等方面的评价。经济性层面评价则强调对融合后的结果不仅仅只注重技术方面的先进性，还要考虑成本、资源消耗、价格及使用价值等方面，系统性层面评价则强调融合评价本身是一个复杂系统，需要实现多维度的评价目标。

（2）环境维度

环境维度的指标是可持续发展理念中重要的内容，尤其是在新旧技术更迭的背景下，新技术与产业的融合会带来诸多影响，最显性的是经济影响，其次是社会影响，而最不显性则是环境影响。体育服务业与人工智能融合评价的环境维度包括以下 6 个指标：能源消耗（emergy comsumption，C_{21}）、废弃物处理（waste disposal，C_{22}）、物资回收（material recycling，C_{23}）、环保意识（environmental consciousness，C_{24}）、碳排放（carbon emission，C_{25}）、环保制度建设（system construction of environmental protection，C_{26}）。

能源消耗指人类从事生产活动和生活所消耗的能源，是环境维度评价指标中最常用的指标。在体育服务业与人工智能融合过程中的能源消耗，主要指各相关主体在人工智能模型研发、产品生产和服务提供过程中各个环节、各个节点消耗掉的水资源、电力资源、天然气、石油、煤炭等能源。比如，半导体领域的大型供应商 Applied Materials 的首席执行官加里·迪克森（Gary Dickerson）就曾经大胆预测过，到 2025 年，数据中心的人工智能运转会因为材料、芯片制造和设计方面缺乏重大创新而占用全球10% 的电量。

废弃物处理是工业发展到一定程度必然要面临的问题，主要指产品和原材料在使用后的无害化处理。人工智能行业或体育服务业均会在一定程度上产生大量废弃物，二者融合之后，更是会制造和产生大量的废弃物，包括固体废弃物、液体废弃物和气体废弃物。而环境维度的考量要求就是在废弃物处理过程中把对环境的影响降低到最低程度。

物资回收评价指标与上一个废弃物处理指标息息相关，因为如果物资回收工作做得好，会在很大程度上减轻废弃物处理工作量。人工智能技术注入体育服务业之后，可能会极大地刺激体育消费需求，无形中会加大体育物资消耗量，与之相伴随的是产生大量等待回收或处理的物资。如果能够把物资回收工作提前规划好，那就可以最大限度地减少资源浪费和环境污染。

环保意识包含两个层面的含义：一是人类对所居住环境本身的认识，二是人类自觉保护环境的主观意识。在体育服务业与人工智能融合发展的过程中，政府主管部门及各相关主体的环保意识是不可缺少的，如果环保意识在融合行为的开始阶段就缺位的话，那么伴随着人工智能与体育服务业的深度融合，环境问题会越发严重。

碳排放伴随着环境污染的加剧而日益成为人类共同关注的问题。当体育产业还沉浸在自我属于低碳环保产业的喜悦中时，世界各国在大型体育赛事过程中频繁暴露出来的污染问题，无疑给我们敲响了警钟。而人工智能带来的碳排放问题也让我们不得不提高警惕。比如，美国萨诸塞大学阿默斯特校区的学者研究认为人工智能模型在其训练周期内排放的二氧化碳高达 626 000 磅（1 磅＝0.454 千克），这个排放量可以等同于普通汽车寿命周期所产生的碳排放量的 5 倍。从环境保护的视角来审视体育服务业与人工智能的融合，才可能让我们更好地享受二者融合带来的可持续性利益。

环保制度建设是环境维度评价指标体系构建的基础。环境保护需要依靠制度建设来推动，在体育服务业与人工智能催生出系列新业态之初，就应进行相应的环保制度建设，以防患于未然，避免走先污染、后治理的老路。

（3）社会维度

社会维度的指标是用于评价相关主体社会绩效的全球性指标，它主要针对相关主体的经营管理活动对其他利益相关者造成的社会影响进行评估。体育服务业与人工智能的融合势必会给社会带来巨大显性和隐性的影响。一个有社会责任感的主体，会努力在增大自身利益的同时增加社会收益。该部分的社会维度包含 6 个具体指标，分别是：就业（employment，C_{31}）、工作环境（working condition，C_{32}）、顾客满意度（customer satisfaction，C_{33}）、科技创新（technological innovation，C_{34}）、社会文明（social civilization，C_{35}）、职业道德（professional ethics，C_{36}）。

就业（积极影响）不仅具有经济层面的意义，更具有社会层面的意义。就业使得活劳动与物质资料相结合，从而创造出社会所需要的所有物质产品和精神产品。因此，就业是社会维度评价指标中最重要的指标。关于人工智能技术注入体育服务业之后对就业的影响结果，观点不甚统一，本部分仅评价二者融合产生新业态之后对就业的正面影响。

工作环境可以从广义和狭义两个层面来理解。广义的工作环境指与开展工作有关的各种社会环境和物理环境，狭义的工作环境指工作场所的设施、硬件条件、工作强度和劳动时间等。无论广义的还是狭义的工作环境，均在很大程度上决定了员工对工作的满意程度。

顾客满意度指对所有顾客满意程度的衡量指标。该指标数据通常通过随机调查方式获取样本数据，运用加权平均法对顾客满意度指标的打分进行计算得出相应结果。该指标不仅要求了解外部顾客（消费者、群众）的满意度，还要求了解内部顾客（员工）的满意度，以发现各相关主体在为顾客创造价值及传递信息方面存在的问题，并以全面提升顾客满意度为目标去分析并解决这些问题。在所有顾客满意度指标中，信息安全和隐私等是顾客重点关注的内容。

科技创新能力目前已经成为各个国家综合国力竞争的决定性因素。众所周知，科技创新对经济发展和社会进步具有先导性和全局性影响，增强科技创新能力直接关系到中华民族的兴衰存亡。毫无疑问，人工智能的发展，可以促进体育科学技术创新与发展，让体育产业安上腾飞的翅膀。

社会文明是社会维度中的重要评价指标。社会文明一般来说包括社会物质文明、政治文明和精神文明。物质文明为精神文明和政治文明提供现实基础，精神文明为政治文明、物质文明发展提供智力支持和精神动力。在体育服务业与人工智能融合发展过程中，尤其要关注政治文明和精神文明方面的尺度把握，要将二者融合产生的一切后果控制在社会文明可接受范围之内。

职业道德指标与社会文明指标有较强的关联度。职业道德指标有广义和狭义之分：狭义的职业道德一般指在某个具体的职业活动中必须遵守的职业行为准则和规范；广义的职业道德泛指所有从业人员在各自职业活动中应该遵循的行为准则，包括从业人员与顾客之间、不同职业之间、职业与员工之间的关系。该指标在人工智能涉及的领域尤其显得重要，因为在人工智能领域工作人员掌握了大量社会及个体信息，职业道德的约束是保证人工智能相关行业可持续发展的基础和前提。

5.2.2.3　评价方法选用

Lima（2017）等人对 1995 年以来发表的 84 篇有关绩效评价的文献进行了梳理，这些文献来源于 Science Direct、Scopus、Emerald Insight 和 IEEE Xplore©数据库。他发现，在这些文献中对于绩效评价尽管不同学者使用了不同的评价方法，但 AHP 和 DEA 是使用频率最高的方法，而成对比较和模糊集合论是处理不确定性问题的主流基础理论①。

（1）模糊 AHP（FAHP）

FAHP（fuzzy analytical hierarchy process）是 20 世纪 70 年代美国运筹学家 T. L. Saaty 教授提出的一种系统分析方法，他将定性与定量工具很好地结合在一起，克服了传统层次分析法中存在的问题，一定程度上改善了决策的可靠性。大量的研究已经证明，模糊 AHP 在解决现实领域的多属性决策问题上具有一定优势，被广泛运用于各种评价决策。

AHP 最大的不足之处在于某个层级的评价指标达到 4 个以上的时候难以保证其思维层面的一致性，但如果将模糊理论与 AHP 的优点相结合起来，用 FAHP 则能较好地解决这一问题。FAHP 能够较好地解决来自专家的不确定性和不精确的语言判断变量②。

在体育服务业与人工智能融合评价决策活动中，由于许多影响决策的因素具有不确定性和模糊性，将模糊集理论和层次分析法相结合的模糊 AHP 是模糊环境下有关多属性决策的一个非常有用的方法。模糊 AHP 的多准则决策要求运用科学方法对模糊成对比较矩阵给予权重，传统的 AHP 的权重可以被认为是"点"的值，而模糊 AHP 可以将这些"点"扩展成"线"甚至"面"，这样就可以更加准确地估计多属性决策并对其进行比较③。因此，在本章运用模糊 AHP 方法来确定体育服务业与人工智能融合评价的指标权重。表 5.1 给出了两个指标之间相对重要性的模糊度量。表 5.2 给出了语言变量的评级。

---

① LIMA JUNIOR F R, CARPINETTI L C R. Quantitative models for supply chain performance evaluation: a literature review [J]. Computers & industrial engineering, 2017, 113 (1): 333-346.

② MARDANI A, JUSOH A, ZAVADSKAS E K. Fuzzy mul - tiple criteria decision - making techniques and applications-two decades review from 1994 to 2014 [J]. Expert systems with applications, 2015, 42 (8): 4126-4148.

③ WANG Y M, CHIN K S. Fuzzy analytic hierarchy process: a logarithmic fuzzy preference programming methodology [J]. International journal of approximate reasoning, 2011, 52 (4): 541-553.

表 5.1　相对重要性成对比较矩阵的度量

标度	语言变量	隶属函数
$\tilde{1}$	同等重要	(1, 1, 1)
$\tilde{2}$	两者的重要性介于 $\tilde{1}$ 和 $\tilde{3}$ 之间	(1, 2, 3)
$\tilde{3}$	一个比另一个稍微重要	(2, 3, 4)
$\tilde{4}$	两者的重要性介于 $\tilde{3}$ 和 $\tilde{5}$ 之间	(3, 4, 5)
$\tilde{5}$	一个比另一个明显重要	(4, 5, 6)
$\tilde{6}$	两者的重要性介于 $\tilde{5}$ 和 $\tilde{7}$ 之间	(5, 6, 7)
$\tilde{7}$	一个比另一个强烈重要	(6, 7, 8)
$\tilde{8}$	两者的重要性介于 $\tilde{7}$ 和 $\tilde{9}$ 之间	(7, 8, 9)
$\tilde{9}$	一个比另一个极端重要	(8, 9, 10)

表 5.2　语言变量的评级

语言变量	三角模糊数
很差（VP）	(0, 0, 1)
差（P）	(0, 1, 3)
中等差（MP）	(1, 3, 5)
一般（F）	(3, 5, 7)
中等好（MG）	(5, 7, 9)
好（G）	(7, 9, 10)
很好（VG）	(9, 10, 10)

（2）模糊 TOPSIS（FTOPSIS）

FTOPSIS（fuzzy technique for order performance by similarity to ideal solution）是数学方法中最常用的方法，其核心思想是通过同时测量每个方案到正理想解和负理想解的距离来选择最优解，此方法比较适合解决模糊环境下现实问题的应用问题。正理想解是决策者最喜欢的解，它可以最大化收益和最小化成本；而负理想解是决策者最不喜欢的解，因为它最大化成本并最小化收益。因此，该方法选择出来的方案距离正理想解最近而距离负理想解最远。体育服务业与人工智能融合评价是模糊多属性决策问题，将模糊理论与 TOPSIS 结合起来，可以在很大程度上避免定性方法的客观性和定量方法的主观性，充分发挥其解决多属性决策问题的优势。近年来，模糊 TOPSIS 被广泛运用于可持续发展背景下供应商选择与评价及综合绩效评价领域。

5.2.3 应用分析

以上述研究框架为基础，对我国体育服务业与人工智能融合现象进行评价，为政府相关部门产业融合发展提供方案选择参考。人工智能是计算机科学的一个分支，是极具挑战性的学科，它将对各行各业带来显著的经济影响。正是如此显著的经济影响，让社会对它趋之若鹜，它因此成为时代的宠儿，无论是传统行业还是新兴行业，仿佛只要能和人工智能融合，就一定能带来极大的经济利益。近些年，伴随着体育产业的蓬勃发展，人工智能技术自然而然地找到了与之相融共生的领域，智能场馆、智能可穿戴体育用品、智能体育训练、智能健身等已成为热门词汇，大家为其时尚、高科技特征所吸引。同时，商家也看见了更大的商机，也愿意在"智能+体育"方面进行大手笔投资。如此一来，体育服务业与人工智能的融合呈现出如火如荼的态势。然而，新技术向来是把"双刃剑"，要实现体育服务业与人工智能的可持续性融合发展，政府部门及各相关主体单位必须建立三重底线思维，只有同时关注经济、社会及环境三个方面，二者的融合发展才能在可持续发展的轨道上。

5.2.3.1 指标方案及模糊算法

本部分的 18 个绿色可持续指标是通过汇总搜集文献和专家意见后运用德尔菲法确定的。专家团队由 5 人构成，分别是人工智能实践领域专家 1 人，高等体育院校体育产业专业教授 1 人，高等院校计算机相关领域专家 1 人，体育实践领域专家 1 人，国家体育总局专家 1 人。专家团队的组成情况如表 5.3 所示。

表 5.3　专家组组成情况

专家	单位	专家	单位
王某	上海铭泰赛车运动有限公司	朱某某	国家体育总局
樊某某	清华大学　副教授、博士后	刘某	成都体育学院
杨某某	挪威奥斯陆 SPT Group AS 工程师、博士后		

体育服务业与人工智能融合评价分为 4 个层次，分别是目标层、指标层、次级指标层和方案层。可持续发展评价是第一层，经济、环境、社会三个维度构成第二层，三个维度各自所辖的 6 个指标共计 18 个指标构成第三层，最后一层是 4 个方案层。

x 中的模糊集 $\tilde{A}$ 可以定义为：

$$\tilde{A} = \{x, u_A(x)\}, \ x \in X, \tag{5.1}$$

$u_A(x)$ 的值越接近 1，则 x 越属于 $\tilde{A}$。若 $u_A(x)$ 的值越接近 0，则 x 越不属于 $\tilde{A}$。

三角模糊数 $\tilde{A}$ 表示为 (l, m, u)。参数 l、m、u 分别表示模糊事件所支撑的上界、中值和下界，其数学表达式如下：

$$u_A(x) = \begin{cases} 0, & x < l \\ \dfrac{x - l}{m - l}, & l \leqslant x < m \\ \dfrac{u - x}{u - m}, & m \leqslant x < u \\ 0, & x \geqslant u \end{cases} \tag{5.2}$$

其中，l、m、u 是实数，且满足 $l \leqslant m \leqslant u$。

在有些情况下，如果参数的取值范围为 [a, b]，最可能的范围是 [c, d]，那么这种模糊参数需要用梯形模糊数表示，而梯形模糊隶属度函数的实质可以看成三角模糊隶属度函数的扩展，其数学表达形式如下：

$$u_{\tilde{A}}(x) = \begin{cases} 0, & x < a \\ \dfrac{x - a}{c - a}, & a \leqslant x \leqslant c \\ 1, & c \leqslant x \leqslant d \\ \dfrac{x - b}{d - b}, & d \leqslant x \leqslant b \end{cases} \tag{5.3}$$

如果 $\tilde{A}_1 = (l_1, m_1, u_1)$ 和 $\tilde{A}_2 = (l_2, m_2, u_2)$ 是两个三角模糊数，则其加法、乘法、减法、除法和倒数的运算规则表达如下：

$$\tilde{A}_1 + \tilde{A}_2 = (l_1, m_1, u_1) + (l_2, m_2, u_2) = (l_1 + l_2, m_1 + m_2, u_1 + u_2)$$

$$\tilde{A}_1 \times \tilde{A}_2 = (l_1, m_1, u_1) \times (l_2, m_2, u_2) = (l_1 l_2, m_1 m_2, u_1 u_2)$$

$$\lambda \times \tilde{A}_2 = \lambda \times (l_2, m_2, u_2) = (\lambda l_2, \lambda m_2, \lambda u_2)$$

$$\tilde{A}_1 - \tilde{A}_2 = (l_1, m_1, u_1) - (l_2, m_2, u_2) = (l_1 - l_2, m_1 - m_2, u_1 - u_2)$$

$$\tilde{A}_1 \div \tilde{A}_2 = (l_1, m_1, u_1) \div (l_2, m_2, u_2) = (l_1 \div l_2, m_1 \div m_2, u_1 \div u_2)$$

$$\frac{1}{\tilde{A}_1} = \left(\frac{1}{l_1}, \frac{1}{m_1}, \frac{1}{u_1} \right) \tag{5.4}$$

$\tilde{A}_1 = (l_1, m_1, u_1)$ 和 $\tilde{A}_2 = (l_2, m_2, u_2)$ 的距离公式表示如下：

$$d(\tilde{A}_1, \tilde{A}_2) = \sqrt{\frac{1}{3} \left[(l_1 - l_2)^2 + (m_1 - m_2)^2 + (u_1 - u_2)^2 \right]} \tag{5.5}$$

5.2.3.2 绩效权重

每个专家按照表 5.2 的标准对经济、环境、社会三个维度及各自的 6 个具体指标成对给分，接着用几何平均法计算合成成对比较矩阵。

$$\tilde{a}_{ij} = (\tilde{a}_{ij}^1 \otimes \tilde{a}_{ij}^2 \otimes \tilde{a}_{ij}^3 \otimes \tilde{a}_{i\ j}^{\ 4} \otimes \tilde{a}_{ij}^5)^{\frac{1}{5}}$$

$$\tilde{a}_{12} = \left[(4,5,6) \otimes \left(\frac{1}{5},\frac{1}{4},\frac{1}{3}\right) \otimes (6,7,8) \otimes \cdots (6,7,8) \right]^{\frac{1}{5}}$$

$$= \left(4 \otimes \frac{1}{5} \otimes 6 \otimes \cdots \otimes 6\right)^{\frac{1}{5}}, \left(5 \otimes \frac{1}{4} \otimes 7 \otimes \cdots \otimes 7\right)^{\frac{1}{5}}, \left(6 \otimes \frac{1}{3} \otimes 8 \otimes \cdots \otimes 8\right)^{\frac{1}{5}}$$

$$= (1.368\ 6, 1.650\ 5, 2.000\ 0)$$

按照上述的计算方法,可以得到表 5.4 模糊成对比较矩阵里面经济、环境、社会三个维度的元素。

表 5.4　三个维度的模糊成对比较矩阵

维度	经济	环境	社会
经济	(1.000 0,1.000 0,1.000 0)	(1.368 6,1.650 5,2.000 0)	(1.475 7,1.947 3,2.701 9)
环境	(0.500 0,0.605 9,0.730 8)	(1.000 0,1.000 0,1.000 0)	(1.563 1,2.047 7,2.701 9)
社会	(0.370 1,0.513 6,0.677 7)	(0.370 1,0.488 3,0.639 8)	(1.000 0,1.000 0,1.000 0)
权重	(0.460 5,0.459 0,0.458 3)	(0.335 6,0.334 2,0.327 6)	(0.187 8,0.196 2,0.197 7)
MSw	0.456 0	0.332 8	0.193 9

三个维度的模糊权重计算公式与上述计算过程类似,具体计算过程如下:

$$\tilde{r}_1 = (\tilde{a}_{11} \otimes \tilde{a}_{12} \otimes \tilde{a}_{13})^{\frac{1}{3}}$$

$$\tilde{w}_i = \tilde{r}_i / \sum_{i=1}^{n} \tilde{r}_i \tag{5.6}$$

由此计算得到模糊权重:

$$\tilde{w}_1 = (0.460\ 5, 0.459\ 0, 0.458\ 3)$$
$$\tilde{w}_2 = (0.335\ 6, 0.334\ 2, 0.327\ 6)$$
$$\tilde{w}_3 = (0.187\ 8, 0.196\ 2, 0.197\ 7)$$

接下来,对模糊权重采用模糊平均和扩散方法去模糊化处理,计算公式如下:

$$\mathrm{MS}\tilde{w}_i = (lw_i + mw_i + uw_i)/3 \tag{5.7}$$

由此得到三个维度的去模糊化权重:

$$\mathrm{MS}w_1 = 0.456\ 0$$
$$\mathrm{MS}w_2 = 0.332\ 8$$
$$\mathrm{MS}w_3 = 0.193\ 9$$

运用相同的方法可以计算确定经济维度(表 5.5)、环境维度(表 5.6)和社会维度(表 5.7)各自的模糊成对比较矩阵。综合维度模糊成对比较矩阵和三个维度各自的模糊成对比较矩阵的计算结果,可以获得有关体育服务业与人工智能融合评价的排序结果,呈现在表 5.9 中。

表 5.5　经济维度的模糊成对比较矩阵

	C_{11}	C_{12}	C_{13}	C_{14}	C_{15}	C_{16}
C_{11}	(1.000 0,1.000 0,1.000 0)	(1.059 2,1.496 2,2.168 9)	(0.827 9,1.059 2,1.465 1)	(0.461 1,0.600 0,0.870 6)	(1.212 9,1.655 7,2.220 6)	(0.581 8,0.730 7,1.000 0)
C_{12}	(0.461 1,0.668 3,0.944 1)	(1.000 0,1.000 0,1.000 0)	(0.740 3,0.902 9,1.084 5)	(0.574 3,0.740 2,0.944 1)	(0.870 6,1.059 2,1.302 6)	(0.724 8,0.944 1,1.216 7)
C_{13}	(0.682 6,0.944 1,1.208 0)	(0.922 1,1.107 5,1.351 0)	(1.000 0,1.000 0,1.000 0)	(0.608 4,0.762 2,0.922 1)	(1.888 2,2.930 2,3.287 5)	(1.888 2,2.630 7,3.287 5)
C_{14}	(1.148 7,1.666 7,2.169 0)	(1.059 2,1.351 0,1.741 1)	(1.084 5,1.312 0,1.643 8)	(1.000 0,1.000 0,1.000 0)	(0.561 0,0.724 8,1.000 0)	(1.515 7,1.933 2,2.297 4)
C_{15}	(0.450 3,0.604 0,0.824 6)	(0.517 3,0.654 4,0.821 9)	(0.244 2,0.326 4,0.500 0)	(0.698 8,0.935 0,1.245 8)	(1.000 0,1.000 0,1.000 0)	(1.360 8,1.888 2,2.550 8)
C_{15}	(1.000 0,1.368 5,1.718 8)	(0.854 8,1.025 2,1.239 7)	(0.304 2,0.380 1,0.529 6)	(0.435 3,0.517 3,0.659 8)	(0.488 3,0.698 8,0.821 9)	(1.000 0,1.000 0,1.000 0)
W	(0.168 4,0.168 8,0.180 2)	(0.147 7,0.145 3,0.144 6)	(0.220 4,0.224 9,0.214 4)	(0.213 3,0.210 5,0.207 7)	(0.128 7,0.129 8,0.136 3)	(0.128 3,0.127 0,0.126 3)
MSw	0.172 5	0.145 8	0.219 9	0.210 5	0.131 6	0.127 2

表 5.6　环境维度的模糊成对比较矩阵

	C_{21}	C_{22}	C_{23}	C_{24}	C_{25}	C_{26}
C_{21}	(1.000 0,1.000 0,1.000 0)	(1.397 6,1.903 7,2.825 2)	(1.844 2,2.571 8,3.565 2)	(0.650 7,0.802 7,1.084 5)	(1.475 8,1.621 2,1.782 6)	(0.740 2,0.964 2,1.351 0)
C_{22}	(0.441 0,0.457 3,0.659 7)	(1.000 0,1.000 0,1.000 0)	(1.319 6,1.475 8,1.643 8)	(0.574 4,0.689 2,0.870 6)	(0.608 4,0.802 7,0.891 3)	(0.500 0,0.581 8,0.698 9)
C_{23}	(0.349 4,0.338 5,0.500 0)	(0.608 4,0.677 9,0.757 9)	(1.000 0,1.000 0,1.000 0)	(0.720 8,0.796 2,0.891 3)	(0.922 1,1.134 0,1.643 8)	(0.802 8,1.000 0,1.245 7)
C_{24}	(1.148 7,1.084 5,1.417 2)	(1.148 7,1.450 9,1.741 2)	(1.121 9,1.255 9,1.387 6)	(1.000 0,1.000 0,1.000 0)	(1.431 0,1.813 2,1.643 8)	(0.802 8,1.037 1,1.245 7)
C_{15}	(0.561 0,0.616 9,0.677 7)	(1.122 0,1.496 3,2.047 7)	(0.608 4,0.832 5,1.084 5)	(0.608 4,0.761 0,1.000 1)	(1.431 0,1.431 0,1.000 0)	(0.698 8,0.915 5,1.216 8)
C_{26}	(0.922 2,0.902 9,1.245 7)	(1.431 0,1.718 9,2.000 1)	(0.802 8,1.000 0,1.245 7)	(0.802 7,0.964 2,1.245 7)	(0.821 9,1.059 2,1.431 0)	(1.000 0,1.000 0,1.000 0)
W	(0.208 6,0.219 0,0.233 1)	(0.128 8,0.125 5,0.123 7)	(0.131 2,0.124 5,0.123 7)	(0.206 0,0.201 4,0.187 0)	(0.147 9,0.154 8,0.149 5)	(0.177 6,0.174 8,0.179 7)
MSw	0.220 2	0.126 0	0.127 6	0.198 1	0.150 7	0.177 4

表 5.7 社会维度的模糊成对比较矩阵

	C_{31}	C_{32}	C_{33}	C_{34}	C_{35}	C_{36}
C_{31}	(1.000 0,1.000 0,1.000 0)	(1.888 3,2.501 8,3.103 7)	(0.757 9,1.021 3,1.351 0)	(2.168 9,3.277 2,4.337 9)	(2.297 4,3.017 1,3.650 2)	(1.000 0,1.272 2,1.551 8)
C_{32}	(0.322 2,0.399 8,0.529 7)	(1.000 0,1.000 0,1.000 0)	(0.870 6,1.107 5,1.431 0)	(1.184 7,1.411 4,1.782 6)	(0.802 7,0.964 2,1.245 7)	(1.397 6,1.657 2,2.047 7)
C_{33}	(0.740 2,0.979 1,1.319 5)	(0.698 9,0.902 9,1.148 7)	(1.000 0,1.000 0,1.000 0)	(2.550 8,2.873 8,3.169 8)	(2.000 0,2.750 8,3.776 4)	(1.515 7,1.772 6,2.168 9)
C_{34}	(0.230 5,0.305 1,0.461 1)	(0.561 0,0.708 6,0.844 2)	(0.315 5,0.348 0,0.392 0)	(1.000 0,1.000 0,1.000 0)	(0.698 8,1.000 0,1.431 0)	(0.720 7,0.956 3,1.351 0)
C_{35}	(0.274 0,0.331 4,0.435 3)	(0.802 8,1.037 1,1.245 7)	(0.264 8,0.363 5,0.500 0)	(0.698 8,1.000 0,1.431 0)	(1.000 0,1.000 0,1.000 0)	(0.698 8,0.870 5,1.148 7)
C_{36}	(0.644 4,0.786 0,1.000 0)	(0.488 4,0.603 4,0.715 5)	(0.461 1,0.564 2,0.659 8)	(0.740 2,1.045 6,1.387 6)	(0.870 6,1.148 7,1.431 0)	(1.000 0,1.000 0,1.000 0)
W	(0.264 5,0.275 7,0.273 5)	(0.161 7,0.154 6,0.155 2)	(0.240 2,0.235 2,0.232 9)	(0.099 2,0.099 7,0.103 0)	(0.105 3,0.106 8,0.110 4)	(0.128 4,0.128 0,0.124 9)
MS_W	0.271 2	0.157 2	0.236 1	0.100 8	0.107 5	0.127 1

CR 被用于估计成对比较矩阵的一致性，其值小于 0.1 则表示通过一致性检验，CI 是一致性指标，值越大，矩阵的不一致程度越严重，RI 是随机一致性指标，n 则表示矩阵的大小：

$$CI = \frac{\lambda - n}{n - 1} \qquad (5.8)$$

$$CR = \frac{CI}{RI} \qquad (5.9)$$

随机一致性指标 RI 如表 5.8 所示。

表 5.8　随机一致性指标 RI

n	1	2	3	4	5	6	7	8	9	10	11
RI	0	0	0.58	0.90	1.12	1.24	1.32	1.41	1.45	1.49	1.51

经计算，如表 5.9 所示，上述所有矩阵的一致性比率 CR 均小于 0.1，表明上述模糊成对比较矩阵均通过一致性检验。

表 5.9　体育服务业与人工智能融合评价排序

维度	维度权重	CR	指标	指标权重	指标排序	总权重	总排序
经济	0.456 0	0.034 1	C_{11}	0.172 5	3	0.076 9	3
			C_{12}	0.145 8	4	0.067 0	5
			C_{13}	0.219 9	1	0.101 0	1
			C_{14}	0.210 5	2	0.096 7	2
			C_{15}	0.131 6	5	0.056 7	9
			C_{16}	0.127 2	6	0.058 4	8
环境	0.332 8	0.054 1	C_{21}	0.220 2	1	0.073 2	4
			C_{22}	0.126 0	6	0.041 9	14
			C_{23}	0.127 6	5	0.042 4	13
			C_{24}	0.198 1	2	0.065 9	6
			C_{25}	0.150 7	4	0.050 1	11
			C_{26}	0.177 4	3	0.059 0	7
社会	0.193 9	0.050 9	C_{31}	0.271 2	1	0.052 6	10
			C_{32}	0.157 2	3	0.030 5	15
			C_{33}	0.236 1	2	0.045 8	12
			C_{34}	0.100 8	6	0.019 6	18
			C_{35}	0.107 5	5	0.020 8	17
			C_{36}	0.127 1	4	0.024 6	16

从表5.9可以看出，总排序排在前三位的指标均是经济维度的指标。第一位是经济指标中的"财务状况"，第二位是经济指标中的"可靠性"，第三位是经济指标中的"产业结构"。在18个具体指标中，经济维度的指标总排序均在前10名之内，这从一定程度上说明了体育服务业与人工智能融合可能会在经济层面带来巨大的影响。环境维度的指标总排序在前10之内的有3个，分别是"能源消耗""环保意识"和"环保制度建设"，社会维度指标中仅有"就业"在总排序中位居第10名。这也反映出体育服务业与人工智能融合对环境存在的潜在影响。由于此处的"就业"是考察产业融合带来的积极影响，这个排名也反映出对"就业"这个指标的偏中性特征。

5.2.3.3 方案排序

本部分研究中5名专家的权重在正常情况下是相同的，他们根据表5.2有关语言标量的评级来给出模糊评价矩阵。4个备选方案 A_1、A_2、A_3、A_4 的拟定除了考虑专家组成员意见之外，还考虑了体育服务业及人工智能产业各自的行业主管部门的意见，4个方案的区别在于体育服务业与人工智能产业各自产业特征的差异和二者融合过程中利益相关者群体对不同诉求的侧重。

方案选择的模糊决策矩阵通过如下公式计算得出，结果如表5.10（1-5）：

$$\tilde{x}_{ij} = \frac{1}{5}(\tilde{x}^1{}_{ij} \oplus \tilde{x}^2{}_{ij} \oplus \tilde{x}^3{}_{ij} \oplus \cdots \oplus \tilde{x}^5{}_{ij}) \qquad (5.10)$$

表5.10(1)　备选方案的模糊决策矩阵

	C_{11}	C_{12}	C_{13}	C_{14}
A_1	(6.800 0,7.800 0,8.200 0)	(8.600 0,9.800 0,10.000 0)	(6.000 0,7.600 0,8.600 0)	(4.000 0,5.800 0,7.400 0)
A_2	(2.400 0,4.200 0,6.200 0)	(4.200 0,6.200 0,7.800 0)	(3.400 0,5.400 0,7.200 0)	(5.400 0,7.400 0,8.800 0)
A_3	(3.400 0,5.400 0,7.400 0)	(5.400 0,7.400 0,8.800 0)	(2.000 0,3.800 0,5.800 0)	(6.200 0,8.000 0,9.000 0)
A_4	(5.800 0,7.800 0,9.200 0)	(4.400 0,5.800 0,7.000 0)	(3.200 0,5.000 0,6.800 0)	(4.800 0,6.400 0,7.600 0)

表5.10(2)　备选方案的模糊决策矩阵

	C_{15}	C_{16}	C_{21}	C_{22}
A_1	(3.600 0,5.200 0,6.800 0)	(5.800 0,7.800 0,9.200 0)	(3.200 0,5.000 0,6.800 0)	(2.000 0,3.200 0,4.800 0)
A_2	(4.200 0,6.200 0,8.000 0)	(3.800 0,5.600 0,7.200 0)	(4.400 0,5.800 0,7.000 0)	(5.200 0,6.800 0,8.000 0)
A_3	(4.800 0,6.600 0,8.000 0)	(3.200 0,4.600 0,6.000 0)	(2.400 0,4.200 0,6.200 0)	(3.400 0,5.400 0,7.200 0)
A_4	(4.800 0,6.600 0,8.000 0)	(3.800 0,5.800 0,7.600 0)	(4.200 0,6.000 0,7.600 0)	(4.200 0,6.200 0,7.800 0)

表 5.10(3)　备选方案的模糊决策矩阵

	C_{23}	C_{24}	C_{25}	C_{26}
A_1	(1.400 0,2.800 0,4.600 0)	(1.600 0,2.800 0,4.400 0)	(2.200 0,3.800 0,5.600 0)	(2.200 0,3.800 0,5.600 0)
A_2	(6.600 0,8.400 0,9.400 0)	(6.200 0,8.000 0,9.200 0)	(6.600 0,8.400 0,9.400 0)	(5.600 0,7.000 0,8.000 0)
A_3	(2.600 0,4.000 0,5.600 0)	(3.800 0,5.600 0,7.200 0)	(3.000 0,4.400 0,6.000 0)	(5.200 0,6.800 0,8.000 0)
A_4	(3.400 0,5.400 0,7.200 0)	(5.800 0,7.600 0,8.800 0)	(3.200 0,4.600 0,6.000 0)	(5.800 0,7.400 0,8.400 0)

表 5.10(4)　备选方案的模糊决策矩阵

	C_{31}	C_{32}	C_{33}	C_{34}
A_1	(5.000 0,7.000 0,8.400 0)	(3.600 0,5.200 0,6.800 0)	(3.200 0,4.600 0,6.000 0)	(4.800 0,6.400 0,7.800 0)
A_2	(5.800 0,7.400 0,8.400 0)	(4.000 0,5.600 0,7.000 0)	(4.600 0,6.400 0,7.800 0)	(5.400 0,7.200 0,8.600 0)
A_3	(6.600 0,8.000 0,8.800 0)	(6.600 0,8.400 0,9.400 0)	(4.000 0,5.600 0,7.200 0)	(4.400 0,5.800 0,7.000 0)
A_4	(3.200 0,4.800 0,6.400 0)	(6.200 0,8.000 0,9.200 0)	(4.400 0,6.000 0 ,7.400 0)	(5.400 0,7.400 0,8.800 0)

表 5.10(5)　备选方案的模糊决策矩阵

	C_{35}	C_{36}
A_1	(3.800 0,5.600 0,7.200 0)	(4.000 0,5.600 0,7.000 0)
A_2	(4.200 0,6.200 0,7.800 0)	(3.600 0,5.400 0,7.000 0)
A_3	(5.000 0,6.800 0,8.200 0)	(6.200 0,7.800 0,8.800 0)
A_4	(3.600 0,5.400 0,7.000 0)	(5.000 0,7.000 0,8.400 0)

使用 $\tilde{R} = [\tilde{r}_{ij}]_{m \times n}$ 对上述模糊决策矩阵进行规范化,得到表 5.11 (1–5)。

表 5.11(1)　模糊规范化决策矩阵

	C_{11}	C_{12}	C_{13}	C_{14}
A_1	(0.739 1,0.847 8,0.891 3)	(0.860 0,0.980 0,1.000 0)	(0.697 7,0.883 7,1.000 0)	(0.444 4,0.644 4,0.822 2)
A_2	(0.260 9,0.456 5,0.673 9)	(0.420 0,0.620 0,0.780 0)	(0.395 3,0.627 9,0.837 2)	(0.600 0,0.822 2,0.977 8)
A_3	(0.369 6,0.587 0,0.804 3)	(0.540 0,0.740 0,0.880 0)	(0.232 6,0.441 9,0.674 4)	(0.688 9,0.888 9,1.000 0)
A_4	(0.630 4,0.847 8,1.000 0)	(0.440 0,0.580 0,0.700 0)	(0.372 1,0.581 4,0.790 7)	(0.533 3,0.711 1,0.844 4)

表 5.11(2)　模糊规范化决策矩阵

	C_{15}	C_{16}	C_{21}	C_{22}
A_1	(0.450 0,0.650 0,0.850 0)	(0.630 4,0.847 8,1.000 0)	(0.421 1,0.657 9,0.894 7)	(0.250 0,0.400 0,0.600 0)
A_2	(0.525 0,0.775 0,1.000 0)	(0.413 0,0.608 7,0.782 6)	(0.578 9,0.763 2,0.921 1)	(0.650 0,0.850 0,1.000 0)
A_3	(0.600 0,0.825 0,1.000 0)	(0.347 8,0.500 0,0.652 2)	(0.315 8,0.552 6,0.815 8)	(0.425 0,0.675 0,0.900 0)
A_4	(0.600 0,0.825 0,1.000 0)	(0.413 0,0.630 4,0.826 1)	(0.552 6,0.789 5,1.000 0)	(0.525 0,0.775 0,0.975 0)

表 5.11(3)　模糊规范化决策矩阵

	C_{23}	C_{24}	C_{25}	C_{26}
A_1	(0.148 9,0.297 9,0.489 4)	(0.173 9,0.304 3,0.478 3)	(0.234 0,0.404 3,0.595 7)	(0.261 9,0.452 4,0.666 7)
A_2	(0.702 1,0.893 6,1.000 0)	(0.673 9,0.869 6,1.000 0)	(0.702 1,0.893 6,1.000 0)	(0.666 7,0.833 3,0.952 4)
A_3	(0.276 6,0.425 5,0.595 7)	(0.413 0,0.608 7,0.782 6)	(0.319 1,0.468 1,0.638 3)	(0.619 0,0.809 5,0.952 4)
A_4	(0.361 7,0.574 5,0.766 0)	(0.630 4,0.826 1,0.956 5)	(0.340 4,0.489 4,0.638 3)	(0.690 5,0.881 0,1.000 0)

表 5.11(4)　模糊规范化决策矩阵

	C_{31}	C_{32}	C_{33}	C_{34}
A_1	(0.568 2,0.795 5,0.954 5)	(0.383 0,0.553 2,0.723 4)	(0.410 3,0.589 7,0.769 2)	(0.545 5,0.727 3,0.886 4)
A_2	(0.659 1,0.840 9,0.954 5)	(0.425 5,0.595 7,0.744 7)	(0.589 7,0.820 5,1.000 0)	(0.613 6,0.818 2,0.977 3)
A_3	(0.750 0,0.909 1,1.000 0)	(0.702 1,0.893 6,1.000 0)	(0.512 8,0.717 9,0.923 1)	(0.500 0,0.659 1,0.795 5)
A_4	(0.363 6,0.545 5,0.727 3)	(0.659 6,0.851 1,0.978 7)	(0.564 1,0.769 2,0.948 7)	(0.613 6,0.840 9,1.000 0)

表 5.11(5)　模糊规范化决策矩阵

	C_{35}	C_{36}
A_1	(0.463 4,0.682 9,0.878 0)	(0.454 5,0.636 4,0.795 5)
A_2	(0.512 2,0.756 1,0.951 2)	(0.409 1,0.613 6,0.795 5)
A_3	(0.609 8,0.829 3,1.000 0)	(0.704 5,0.886 4,1.000 0)
A_4	(0.439 0,0.658 5,0.853 7)	(0.568 2,0.795 5,0.954 5)

通过公式 $\bar{V} = [\tilde{v}_{ij}]_{m \times n}$, $i = 1$, 2, $\cdots$, m, $j = 1$, 2, $\cdots$, n 对上述矩阵进行加权归一化处理,可以得到表 5.12 (1-5)。

表 5.12(1)　模糊加权标准化决策矩阵

	C_{11}	C_{12}	C_{13}	C_{14}
A_1	(0.125 5,0.144 2,0.160 3)	(0.127 0,0.142 4,0.144 6)	(0.153 8,0.198 7,0.214 4)	(0.094 8,0.135 7,0.170 8)
A_2	(0.044 3,0.077 6,0.121 2)	(0.062 0,0.090 1,0.112 8)	(0.087 1,0.141 2,0.179 5)	(0.128 0,0.173 1,0.203 1)
A_3	(0.062 7,0.099 8,0.144 6)	(0.079 8,0.107 5,0.127 2)	(0.051 3,0.099 4,0.144 6)	(0.146 9,0.187 1,0.207 7)
A_4	(0.107 0,0.144 2,0.179 8)	(0.065 0,0.084 3,0.101 2)	(0.082 0,0.130 7,0.169 5)	(0.113 8,0.149 7,0.175 4)

表 5.12(2)　模糊加权标准化决策矩阵

	C_{15}	C_{16}	C_{21}	C_{22}
A_1	(0.054 3,0.079 5,0.108 1)	(0.080 9,0.107 6,0.126 3)	(0.087 8,0.144 1,0.208 5)	(0.032 2,0.050 2,0.074 2)
A_2	(0.063 3,0.094 8,0.127 2)	(0.053 0,0.077 3,0.098 9)	(0.120 7,0.167 2,0.214 7)	(0.083 7,0.106 7,0.123 7)
A_3	(0.072 4,0.100 9,0.127 2)	(0.044 6,0.063 5,0.082 4)	(0.065 9,0.121 0,0.190 1)	(0.054 7,0.084 7,0.111 3)
A_4	(0.072 4,0.100 9,0.127 2)	(0.053 0,0.080 0,0.104 4)	(0.115 3,0.172 9,0.233 1)	(0.067 6,0.097 3,0.120 6)

表 5.12(3)　模糊加权标准化决策矩阵

	C_{23}	C_{24}	C_{25}	C_{26}
A_1	(0.019 5,0.037 1,0.062 2)	(0.035 8,0.061 3,0.089 4)	(0.034 6,0.062 6,0.089 1)	(0.046 5,0.079 1,0.119 8)
A_2	(0.092 1,0.111 2,0.127 1)	(0.138 8,0.175 2,0.187 0)	(0.103 8,0.138 3,0.149 5)	(0.118 4,0.145 6,0.171 2)
A_3	(0.036 3,0.053 0,0.075 7)	(0.085 1,0.122 6,0.146 3)	(0.047 2,0.072 5,0.095 4)	(0.109 9,0.141 5,0.171 2)
A_4	(0.047 4,0.071 5,0.097 3)	(0.129 9,0.166 4,0.178 8)	(0.050 3,0.075 8,0.095 4)	(0.122 6,0.154 0,0.179 7)

表 5.12(4)　模糊加权标准化决策矩阵

	C_{31}	C_{32}	C_{33}	C_{34}
A_1	(0.150 3,0.219 3,0.261 0)	(0.061 9,0.085 5,0.112 3)	(0.098 5,0.138 7,0.179 2)	(0.054 4,0.072 5,0.091 3)
A_2	(0.174 3,0.231 8,0.261 0)	(0.068 8,0.092 1,0.115 6)	(0.141 7,0.193 0,0.232 9)	(0.061 2,0.081 6,0.100 7)
A_3	(0.198 4,0.250 6,0.273 5)	(0.113 6,0.138 1,0.155 2)	(0.123 2,0.168 9,0.215 0)	(0.049 9,0.065 7,0.082 0)
A_4	(0.096 2,0.150 4,0.198 9)	(0.106 7,0.131 6,0.151 9)	(0.135 5,0.180 9,0.221 0)	(0.061 2,0.083 9,0.103 0)

表 5.12(5)　模糊加权标准化决策矩阵

	C_{35}	C_{36}
A_1	(0.048 8,0.073 0,0.096 9)	(0.058 4,0.081 4,0.099 4)
A_2	(0.054 0,0.080 8,0.105 0)	(0.052 5,0.078 5,0.099 4)
A_3	(0.064 2,0.088 6,0.110 4)	(0.090 5,0.113 4,0.124 9)
A_4	(0.046 2,0.070 4,0.094 2)	(0.073 0,0.101 8,0.119 3)

备选方案的最终排序由以下公式来确定，计算结果见表 5.13。

$$d_i^* = \sum d(\tilde{v}_{ij}, \tilde{v}_j^*), \ i = 1,2,3,4, \ j = 1,2,3,\cdots,18 \qquad (5.11)$$

$$d_i^- = \sum d(\tilde{v}_{ij}, \tilde{v}_j^-), \ i = 1,2,3,4, \ j = 1,2,3,\cdots,18 \qquad (5.12)$$

$$\mathrm{CC}_i = \frac{d_i^-}{d_i^* + d_i^-}, \ i = 1,2,3,4$$

表 5.13　各个方案的最终评价与排名

方案	d_i^*	d_i^-	CC_i	排序
A_1	16.111 7	1.950 6	0.108 0	4
A_2	15.795 7	2.259 4	0.125 1	1
A_3	15.954 0	2.108 0	0.116 7	3
A_4	15.893 3	2.164 7	0.119 9	2

5.2.3.4 评价结果

从前述有关评价决策的已有研究可以看出，有关产业融合的评价研究不算多，笔者查阅了有关体育服务业评价研究、人工智能评价研究及二者之间的融合评价研究的大量文献，发现有不少作者运用了较为丰富的模型方法来评价产业融合现象，也有不少作者构建了具体的指标体系来评价产业融合，但是，由于"体育搭台，经济唱戏"的观念的影响，凡是与体育产业（或者体育服务业）产生融合的，经济维度基本无一例外地成了最为关注的维度。因此，基本所有研究体育产业与相关产业融合评价的学者都重点关注了经济维度，而被人们所追捧的人工智能的经济利好特征十分明显，因此，经济维度也是不会被遗漏的。部分学者关注了体育服务业及人工智能社会维度的评价指标，也有学者关注了环境维度的评价指标，但是，同时运用经济、环境、社会三个维度指标进行产业融合评价的研究的确不多见。

本章主要运用经济、环境、社会三维评价指标对我国体育服务业与人工智能的融合进行评价研究，结合已有研究和权威专家意见，运用德尔菲法确定了 18 个具体评价指标，评价结果对于体育服务业领域引入人工智能技术的决策实务具有较为重要的现实意义，也可以丰富产业融合评价领域的研究内容。在评价决策方面，多属性决策方法的使用比较多，该方法比较适合具有多属性问题的评价。体育活动本身是多属性的，是适合运用该类方法进行绩效评价的。笔者将模糊 AHP-TOPSIS 评价引入体育服务业与人工智能融合领域，这为评估"一个新兴的现代服务业"+"新兴技术"所带来的不确定性影响提供了一个较好的视角和思路，体育服务业与人工智能融合评价对于实现人工智能及体育产业的可持续发展意义重大。

（1）关于三个维度的评价结果

如表 5.3 的计算结果所示，有关体育服务业与人工智能融合评价的维度排名情况是经济—环境—社会。经济维度的去模糊化权重为 0.456 0，排位第一，环境维度的去模糊化权重为 0.332 8，排位第二，社会维度的去模糊化权重为 0.193 9，排位第三，见表 5.14。这个评价研究结果在一定程度上佐证了如下的观点：体育服务业这个新兴服务业在人工智能技术的加持下会爆发经济方面的强大潜力。目前我国体育产业增加值占 GDP 的比重仅为 1%左右，其中体育服务业增加值占体育产业增加值的比重为 70%，这两个百分比跟国际体育发达国家体育产业及体育服务业占比相比都比较低。这一方面说明我国体育产业（包括体育服务业）的发展仍然处于初级阶段，另一方面也说明我国体育产业的发展潜力非常大。然而，单纯依靠体育产业（体育服务业）自身的发展想要追上国际体育发达国家的水平是比较困难的，但是借助人工智能技术这个加速器，其经济方面的潜力是非常值得期待的。

环境维度排位第二的结果表明体育服务业与人工智能的融合需要国家和社会及相关企业慎重考虑环境问题，需要对曾经被称作"低碳环保产业"的体育服务业重新认识。从表面上看，似乎人工智能技术与环境问题沾不上边，但是，这个研究结果表明，环境问题由于多为隐性的问题及负面效果显现时间较长而经常被忽略。

表5.14　维度评价结果

评价类型	排名
维度	经济—环境—社会

（2）关于经济维度具体指标的评价结果

经济维度在维度排名中是第一名，说明体育服务业与人工智能融合在经济影响方面的重要性。该维度有6个具体指标，如表5.5所示，其优先顺序是：$C_{13}>C_{14}>C_{11}>C_{12}>C_{15}>C_{16}$，其去模糊化权重分别是：财务状况（0.219 9）>可靠性（0.210 5）>产业结构（0.172 5）>体育产业增加值（0.145 8）>柔性（0.131 6）>质量（0.127 2），详见表5.15。在这6个具体指标中，财务状况（C_{13}）排名第一，这说明在体育服务业与人工智能融合过程中资金的来源（筹资）与资产分布情况（资产构成）的重要性。人工智能技术的研发成本巨大，资金投入必须谨慎，资产布局要合理，否则不能很好地释放二者融合的经济潜能。可靠性（C_{14}）排名第二，它表明社会及大众对体育服务业与人工智能融合之后提供的新产品及新服务是否有信心，只有新产品及新服务足够可靠才能做到这一点。产业结构（C_{11}）排名第三，说明作为最具体育属性的体育服务业，肩负着产业结构调整与升级的重要使命。从体育发达国家发展经验来看，体育产业是第三产业中的新兴产业，可以促进产业结构的高级化。体育产业增加值（C_{12}）排名第四位，说明体育产业对国民经济的贡献会随着体育服务业与人工智能的融合发展而增加，尤其对体育欠发达国家更是如此。柔性（C_{15}）排名第五位，说明社会公众对于新兴智能技术被运用到体育服务业之后的快速反应能力比较重视，对该指标的评价也会传递到社会维度中的某些指标上。质量（C_{16}）排名第六位，是一个相对比较综合的指标。

表 5.15　经济指标评价结果

评价类型	排名
经济维度	财务状况—可靠性—产业结构—体育产业增加值—柔性—质量

（3）关于环境维度具体指标的评价结果

环境维度排在维度排名的第二位，这充分说明我们要对体育服务业与人工智能融合的环境问题保持应有的谨慎。在环境维度下，有 6 个具体指标，如表 5.6 所示，其优先顺序是：$C_{21}>C_{24}>C_{26}>C_{25}>C_{23}>C_{22}$，其去模糊化权重分别是：能源消耗（0.220 2）>环保意识（0.198 1）>环境制度建设（0.177 4）>碳排放（0.150 7）>物资回收（0.127 6）>废弃物处理（0.126 0），详见表 5.16。在 6 个具体指标中，能源消耗（C_{21}）排名第一，这也是全球人类面临的共同问题。如前文所述，体育服务业与人工智能产业均可能消耗大量能源，如大型体育赛事对土地资源的消耗、人工智能对电的消耗等。如果我国相关政府部门及各主体单位对这个方面没有足够清醒认识，就很可能导致许多不可再生能源的巨大浪费。这一排名提醒体育服务业与人工智能融合过程中的所有主体对"节能"保持重视。环保意识（C_{24}）排名第二，说明在体育服务业与人工智能融合的过程中，有关环境保护方面的意识是非常重要的。尤其是对于发展中国家，意识要先行。在我国迎来体育产业蓬勃发展的过程中，环保意识更显重要，在传统看法中被定位为"低碳环保产业"的体育产业（隶属第二产业的除外），其环境问题不容小觑，而环保意识和环保能力是实现体育产业可持续发展的重要保证。环境制度建设（C_{26}）排名第三，该指标要求凡是涉及体育服务业与人工智能融合的相关主体均须进行有关环境方面的制度规划与设计。碳排放（C_{25}）排名第四，该指标受排名靠前指标的极大影响，前述 3 个指标如果做得比较好的话，可以在很大程度上减少碳排放量。物资回收（C_{23}）排在第五位，这也是体育服务业与人工智能融合过程中容易被忽略的事项，体育活动及人工智能研发均需要大量物资，把物资回收工作做好，可以减少社会的资源消耗，节约成本开支，提升产业融合效率。废弃物处理（C_{22}）排在第六位，该指标对于垃圾分类工作做得不太好的国家和城市显得尤其重要。比如，一项大型体育赛事会在短时间内产生大量的废弃物，如果在赛事策划中没有这方面的考虑和设计，赛后的废弃物处理问题就会让主办城市付出巨大的生态代价。

表 5.16　环境指标评价结果

评价类型	排名
环境维度	能源消耗—环保意识—环境制度建设—碳排放—物资回收—废弃物处理

（4）关于社会维度具体指标的评价结果

社会维度排在维度排名的第二位，该维度有 6 个具体指标，如表 5.7 所示，其优先顺序是：$C_{31}>C_{33}>C_{32}>C_{36}>C_{35}>C_{34}$，其去模糊化权重分别是：就业（0.271 2）>顾客满意度（0.236 1）>工作环境（0.157 2）>职业道德（0.127 1）>社会文明（0.107 5）>科技创新（0.100 8），详见表 5.17。在 6 个具体指标中，就业（C_{31}）排名第一，体育产业被认为具有极强的产业带动性，尽管不少学者认为人工智能可能会降低就业率，但是也有人认为人工智能与别的产业融合之后会催生新业态，也可以在一定程度上促进就业，而就业也被认为是社会责任的最好体现。顾客满意度（C_{33}）排在第二位。由于人工智能是新兴科技，在与体育服务业相融共生过程中会产生很多前所未有的产品和服务，那么，如何评价这些产品和服务，谁说了算？在不影响社会及环境的前提下，当然要以消费者满意度为主。归根结底，新产品、新服务的开发最终也是为了满足消费者的需求。工作环境（C_{32}）排名第三，这里的工作环境涉及体育服务业与人工智能融合过程中所有工作人员的社会环境和物理环境。比如，可以包括体育场馆建设中建筑工人及供应商工作人员的工作环境，参赛选手的住宿、比赛环境，观众、媒体记者以及志愿者的工作环境等，还可以包括人工智能专家在研发与体育活动相关的模型及算法过程中的环境安全性等。该指标要求把以人为本的原则贯穿产业融合的始终。职业道德（C_{36}）排名第四，在体育服务业与人工智能融合过程中，遵守相应的职业道德异常重要，不随意泄露客户隐私及信息，是职业道德的基本要求，可以在很大程度上防范下一章要阐述的风险问题。该指标会直接影响别的指标评价。社会文明（C_{35}）排在第五位，该指标是评价体育服务业与人工智能融合最终能否成功的重要依据，脱离了社会文明的框架来谈产业融合发展，都是不可持续的。科技创新（C_{34}）排在第六位，该指标意味着体育服务业有了人工智能技术的推动后，有望在体育科技创新方面有所突破。

表 5.17　社会指标评价结果

评价类型	排名
社会维度	就业—顾客满意度—工作环境—职业道德—社会文明—科技创新

三个维度的所有 18 个指标的总排名参见表 5.9，其优先顺序是：$C_{13}>$ $C_{14}>C_{11}>C_{21}>C_{12}>C_{24}>C_{26}>C_{16}>C_{15}>C_{31}>C_{25}>C_{33}>C_{23}>C_{22}>C_{32}>C_{36}>C_{35}>C_{34}$。从排名前五的指标来看，经济指标占了 4 个，分别是财务状况（第一）、可靠性（第二）、产业结构（第三）、体育产业增加值（第五）；环境指标有 1 个，为能源消耗（第四）。其中，经济维度的财务状况指标是所有指标中唯一一个总权重超过 0.1 的指标，这说明该指标是体育服务业与人工智能融合过程中最重要的指标。另外，总权重数值超过 0.05 的指标共计 11 个，其中经济维度 5 个，环境维度 5 个，社会维度 1 个。这说明了在体育服务业与人工智能融合过程中经济维度和环境维度评价的重要性。

表 5.13 表明，从最理想到最不理想的体育服务业与人工智能融合发展备选方案排序是：$A_2>A_4>A_3>A_1$。四个方案分别代表国家及相关主管部门不同的侧重面：A_1 代表体育服务业与人工智能融合过程中侧重于经济利益，A_2 则代表侧重于环境保护方面，A_3 代表侧重于社会层面，A_4 代表不侧重于任一单独的方面，而是进行综合层面的考虑。从评价结果来看，侧重于环境保护方面的方案排名第一，充分说明了在当前全球环境污染危机的大背景下，要谨慎对待新生事物可能带来的环境影响。侧重于综合层面考虑的方案排名第二，这也是意料之中的结果，经济、环境、社会各方面的因素都能兼顾自然最好。除此之外，大家预料中排名应该靠前的侧重经济利益的方案却排名最后，这说明只有从可持续发展理念出发进行产业融合决策，经济功能才会得到较为客观公正的认识，而不再像以前那样只要一说到新技术、新产业，就大谈特谈其经济功能，把环境和社会目标全部抛在脑后。排名第三的方案是侧重社会层面的方案。本章的备选方案来源于已有文献和相关领域权威专家的建议，最终的决策需要体育服务业及人工智能产业等主管部门结合二者融合评价结果进一步考虑决定。

本章的评价结果与 2022 年北京冬奥会的相关安排不谋而合。本届冬奥会秉持"绿色、开放、共享、廉洁"的理念，同时，汇聚十大最新科技成果，向世界深刻诠释了智能场馆的概念，是大型体育赛事与人工智能融合的最好案例之一。有着"冰丝带"美誉的中国国家速滑馆是目前国内智慧体育场馆的典范，该场馆有了各类软硬件技术的支持后，就变成了一个"会思考、会呼吸、有感觉"的智能平台，这与本章的诸多评价指标是相契合的。此次冬奥会在利用人工智能技术的同时，特别重视环境保护，历时 16 天的赛事，三大赛区的 26 个体育场馆全部使用"绿电"① 电力资源，实现了奥运历史上首次全部场馆 100% 绿色电能供应。冬季运动管理中心综合训练馆是国内第一个采用跨临界二氧化碳制冷系统的冰场，在大幅度地减少排放的同时，提升了制冰效能和制冰精度，其内置的两套制冷系统可以快速建设短道速滑、冰球、冰壶等专业赛道，极大地提升了体育场馆的使用效率，节约了场地资源。冬奥会机器人志愿者更是彰显了"大型体育赛事+人工智能"的独到之处机器人志愿者可以承担消杀、送餐、引导、巡视、清洁卫生等工作，其中，5G 送餐机器人可以保证将食物清洁安全地送达目的地。

综上所述，结合 2022 年北京冬奥会的现实情况，偏重环境保护的 A_2 方案排名第一，证明了本章从经济、环境、社会三重维度进行的有关体育服务业与人工智能融合影响的评价结果是科学而客观的。

5.3　本章小结

人工智能的迅猛发展，让人们对这项技术充满了期待，而体育产业的异军突起，仿佛让人工智能技术找到了更多的用武之地。于是，智能体育、智慧体育等成为近些年的热门词汇。人们普遍认为，作为新兴产业的体育服务业在人工智能技术的加持下，会爆发出强大的经济潜能，同时也会给消费者带来全新的消费体验。伴随着实践领域的受宠，理论界也掀起了有关体育产业与人工智能融合的研究，其中也不乏关于人工智能的评价研究及二者融合影响的评价研究。笔者搜集了大量的中外文献，发现有少量文献从经济、环境、社会三个维度对体育产业进行综合评价，也有文献从多维度对人工智能进行评价研究，还有文献从多维度对产业融合进行评价研究，但是基于经济、环境、社会三个维度对体育服务业与人工智能融合的评价研究还比较少。

---

① "绿电"：通过零二氧化碳排放（或者趋近于零碳排放）的生产过程得到的电力资源，主要包括太阳能、风能、生物质能等在内的清洁能源。

本章主要从三重底线理论出发分析了体育服务业与人工智能融合的影响因素，随后从经济、环境及社会三个维度搭建了一个有关体育服务业与人工智能融合的可持续性评价框架。结合大量文献资料和权威专家意见，综合运用德尔菲法提炼了三个维度的 18 个可持续评价指标，使用了一种混合多属性决策方法（模糊 AHP-TOPSIS）。该方法对于具有多属性特征对象的评价已处于相当成熟阶段，但用于体育产业领域的产业融合影响评价还较为少见。为了提高该方法的应用性，笔者将该方法的研究结果结合2022 年北京冬奥会进行分析，结果不仅验证了该方法的有效性，还为我国体育服务业与高科技、数字经济等实现可持续融合发展提供了新思路。本章主要工作可以归纳为以下三个方面：

　　第一，基于三重底线思维的评价指标体系的构建。为体育服务业与人工智能融合发展提供了一个经济、环境、社会三个维度的可持续发展指标体系，这些指标与人工智能及体育服务业的各自行业特征高度相关，可以为后续体育领域内的产业融合发展的相关研究提供一定参考借鉴。

　　第二，模糊混合多属性决策方法在体育产业领域的使用。使用模糊 AHP-TOPSIS 进行体育产业领域内的产业融合影响评价和方案选择，为将更多的模糊多属性决策方法引入体育产业领域提供了一个探索性研究基础。

　　第三，案例研究证明了模糊多属性决策方法的有效性。模糊 AHP-TOPSIS 方法在案例研究部分验证了其有效性，研究结果不仅为人工智能及体育产业相关政府主管部门提供了一个科学的决策工具，还为体育服务业与人工智能融合实现可持续发展提供了科学依据。

　　该部分的多属性决策框架可以为体育产业领域的其他产业与相关产业实现可持续性融合发展提供理论支撑，三重底线思维和多维度评价指标体系也具有较强的参考价值。

6 体育服务业与人工智能融合风险及对策研究

风险问题是任何新兴行业发展都不能回避的问题。近年来，伴随人工智能的出现与兴起，人工智能相关领域风险事件频繁爆发[①]，在全社会造成了较大影响。2020 年，著名的 AI 性别识别平台 Genderify 首次亮相就因为性别偏见问题让大众大失所望，直接导致其上线 24 小时后就匆匆下架。Deepfake（deep learning 和 fake 的组合，即深度伪造）机器人也渐渐成为一个不可控制的潘多拉魔盒，被许多不法分子应用于灰色及违法地带，为社会带来了极其恶劣的影响。产生于法国的基于大规模神经网络的文本生成器 GPT-3 模拟训练的 AI 聊天机器人由于不稳定和不可预测性在与病人聊天过程中出现鼓励病人自杀的对话。我们已经面临越来越多利用人工智能系统导致的事故，包括各种自动驾驶汽车中与人工智能相关的故障导致的致命事故。

由此可见，在人工智能产业与相关产业融合过程中，各种风险时有发生，因此，加强对相关风险的识别、防范与管控，异常重要。

6.1　人工智能给现代服务业带来的挑战

人工智能产业与现代服务业的融合发展的确催生了很多机会，然而，

---

① STEIMERS A，BÖMER T. Sources of risk and design principles of trustworthy artificial intelligence ［C］// ［s. n.］ Digital human modeling and applications in health，safety，ergonomics and risk management. AI，Product and service. Berlin：Springer，2021.

我们在为现代服务业数字化转型取得新进展而欢欣鼓舞的同时，也应该前瞻性、客观地思考其背后的潜在风险和挑战。这主要体现在以下三个方面：

一是巨头企业趋于垄断，市场竞争愈发激烈。人工智能是一种能够促进生产力进步的重要力量，掌握先进的人工智能技术将很大程度上提高未来服务业主体的市场竞争力。一方面，跨行业龙头企业会凭借其技术、资源优势不断挤压中小企业市场空间①。例如一些国外科技巨头凭借投入高额资金、统一技术标准、申请专利保护等举措，在人工智能基础理论研究、数据采集传输、算法设计运用、芯片设备研发等各个环节精准发力，保持其产品和服务在行业的领先甚至垄断地位。而当前，我国信息与通信技术人才不足，服务业数字化人才短缺，造成国产人工智能芯片、算法数据支持、体育服务设备等核心技术落后于人，若不迎头赶上，将进一步加剧大型企业的垄断态势。另一方面，我国服务业实质上仍属于劳动密集型产业，随着人工智能、大数据、区块链等数字技术的迅速发展与应用，我国服务业的竞争对手将由过去以劳动力成本更为低廉的东南亚等国转向掌握资本和技术优势的西方发达国家。同时，就体育服务业而言，国内体育服务业的市场主体比较薄弱，表现为骨干企业活力不足、中小微企业生存难以为继等问题，其数字化转型本身就面临极大经济压力，而人工智能技术的运用需要大数据资源的铺垫和支撑，显然广大中小微企业会因缺乏海量的数据、先进的技术、雄厚的资金而面临诸多竞争风险。

二是信息安全存在隐患，算法偏差亟待解决。人工智能与现代服务业的融合会带来技术层面的种种挑战。首先，个人隐私保护面临风险。人工智能的应用主要通过算法处理海量数据以获取持续发展，由于信息规范、数据存储等技术限制，原本属于个人隐私的空间和信息极有可能被侵蚀，从而影响服务业中用户之间的价值交换。例如，在智能设备辅助运动训练的过程中，作为数据信息的载体，智能设备可能会在非运动员主观意愿控制的情况下洞悉其训练场之外的心理偏好和疲劳负荷，造成运动员在与俱乐部的合作博弈中处于弱势地位。其次，对行业信息安全提出了更高的要

---

① 毛子骏，黄膺旭. 人工智能同经济社会发展融合中的潜在风险研判与应对研究 [J]. 电子政务，2019 (3)：18-26.

求①。人工智能可以仅在人工予以授权、预设代码、审核确认的情况下，替代人力来完成服务业运行的整套工作流程，降低人工参与度，从而极大地提高了工作效率，但人工智能技术具有学习性、程序性和不可视性，可能会被黑客采取远端植入恶意代码等方式发起网络攻击，窃取企业财务信息、战略计划等商业机密，从而对企业发展造成威胁，这就使得现代服务业的安全威胁预警与紧急风险规避等机制的完善工作成为未来比较迫切的研究方向。最后，信息损耗风险客观存在②。人工智能最显著的技术特点是其具有快速的自我学习能力，而数据作为人工智能的原料，其准确性、全面性能够很大程度上影响人工智能应用的质量，倘若数据缺失或有误，将直接导致人工智能在认知层面形成片面甚至错误的判断，给相关主体的权益造成损害。即使数据完备，受到算法普适性和算法设计者价值观等因素的影响，人工智能在现代服务业中的应用也会在一些特殊群体身上体现出算法偏差的结果。

三是行业不公平性加剧，责任界定难以清晰。人工智能与现代服务业的融合也会在社会层面带来挑战。一方面，加大了社会贫富差距。人工智能技术的应用以数据为基础，通过提供软硬件产品和个性化服务代替人的体力、脑力活动，促进价值和财富的创造。在此过程中，数字基础扎实、掌握的技术先进、数据资源丰富的个人或组织可以获得更多人工智能应用的主动权，从而进一步夯实发展基础，降低用工成本，进而创造更多社会价值；而数字资源匮乏的个人或组织则因知识结构、劳动技能短期难以适应转型发展的需求无法享受人工智能技术带来的种种红利，甚至面临结构性失业的巨大风险。就体育服务业而言，无论是以聚氨酯纤维泳衣等为代表的高科技体育装备，还是训练场上为运动员配备的一系列复杂传感器，无疑都为运动成绩的不断突破提供了重要保障，但人工智能技术的应用是否会成为一种"技术性兴奋剂"③ 而对体育运动的公平本质带来冲击，则成为值得深入探讨的话题。另一方面，冲击了传统伦理与监管体系。严格

---

① 宋雅馨，梁伟. 智慧体育时代个人信息保护的挑战及其治理：以公共智慧体育设施为例 [J]. 体育科学，2021，41 (10)：51-59.

② 王相飞，王真真，延怡冉. 人工智能应用与体育传播变革 [J]. 上海体育学院学报，2021，45 (2)：57-64.

③ 徐伟康，林朝晖. 人工智能体育应用的风险与法律规制：兼论我国《体育法》修改相关条款的补足 [J]. 体育学研究，2021，35 (4)：29-38.

意义上，人工智能并不是社会主体，却可以凭借其快速学习能力拥有人类甚至超人类的自主意识或者行为，当出现问题时难以对主体责任进行界定或者治理，这会造成一定的伦理困境。同时，随着服务业数字化转型进程的推进，市场监管需不断加强以适应新业态、新模式下涌现的新需求，一套完善的服务业数字化转型政策监管体系亟待建立。例如人脸识别作为生物识别中一项应用比较广泛的技术，是人工智能助力服务业、提供个性化服务的起点。然而，在全民健身的场景中，一些运动场所入口、智慧步道起点等公共体育设施需要采集个人信息，而之后的信息处理和储存工作并没有明确清晰的责任主体与监督机制。这些信息一旦泄露，个人将面临身份被盗窃的风险。这对相关部门如何善用人工智能技术助力现代服务业转型升级提出了新挑战和新期待。

6.2　体育服务业与人工智能融合风险类型

人工智能与体育服务业的融合将对体育服务业本身、服务人群及社会的发展产生许多不确定的影响。这些不确定性反过来会影响体育服务业与人工智能的良性融合。

由于应用领域的不同，关于风险的定义也不同。根据 ISO 31000 的界定，风险一般被定义为不确定性对于实现目标的影响[①]。而依据 ISO 12100[②] 和 ISO 14971[③]，风险则被定义为伤害发生的可能性和伤害严重程度的组合。风险管控过程应该包含风险评估和减少风险，风险评估包括识别风险来源、类型，预见技术被误用的风险程度及风险分析，风险减少则指将风险降低到一个可以接受的范围内。

风险类型的界定是风险识别的重要组成内容，可以帮助识别影响决策主体的多种多样的风险。而且，风险的结构化分类有助于提高风险识别过

---

①　ISO 31000: Risk management-guidelines [S]. Geneva: International Organization for Standardization, 2018.

②　ISO 12100: Safety of machinery-general principles for design-risk assessment and RISK reduction [S]. Geneva: International Organization for Standardization, 2011.

③　ISO 14971: Medical Devices-Application of Risk Management to Medical Devices [S]. Geneva: International Organization for Standardization, 2019.

程的有效性和质量，有利于更好地理解风险的性质及其来源①。逻辑化和结构化的风险类型界定还有助于减少风险识别阶段的冗余和模糊性，从而为后期的风险管控提供更加容易的风险管理手段。

6.2.1 风险类型界定

风险可以根据其来源、性质、不同阶段的发生情况、对项目目标的影响、导致风险产生的主体以及三级（宏观、中观、微观）元分类方法进行分类。

关于人工智能风险类型的研究，王怿超等认为人工智能产生的风险可以分为以下几类：信息茧房风险、技术鸿沟风险、法律法规风险、伦理道德风险、国家安全风险以及社会治理风险②。程承坪、彭欢从两个方面对人工智能的经济风险进行了研究，即人工智能导致的经济风险类型及作用机理、如何积极防范和应对这些经济风险，认为人工智能的经济风险主要包括对消费者实施价格歧视风险、国际经济风险、加剧市场垄断风险以及收入分配两极化风险等③。刘自英提出在人工智能时代可能产生的社会风险有社会治理出现困境、社会伦理经受挑战、触发社会安全问题、社会主体的缺失④。何哲认为人工智能可能引发的社会风险包括文明异化、边界模糊、隐私泄露、种群替代、劳动竞争、暴力扩展、主体多元、能力溢出、伦理冲突和惩罚无效十个方面⑤。马长山对人工智能引发的社会风险进行了以下分类，他认为社会风险包括伦理风险、极化风险、异化风险、规制风险、责任风险。伦理风险由机器人伦理、人机关系伦理及人文精神危机组成；极化风险由数字鸿沟、贫富极化、"无用阶级"组成；异化风险由人工智能的负面后果、人工智能的异化发展、人工智能的滥用组成；规制风险包括"黑心社会"问题日益加剧、"算法战争"发生以及"监控国家"的诞生；责任风险主要指在利用智能机器人出现意外事故时候的责

---

① BU QAMMAZ A S, I DIKMEN, M T. BIRGONUL. Risk assessment of international construction projects using the analytic network process [J]. Canada journal civil engineering, 2009, 36 (7): 1170-1181.

② 王怿超，涂画，李执. 人工智能技术的潜在风险及预防对策研究 [J]. 软件，2021 (11): 1-3.

③ 程承坪，彭欢. 中国人工智能的经济风险及其防范 [J]. 人文杂志，2020 (3): 30-39.

④ 刘自英. 人工智能时代的社会风险的思考 [J]. 科技风，2021 (8): 95-97.

⑤ 何哲. 人工智能技术的社会风险与治理 [J]. 电子政务，2020 (9): 2-14.

任归属问题①。

关于产业融合产生的风险类型，和龙在其博士论文中重点研究了产业与产业融合过程中产生的风险，认为在农村产业融合过程中主要存在着自然风险、技术风险、社会风险、法律风险、政策风险、市场风险等多种类型的风险②。毛子骏、黄膺旭认为，人工智能产业与社会经济发展融合过程中将会产生经济安全风险和社会安全风险③。经济安全风险包括改变全球产业结构与国际分工、发达国家垄断技术要素影响全球经济、技术和资本深度结合导致超级独角兽企业成为新的垄断巨头、新的财富分配方式导致贫富差距进一步加大；社会安全风险包括形形色色的海量文化产品被智能体以极低的成本制造出来，传播能力大幅提升，群体性事件的风险增大，新兴技术犯罪破坏社会秩序、难以准确定责带来治理与法律挑战，人类产生被剥夺感从而导致心理扭曲及降低社会认同。

关于现代科技融入体育领域之后可能产生的风险类型，目前的理论界研究还不多，徐伟康、林朝晖提出当人工智能技术应用到体育中之后，会产生两类主要风险，分别是技术的内生性风险和技术的衍生性风险，而前者包括的具体风险有数据隐私的风险、算法偏差的风险以及数据错误的风险，后者包括的具体风险有网络安全的风险、市场垄断的风险以及体育公平的风险④。周强等重点研究了区块链技术应用到体育产业领域之后可能产生以下几类风险：技术风险、法律风险、监管不善风险以及经营风险，其中技术风险包括技术设计问题、共识机制的局限性、技术更新迭代问题、隐私保护问题、私钥安全问题⑤。

综上所述，结合体育服务业与人工智能各自的产业特征及已有文献，在征求专家意见的基础之上，本书将二者的融合风险划分为三大类：经济风险、技术风险和社会风险，每一类风险维度又各自包含具体的风险指标，见表6.1。

---

① 马长山. 人工智能的社会风险及其法律规制 [J]. 法律科学（西北政法大学学报），2018（6）：47-55.

② 和龙. 我国农村产业融合发展风险管理 [D]. 北京：北京交通大学，2018.

③ 毛子骏，黄膺旭. 人工智能同经济社会发展融合中的潜在风险研判与应对研究 [J]. 电子政务，2019（3）：18-26.

④ 徐伟康，林朝晖. 人工智能体育应用的风险与法律规制：兼论我国《体育法》修改相关条款的补足 [J]. 体育学研究，2021（4）：29-38.

⑤ 周强，杨双燕，周超群. 体育产业领域中区块链技术应用的逻辑及其风险规避 [J]. 体育学研究，2020（1）：33-41.

表 6.1　融合风险维度及指标

维度	指标	维度	指标	维度	指标
经济风险	财务风险	技术风险	数据投毒	社会风险	失业
	收入分配两极化		数据泄露		社会伦理道德问题
	加剧市场竞争		数据异常		社会治安风险
	对消费者实施价格歧视		算法出错		监管难度
	合作关系风险		网络安全风险		政策风险
	抵制风险				品牌形象风险
	需求变动				法律纠纷
	供给变动				
	产品风险				
	全球化				
	管理风险				
	产业结构失调				

6.2.2　经济风险

本书研究的体育服务业与人工智能融合经济风险具体包括财务风险、收入分配两极化、加剧市场垄断、实施价格歧视、合作关系风险、抵制风险、需求变动、供给变动、产品风险、全球化、管理风险、产业结构失调。

财务风险：该风险原意是指企业因借入资金而产生的失去偿债能力的可能性和企业获利的不确定性。在企业投资、筹资及生产经营的全过程中，不同程度的财务风险随时都存在。人工智能进入体育服务业领域，必将使得企业投资量或者筹资量增大，生产经营过程变得更加复杂，企业因为筹资方式、资金使用方式以及偿债期限的不同而承担不同程度的偿债及获利方面的不确定性。

收入分配两极化：这是收入分配失衡的一种。作为新兴技术的人工智能技术和作为新兴产业的体育服务业，扮演着国民经济新增长点的角色，然而，却会导致因技术进步而出现的资本对劳动的替代、高技能劳动力对低技能劳动力的替代、新产业对旧产业的替代等现象。这些现象短期内会导致收入出现地域和人群分配的两极化，少数地区和少数人群在人工智能和商业化方面占据的主导地位意味着财富上的地域差距和人群差距会越来越大。

加剧市场垄断：人工智能所驱动的体育服务企业有着天然趋于垄断的倾向性，它拥有的海量体育基础数据可以帮助它把体育服务产品做得更好、把价格压得更低、获得的用户更多，从而赚取更多的利润。它因此可以购买更多的人工智能机器，搜集更加海量的体育基础数据，然后利用手中的大数据，大力发展数据驱动业务、数据对外变现业务、数据辅助决策业务，从而衍生出更加丰富的体育服务产品，最终在体育产业竞争中占据主导地位。

实施价格歧视：价格歧视是一个典型的经济学概念，原意指将相同成本的一种产品以不同的价格来出售。根据厂商攫取的消费者剩余的不同，价格歧视分为一级价格歧视、二级价格歧视和三级价格歧视①。凭借价格歧视，厂商可以获取超额垄断利润。在人工智能技术的支持下，厂商可以凭借其掌握的海量数据精准预测消费者的消费偏好、消费习惯及消费能力制定出能够最大化厂商利润的价格。尤其是在体育健身休闲业等个性化服务上，更是可以精准定价。目前饱受消费者诟病的"大数据杀熟"就是消费者承受的典型的价格歧视风险。

合作关系风险：该风险类型来源于供应链领域，原意指供应链上各个节点企业相互之间由于缺乏必要的交流与沟通而缺乏信任从而产生的一系列不确定性。而在万物皆可联的物联网（IOT）时代，该类型的风险也完全可能发生于体育服务业与人工智能融合的过程中。在融合过程中，由于不同企业的文化、理念、运营管理模式、员工素养、财力、物力等的不同，必然会产生合作过程中的一系列风险。合作风险可以分为阶段性风险和全程性风险②。

抵制风险：一般是指由于道德的、政治的或者社会的原因，相关人群采取停止购买、停止使用及惩罚相关组织的方式表达反对及抗议③。针对人工智能技术，早有专家预言，如果缺乏独立决策的监管机构及专业人士脱离了政府的有效监管，那么人工智能引发的道德、社会及政治危机将引发大众对人工智能技术的强烈抵制。

---

① 《西方经济学》编写组. 西方经济学：上册［M］. 2版. 北京：高等教育出版社，人民出版社，2021.

② NEL J D, SIMON H. Introducing a process for radical supply chain risk management［J］. Interantional journal of business performance management，2020，1-2（21）：149-165.

③ MIHALIS GIANNAKIS, THANOS PAPADOPOULOS. Supply chain sustainability：a risk management approach［J］. International journal of production economics，2016（171）：455-470.

需求变动：这是指由非价格原因引起的对某种商品需求量的变化。它是与"需求量的变动"相对应的一个概念，后者主要由商品的价格原因引起。显然，人工智能技术是一种典型的非价格影响因素，它的出现，会使消费者对体育服务产品的需求发生根本性变化。智能场馆、智能健身、智能体育培训等的出现，对传统体育服务产品提出了巨大挑战。

供给变动：与需求变动相似，供给变动也是指由非价格原因引起的对某种商品供给量的改变。这是与"供给量的变动"相对应的一个概念，后者主要也由商品的价格原因引起。该种风险主要针对生产者而言，在人工智能技术大量运用到体育服务行业之后，体育产品的供给会发生本质变化，传统的体育服务业经营者如果不能及时跟上变化，将会被淘汰出局。

产品风险：主要指产品质量标准变化、产品设计变化[①]、新产品出现等最终导致产品在市场上处于销售不畅的状态，具体包括产品市场定位风险、产品入市时机选择风险、产品设计风险以及产品质量功能风险。人工智能技术本身的特点决定了其在与涵盖 9 大类细分行业的体育服务业融合过程中，时刻需要充分考虑上述产品风险。

全球化：主要指世界各国在政治、经济、文化、科技、生活方式、价值观念等多层次、多领域的相互联系、相互影响和相互制约。拥护全球化的专家学者认为全球化可以带来全世界的进步和繁荣，但是反对者却认为全球化会给发展中国家带来战争、贫穷及自身文化的毁灭。可以肯定的是，由于人工智能技术自身具有的特点，在全球化浪潮的助推下，发达国家与发展中国家间的差距有日益扩大的风险[②]。

管理风险：主要指在企业及相关组织机构在管理过程中由于管理者判断失误、信息不对称或自身管理水平缺陷而出现的管理不善问题。该风险可以反映在企业管理体系中的任何一个细节上，包括企业组织结构、企业文化、管理过程及管理者个人素质等。在人工智能技术与体育服务业融合过程中，体育服务企业从业者的管理风险随处可见。

产业结构失调：主要指人工智能越来越多地替代重复性体力劳动后对产业结构带来的深刻变革。人工智能将成为传统产业转型升级的新动力，

---

① FAISAL AQLAN, SARAH S LAM. A fuzzy-based integrated framework for supply chain risk assessment [J]. International journal of production economics, 2015（161）：54-63.

② 彭青龙. 反思全球化、数字人文与国际传播：访谈欧洲科学院院士王宁 [J]. 上海交通大学学报，2022（4）：1-12.

由于第一、二、三产业属性的不同，人工智能对其影响程度也不一样，工业的智能化水平高于农业及第三产业的智能化水平，尽管第三产业的智能化速度是最快的。另外，人工智能产业对我国产业结构发展的影响存在较为显著的区域异质性，即人工智能对于经济发达地区的产业结构升级促进作用明显大于经济欠发达地区。

6.2.3 技术风险

本书研究的体育服务业与人工智能融合的技术风险具体包括数据投毒、数据泄露、数据异常、算法出错及网络安全风险。

数据投毒：在大数据和人工智能背景下，随着高质量数据的价值提升，专门针对数据的攻击行为也开始出现，攻击者在数据获取阶段通过故意投放偏斜的或不正确的数据来扰动数据分析模型从而降低数据有用性，以达到影响分析模型、干扰分析结果的目的[1]。通俗地讲，如果数据被人恶意"污染"，那么完全依赖数据的使用者的权益可能被严重损坏。如恶意地为智能汽车输入"有毒"训练样本，则智能汽车可能将"禁止通行"识别为"可以通行"，从而造成严重的交通事故。这种风险在智能健身领域也同样存在，如果智能健身系统数据被"污染"，那么健身人群的运动效果可能最终会与健身、健康的初衷背道而驰。

数据泄露：数据未经过授权被访问、修改甚至删除的时候，就发生了数据泄露。导致数据泄露的原因主要有恶意攻击、系统故障、人为非主观过错。体育界周知的智能健身"三合一"体系（App、SAAS 系统、物联网硬件）拥有健身用户在特定运动场馆下生成的个性化数据，通过人工智能技术为用户量身定做健身课程提供针对性训练以实现个性化健身需求。无论这些个性化数据的积累是否达到一定的量值，都存在私人数据泄露的风险[2]。

数据异常：当数据序列中某个时间点的数据出现明显偏离原有数据分布或数据模式中出现不符合预期行为的数据的时候，数据被认为在该点发

---

① MUÑOZ GONZÁLEZ L, BIGGIO B, DEMONTIS A, et al. Towards poisoning of deep learning algorithms with back-gradient optimization [C]. Dallas：Proceedings of the 10th ACM workshop on artificial intelligence and security，2017：27-38.

② 徐伟康. 困境与路径：智能健身模式下个人数据的保护 [J]. 河北体育学院学报，2021（5）：1-5.

生异常。而异常数据的存在会给后续以现有数据为决策依据的决策行为带来较大隐患。因此，异常数据的及时、正确检测就显得十分重要①。以疫情时期体育场馆的智能测温机器人为例，如果智能机器人的数据出现异常而又未被及时检测出来，可能会无法检测出体温不正常的入馆人员，从而为疫情防控带来极大影响。

算法出错：人工智能算法一旦出错且未能被及时发现，将给使用人工智能的相关各方带来灾难性后果。早在 2016 年，一辆处于自动驾驶模式中的某品牌汽车将一辆白色牵引车错误地判断为明亮天空的一部分，导致自身与牵引车相撞。2018 年，一辆某品牌机器人汽车在行驶途中尽管已经探测到一名行人，但是智能算法错误地认为该女子不在车辆前进路线上而直接将其撞死。2018 年俄罗斯世界杯期间，官方定制的足球被植入了智能芯片，对比赛期间的运动轨迹及射门技巧进行数据采集，其间诞生的智能球鞋可以检测球员的运动速度、消耗能量及时间等，为今后的比赛训练提供精准依据。如果算法出错，势必对后续的比赛训练带来负面影响。

网络安全风险：人工智能技术的飞速发展为网络安全带来了新的风险。在云计算、物联网、大数据、工控系统及区块链等核心技术的助力下，新型的网络诈骗、网络传销、网络贩毒、网络赌博和色情、暗网及非法虚拟货币等网络安全风险产生了，它们具备规模大、多元化、隐蔽程度高、虚拟性、复杂化及智能化等特点，给社会带来了极大隐患②。近年来，国际体育赛事网络安全风险频发。如 2008 北京奥运会期间，奥运会官网遭遇的攻击高达 60 余万次。2012 年伦敦奥运会期间遭遇网络攻击 2.5 亿次，并且比赛计时系统及积分系统曾被篡改。2018 年平昌冬奥会官网曾因遭遇攻击而瘫痪，木马也一度被植入票务系统③。

6.2.4 社会风险

本书研究的体育服务业与人工智能融合社会风险具体包括失业、社会伦理道德问题、社会治安问题、监管难度、政策风险、品牌形象问题及法

---

① 首照宇. 多维多源数据异常检测算法及优化研究 [D]. 桂林：桂林电子科技大学，2019.

② 陈伟，张平，戴华，等. 新型网络安全风险的管控技术与对策 [J]. 南京邮电大学学报，2021 (8)：1-10.

③ 林华明，项倩红. 大型国际体育赛事应加强网络安全保障体系建设 [J]. 安全与保密，2021 (10)：53-55.

律纠纷。

失业：技术进步虽然会创造就业岗位，但是也会造成失业，尤其在短期内。斯蒂芬·霍金曾经"担心人工智能可能会完全取代人类"，人工智能技术由于既可以替代人的体力又可以替代人的智力，因而其导致的失业问题会比以往任何技术进步造成的失业问题更突出和严重。伴随人工智能技术的飞速发展，留给劳动者进行技术和岗位调整的时间相应较短，这进一步加剧了人工智能造成的失业风险。从体育服务业的9大类组成可以看出，我国体育服务业目前仍然是劳动密集型为主，有少量的知识/技术密集型产业，如健身休闲业、体育培训等，因此，体育服务业在人工智能时代面临的失业风险较大①。

社会伦理道德风险：科学技术的发展一开始就伴随着伦理道德的问题，西方理论界对于人工智能可能带来的伦理道德风险早就进行过讨论与研究。美国控制论创始人维纳认为机器人是做好事还是做坏事具有很大不确定性。人工智能伦理道德风险主要来自科技人员的职业道德、信用问题和人工智能技术的伦理尺度，应重点关注人工智能技术可能对人的精神、身体及生活质量造成的伤害②。目前，理论界普遍认为人工智能引发的伦理道德风险主要包括人类决策自主受控的风险、侵犯隐私风险、加剧社会偏见或歧视风险、安全责任归属不清或失当风险、破坏公平风险以及生态失衡风险③。上述风险在体育服务业与人工智能融合过程中同样存在。

社会治安风险：人工智能技术在社会生活各个层面的渗透会引发各种类型社会治安风险。如前所述，人工智能可能会加剧收入分配两极化及导致失业人口的短期激增，而失业与贫穷是引发犯罪的两类重要社会因素，这无疑会增大社会治安风险。随着社会联系方式的改变，单独个体受到的社会约束减弱，犯罪行为增加的可能性会提高④。同时，人工智能技术可能降低犯罪行为的门槛并使犯罪方式革新，让人防不胜防。如现在非常多的爬虫软件推广商宣称可以轻松地教会非专业人士进行大数据的获取和分

---

① 张瑞林，梁枢. 我国劳动密集型、知识密集型体育产业发展战略研究 [J]. 沈阳体育学院学报，2015（10）：1-5.

② 王前. 技术伦理通论 [M]. 北京：中国人民大学出版社，2011.

③ 赵志耘，徐峰，高芳，等. 关于人工智能伦理风险的若干认识 [J]. 中国软科学，2021（6）：1-12.

④ 沃尔德，伯纳德，斯奈普斯. 理论犯罪学 [M]. 方鹏，译. 北京：中国政法大学出版社，2005.

析。人工智能技术无形中帮助犯罪分子在互联网世界形成了完整的非法产业链，使得犯罪行为更加隐蔽也更不容易被人察觉①。最后，人工智能本身存在的技术风险，如数据投毒、算法出错等，也会产生相应的社会治安风险。

监管难度：人工智能经过过去几十年短暂发展之后，已经深深地融入了我们生活的方方面面，我们在享受人工智能技术带来好处的同时，也深受其带来的各种风险的困扰。重视人工智能监管已成为大家的共识。然而，鉴于人工智能技术的复杂性和快速发展，对人工智能实施监管本身也是一种风险：在监管人工智能过程中，既不阻碍人工智能技术正面作用的发挥，又能够防止其弊端的影响，将是一个非常艰难的任务。因为理想的监管应该是规范应用程序而不是技术，保护人民利益免受恶意攻击，提高相对弱势群体的适应性，尽可能消除数字鸿沟，为弱势群体提供必要的替代方案从而避免他们受到忽视、歧视，避免治理阻碍前沿科技的应用与研究②。

政策风险：这是指政府有关人工智能发展的政策发生重大变化或有重要举措及法规出台后引起人工智能市场的波动从而给投资者等相关主体带来的风险。从人工智能技术诞生之日起，关于其对人类社会负面作用的讨论就没有停止过，并且世界各国也相继根据人工智能技术发展过程中暴露出来的各种问题制定了相应的政策，比如美国 2019 年以来发布了《算法问责法案》及《人工智能应用监管指南备忘录（草案）》，英国 2020 年制定了《人工智能与数据保护指南》，欧盟 2020 年颁布了《欧盟数据战略》及《人工智能法》，中国也先后制定了一系列规范约束人工智能发展的政策③。政策风险分为反向性政策风险和突变性政策风险。政策导向如果与人工智能技术发展不一致，则会产生反向性政策风险。政策制定部分口径突然发生变化导致的人工智能产业发展风险则是突变性风险。

品牌形象风险：品牌营销可以在人工智能技术的帮助下处理堆积如山的数据，分析市场条件变化，预测消费者需求，确定细分市场，通过云计算等方式在更高的层面提高影响力。与传统营销相比，人工智能时代的品

---

① 鲍柯舟. 人工智能治安风险及其防范研究 [J]. 铁道警察学院学报, 2021 (4): 50-57.

② 程莹, 崔赫. 欧盟高风险人工智能监管的五个特点: 欧盟人工智能法案（草案）初步解读 [J]. 互联网治理, 2016 (6): 38-41.

③ 唐要家, 唐春晖. 基于风险的人工智能监管治理 [J]. 社会科学辑刊, 2022 (1): 114-124.

牌营销可以生成具有人格特征的实体，智能化品牌可以实现与消费者的积极互动。当然，品牌在适应人工智能的过程中，也会出现一些问题。随着营销与品牌、销售与营销之间的界线日益模糊，品牌在打造外围产品的过程中如果忽视了核心要素，势必会给品牌带来负面营销效果。如曾经比较流行的无人智能健身房号称提供 24 小时健身服务，但是，"无人"及"高度智能化"在部分担心人身安全和不习惯复杂机器操作的消费者心中却会成为扣分点。

法律纠纷：人工智能的发展是否会在未来超出法律的可控边界一直是社会公众关注的热点问题。法律风险可以从风险发生的概率和风险可能导致的后果两个方面来探讨。根据人工智能技术的特点，它可能引致的法律风险包括个人信息与个人隐私泄露风险、侵权责任风险、刑事犯罪风险、行政规制风险、军事应用的国际法风险[①]、传统法律制度失灵风险、权力滥用风险、不正当竞争等。体育服务业经营者在运用人工智能技术助力其发展过程中一定要确保自己的经营行为不要超出法律的控制边界。

6.3　体育服务业与人工智能融合风险测度的方法选择

一般来说，风险是根据风险的来源、潜在事件、风险的影响和风险发生的概率来呈现的。识别可能的风险来源是风险管理过程中一个重要阶段，因为这可以帮助辨别不确定性的具体实例。因此，可以分析这些不确定性的潜在影响，并制定相应的策略来最大限度地减轻其影响。详细的风险类型的识别可以为确保后期风险管控的有效性提供基础条件。

风险识别是系统地、持续地识别可能的风险及其潜在后果的过程，使用不同风险识别工具和技术将风险分为不同的类别，确定其根源，并记录每个风险的特征[②]。风险识别是一个迭代和持续的过程，在整个项目生命周期中应定期严格执行，因为可能会出现新的风险或者已识别的风险可能不复存在。

---

① 李旭. 人工智能的法律风险及应对路径 [J]. 湖南工程学院学报，2021 (3)：83-90.

② AL BAHAR J F, K C CRANDALL. Systematic risk management approach for construction projects [J]. Journal of construction engineering and management, 1990, 116 (3)：533-546.

从风险管理的角度来看，对于风险概率的规范论证是决策者在最紧急和最不紧急的风险之间进行最佳统计决策，因为这比单纯的随机决策效果要好[1]。严重性维度、衡量风险的后果等可以帮助管理者决定有多少资源可以用来应对挑战[2]。

6.3.1 风险识别的方法

理论界有关风险识别的研究一般有以下方法：文献资料搜集，信息收集技术（头脑风暴、德尔菲技术、访谈、根本原因分析、问卷调查和风险研讨会），清单分析，假设分析，绘图技术（因果图、系统或过程流程图和影响图），优势、劣势、机会和威胁（SWOT）分析，专家判断，故障树分析，决策树分析，FMEA 方法。

学者杨辉认为常用的风险识别方法主要有风险清单法、现场调查法、流程图分析法、列表检查法、财务状况分析法、组织结构图分析法、可行性研究、故障树法等，并采用风险清单法对学校体育的风险进行了分析[3]。郭利军在运用风险分解结构（RBS）对度假型滑雪场的风险进行识别后得出多个三级风险，并依据识别出的风险构建了风险识别框架体系，得出了一级风险中权重系数最高的风险分别是设施风险、运行风险、人员风险[4]。路东升采用专家访谈法、检查表法及德尔菲法构建了我国田径专业竞技训练的风险识别框架体系，并运用 Super Decisions 软件计算得到一级指标中"人员风险"和"制度风险"占比超过 90%，二级指标中运动员风险、教练员风险等五项的权重超过了 80%[5]。刘华荣运用事故树分析法对几个不同的案例进行分析，对我国高校户外运动可能存在的风险进行识别，认为高校户外运动风险因素包括人、物、环境及其他四大类 16 小类 173 条。前三大类的关键因素为学生、器材装备、气象条件[6]。

---

① ANTHONY COX L. What's wrong with risk matrices? [J]. Risk analysis, 2008, 28 (2): 497-512.

② NI H, CHEN A, CHEN N. Some extensions on risk matric approach [J]. Safety science, 2010 (48): 1269-1278.

③ 杨辉. 基于风险管理视角的学校体育风险识别及应对策略研究 [J]. 重庆交通大学学报（社会科学版），2010, 10 (4): 52-55.

④ 郭利军. 度假型滑雪场运营风险评估体系构建与实证研究 [D]. 长春：吉林体育学院，2019.

⑤ 路东升. 我国田径专业竞技训练风险管理研究 [D]. 北京：北京体育大学，2015.

⑥ 刘华荣. 我国高校户外运动风险管理研究 [D]. 北京：北京体育大学，2017.

6.3.2　风险评估的方法

刘东波采用列表分析法通过问卷调查对我国大型体育赛事中存在的风险进行了评估，发现在赛事中可能出现的八类风险中，按风险量大小排序，灾害类风险、人员风险、技术风险排在前三[①]。谢翔、莫伟彬、邓启烈在《中小学体育安全保障体系的构建与实施》一文中表示目前对中小学体育风险的评估主要采用列表排序法和帕累托分析法，并在研究后提出了中小学体育风险防控的建议[②]。石岩、牛娜娜在用帕累托法对近 10 年CSSCI 收录的期刊上发表的体育风险研究文献中与体育风险评估相关的文献进行研究后发现，仅有不足 50% 的文献使用了具体的研究方法，其中列表排序法和层次分析法分别占 32.4% 和 22.5%[③]。岳鹏运用了帕累托分析法对初中生课余体育锻炼的风险进行了评估，得出相关的主要风险（A 类风险）有学生动作行为风险、体育器材风险、活动场地风险、学生自我管理风险[④]。连志毅采用探索性因子分析对上海市校园足球开展过程中的教师因素、学生因素、师生以外其他人员及场地、器材等风险因素进行了评估，得出了教师因素分为教学方法和管理因素与教学经验与能力因素两个维度等结论[⑤]。

6.3.3　风险控制的方法

王月华在对冬季测量类项目运动员的参赛风险进行波士顿矩阵分析后，提出风险控制应该贯穿于风险管理的整个过程，需要根据不同的情况制定不同的风险控制办法[⑥]。刘德明、黄建庭采用问卷调查法、探索性因子分析法（EFA）及验证性因子分析法（CFA）研究了我国中小学体育风险的防控体系，认为中小学学校体育风险防控应该以学生为主体、教师和

① 刘东波. 我国承办大型体育赛事风险管理机制研究 [D]. 沈阳：东北师范大学，2010.

② 谢翔，莫伟彬，邓启烈. 中小学体育安全保障体系的构建与实施 [J]. 山东体育科技，2013，35（1）：76-80.

③ 石岩，牛娜娜. 我国体育领域风险评估方法的比较分析 [J]. 体育与科学，2014，35（5）：54-58.

④ 岳鹏. 太原市初中生课余体育锻炼风险评估研究 [D]. 兰州：西北师范大学，2020.

⑤ 连志毅. 上海市青少年校园足球突发事件的风险评估研究 [D]. 上海：上海体育学院，2021.

⑥ 王月华. 我国冬季测量类项目运动员参赛风险评估与控制机制研究 [D]. 沈阳：辽宁师范大学，2012.

环境为保障、学校管理为依托①。姜鑫运用系统论、风险管理理论、联通主义学习理论、马斯洛需求层次理论对中国马拉松参赛者风险的控制问题进行了研究，认为中国马拉松参赛者的风险控制的应用主要依据的载体是网络系统②。

国内外对 FMEA 方法的运用也日益增多，尤其是在风险管控领域。Pribadi Subriadi 和 Nina Fadilah Najwa 运用传统 FMEA 方法（6.4 有详述）和改进的 FMEA 方法对信息技术领域的风险管控进行了系统研究，阐述了 FMEA 方法的基本原理及工作步骤，总结了传统 FMEA 方法的优点与缺陷③。

Gary Teng 等研究了在协作供应链环境中如何实施 FMEA 方法，该研究的目的是引起人们对在协作环境中实施 FMEA 方法的关注，在实施过程中出现的问题，以及在 FMEA 方法协作环境中各方都可以使用的工具过程。该研究提供了一个严重性、发生率和检测率排名不一致的示例，表明不一致可能会延迟 FMEA 方法在供应链中的实施④。

李伟伦等（2022）综合运用 FMEA 方法和模糊综合评价法研究了物业设备运输管理过程中的风险问题，认为 FMEA 方法和模糊综合评价方法的科学使用可以提升物业设施设备的故障控制水平及业主体验的满意度⑤。韩静将 FMEA 方法运用到产品生产服务过程中的风险识别、风险评估、风险分析及风险管控环节。通过应用该方法，可以有效分析和识别生产服务过程中存在的风险因素，评价这些风险因素的影响程度并及时地采取有针对性的风险管控措施⑥。

① 刘德明，黄建庭. 基于 SEM 的中小学学校体育风险防控体系构建研究 [J]. 辽宁体育科技，2018，40（5）：119-125.

② 姜鑫. 中国马拉松参赛者参赛风险评估与控制路径研究 [D]. 长春：东北师范大学，2019.

③ PRIBADI SUBRIADI, NINA FADILAH NAJWA. The consistency analysis of failure mode and effect analysis (FMEA) in information technology risk assessment [J]. Heliyon, 2020, 1 (6): 1-12.

④ GARY TENG S, HO S M, SHUMAR D, et al. Implementing FMEA in a collaborative supply chain environment [J]. International journal of quality & reliability management, 2006, 23 (2): 179-196.

⑤ 李伟伦，项春红，李琳，等. 基于 FMEA 和模糊综合评判的物业设备运维评估研究 [J]. 中国设备工程，2022，6（上）：3-6.

⑥ 韩静. 风险管理和 FMEA 方法在产品生产服务过程中的应用 [J]. 工程机械，2017（6）：46-52.

结合上述研究，本书拟采用 FMEA 方法对体育服务业与人工智能融合的风险进行识别与评估。

6.4　体育服务业与人工智能融合风险的 FMEA 分析

风险可以通过多种方法来衡量：定性方法、定量方法和半定量方法。纯粹定性和描述性的方法往往会产生更主观的风险评估结果；单纯的定量方法可能会消除大量信息，且比较耗时，并且描述组织中的风险也较为复杂。半定量方法则结合了定量方法和定性方法各自的优点，FMEA（failure mode and effects analysis，失效模式与影响分析）方法被归类为半定量方法，FMEA 方法中的风险系数（风险顺序数）RPN 支持风险事件的定量分析。该方法不仅可以准确快速地找到最高风险，也可以避免丢失信息[①]。它可以批判性地评估所有的潜在风险。FMEA 方法提供了可在多种类型的组织中使用的通用结构和语言，如制造和服务行业、营利和非营利组织、私人和公共组织以及政府组织。

6.4.1　FMEA 方法简介

FMEA 方法于 20 世纪 50 年代被美国飞机制造公司首次使用，是研究主操作系统的一种事前的风险测量方法。FMEA 方法曾被普遍用于 20 世纪 60 年代中期的航空业，特别是用于研究安全领域或安全问题[②]。随后，该方法应用的领域日益增多，被广泛应用于军用系统、信息系统、医疗系统、机械制造系统等。目前，FMEA 方法已逐渐进入各种服务行业领域。经过近几十年的发展，FMEA 方法已经成为诸多领域风险管控十分重要的分析工具。已有研究表明，FMEA 方法有助于帮助管理人员和技术人员识别出系统中潜在的故障模式、潜在的原因，并找到缓解措施，尤其适用于

---

① ZHAO X, BAI X. The application of FMEA method in the risk management of medical device during the lifecycle [C] // [s.n.]: 2010 2nd International Conference on E - Business and Information System Security, 2010: 455-458.

② J B BOWLES, C E PELAEZ. Fuzzy logic prioritization of failures in a system failure mode, effects and criticality analysis [J]. Reliability engineering & system safety, 1995, 50 (2): 203-213.

敏感数据和信息安全①。

FMEA 方法使用风险系数或者风险顺序数（risk priority number，RPN）来进行风险分析，专家团队运用语言术语来确定构成 RPN 的三个参数，这三个参数分别是：风险影响 S（effect severity ranking，严重性）、风险发生频度 O（occurrence probability ranking，可能性）和风险机会 D（detection difficulty ranking，检测难易程度）。其中，风险严重性 S 指风险管控过程中某个失效模式未被检测出来、无法得到修正会对最终结果可能产生的负面影响的严重程度（见表 6.2）。风险发生频度 O 指在风险管控过程中引发某个失效模式出现的可能性大小（见表 6.3）。风险检测难易程度 D 指风险管控过程中某个失效模式被检测出来的难易程度（见表 6.4）。

传统的 FMEA 方法一般包括五个阶段，即识别潜在的故障和影响，确定严重性、确定发生频率、检测故障和计算 RPN 值。

表 6.2　风险严重程度 S 评估尺度

分值	严重程度	评定标准
10	无警告严重危害	非常严重的风险，无法通过各种测试将其检测出来，将造成严重的后果
9	有警告严重危害	非常严重的风险，可以通过各种测试察觉风险，会造成严重后果
8	很高	影响相关方面正常运作，基本功能被破坏，参与方很不满意
7	高	相关方面勉强能够运作，但运作效率降低，参与方很不满意
6	中等	相关方面能够运作，但部分环节无法运作，参与方感觉不便
5	低	相关方面能够运作，但部分环节性能下降，参与方感觉有些不便
4	很低	部分环节出现问题，大多数参与方发现缺陷
3	轻微	部分环节出现问题，约半数参与方发现缺陷
2	很轻微	部分环节有轻微问题，很少有参与方发现缺陷
1	无	基本没有影响

---

① SHARMA R K, SHARMA P. System failure behavior and maintenance decision making using, RCA, FMEA and FM [J]. Journal of quality in maintenance, 2010, 16 (1)：64-88.

表 6.3　风险发生频度 O 评价标准①

分值	风险发生的可能性	风险发生的概率
10	极高，风险发生不可避免	高于 1/2
9	很高，风险发生几乎不可避免	高于 1/3
8	高，容易反复发生的风险	高于 1/8
7	高，较容易反复发生的风险	高于 1/20
6	中等，有时发生的风险	高于 1/80
5	中等，偶尔发生的风险	高于 1/400
4	较低，相对较少发生的风险	高于 1/2 000
3	低，相对很少发生的风险	高于 1/15 000
2	很低，风险基本不可能发生	高于 1/150 000
1	极低，风险几乎不可能发生	高于 1/1 500 000

表 6.4　风险检测难易程度 D 评价标准

分值	可探测性	评价标准
10	绝对不可能	没有已知的方法检测风险
9	很微小	以现行的方法检测风险的可能性很微小
8	微小	以现行的方法检测风险的可能性微小
7	很低	以现行的方法检测风险的可能性很低
6	低	以现行的方法检测风险的可能性低
5	中等	以现行的方法检测风险的可能性为中等
4	中上	以现行的方法检测风险的可能性为中等偏上
3	高	以现行的方法检测风险的可能性高
2	很高	以现行的方法检测风险的可能性很高
1	几乎确定	以现行的方法几乎确定可以检测出风险

　　三个参数的赋值没有具体的程序，可以通过风险评估团队的意见来确定，最常用的标准范围是 1~10 级，具体打分标准可以参见表 6.2、表 6.3 及表 6.4。专家团队首先进行风险类别识别，其次对识别出来的风险类别

---

① HAMID AFSHARI, MOHAMED H ISSA, AHMED RADWAN. Using failure mode and effects analysis to evaluate barriers to the greening of existing buildings using the leadership in energy and environmental design rating system [J]. Journal of cleaner production, 2016 (127)：195-203.

进行上述三个参数层面的打分，通过乘以三个参数的值得到 RPN 值，RPN 值得分最高的被认为是重要的风险，它与低 RPN 值的风险相比应该得到高优先级处理。

在体育服务业与人工智能融合过程中，需要事先进行相关风险的预警和预防，而不是等待风险出现之后花费加倍的财力、物力、人力进行控制，因为有些风险在事后是非常难以控制的。为了最大限度地减少融合过程中各种类型风险的出现或尽可能地降低风险对利益相关者群体的影响，需要事前对进行人工智能融合发展的体育服务企业（主体）进行全面的风险评估体系搭建，成立专门的风险管控工作组，工作组构成及其成员的专业擅长领域对风险识别、衡量、评估及管控的效果均有较大影响，因此，工作组成员的决定显得尤其重要。本部分的风险管控工作组由 11 位专家构成，其中体育产业政府主管部门（国家体育总局）专家 1 名——朱某某，体育产业学者型专家 1 名——成都体育学院刘某，体育产业实践领域专家 1 名——成都欢乐鹏程体育公司贺某，人工智能学者专家 2 名——清华大学樊某某和张某，风险管控学者专家 1 名——北京大学吴某，风险管控实践领域专家 2 名——德国莱茵豪森集团董某某和挪威奥斯陆 SPT Group AS 杨某某，人工智能实践领域专家 3 名——华为加拿大分公司李某某、北京航天动力研究所马某某和中国科学院徐某。所有专家对自己的专业领域高度熟悉，擅长决策，专家组具体组成见表 6.5。

表 6.5　专家组组成情况

专家	单位	职称/学历	专家	单位	职称/学历
董某某	德国莱茵豪森集团	工程师	朱某某	国家体育总局	副处长
樊某某	清华大学	副教授、博士	刘某	成都体育学院	教授
杨某某	挪威奥斯陆 SPT Group AS	博士	贺某	成都欢乐鹏程体育公司	总经理
张某	清华大学	博士	马某某	北京航天动力研究所	研究员
吴某	北京大学	教授　博士	徐某	中国科学院	博士
李某某	华为加拿大分公司	博士			

本章选用 FMEA 方法进行的风险管控研究分为风险识别、风险评估、风险分析和风险应对四个部分，具体程序如图 6.1。

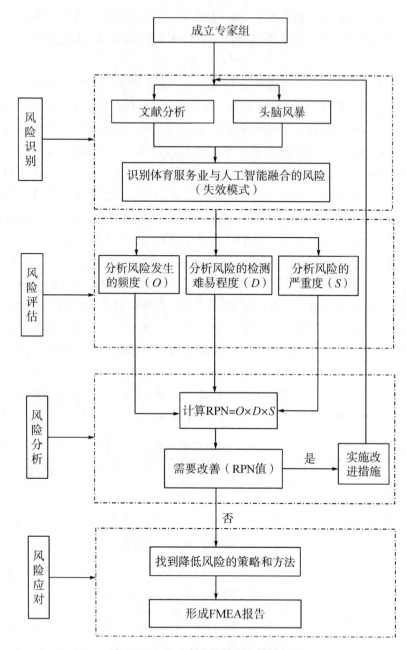

图 6.1　FMEA 方法下的风险管控流程

6.4.2 风险识别

对风险进行分类识别有助于加深对风险的认识与理解、辨识风险的本质，从而制定出更加有针对性的风险管控目标。风险识别是风险管控工作的第一步，风险的分类及具体风险类型的确定直接为风险管控提供了工作对象，决定着风险管控工作的最终效果。如前所述，在体育服务业与人工智能融合过程中，考虑所有可能产生的风险类型，结合大量前人关于人工智能风险、融合风险及体育服务业特征的研究，同时运用科学方法征求专家意见，共计提炼出体育服务业与人工智能融合过程中可能产生的经济风险 12 个、技术风险 5 个、社会风险 7 个，具体风险类型内涵在前文有详尽阐述，其具体构成见表 6.1。

6.4.3 风险衡量

风险衡量以风险识别为基础，是在风险识别的基础上对具体风险类型进行的量化描述与分析，它可以加深对风险的认识，为风险管控决策措施的实施奠定基础。运用 FMEA 方法作为体育服务业与人工智能融合过程中的风险衡量方法，不需要复杂的统计方法，只需要专家组根据表 6.2、表 6.3 和表 6.4 给经济维度、技术维度及社会维度共计 24 个具体风险类别打分，给出每个风险类别的风险严重性 S、风险发生频度 O、风险检测难易程度 D，其分值最终计算结果如表 6.9 所示。下面分别对这 24 个具体风险类型的风险严重程度、风险发生频度及风险检测难易程度进行分析。

（1）风险严重程度分析

根据 FMEA 方法的计算结果，三大类风险类别所囊括的 24 个具体风险类型的严重程度从高到低，排名前 10 的具体风险如表 6.6 所示。

表 6.6 融合风险严重程度 S 排序

排序	具体风险指标	风险严重程度
1	数据投毒（技术风险）	8.000 0
2	数据泄露（技术风险）	7.818 2
3	网络安全风险（技术风险）	7.181 8
4	失业（社会风险）	7.090 9
5	对消费者实施价格歧视（经济风险）	7.000 0

表6.6(续)

排序	具体风险指标	风险严重程度
6	加剧市场竞争（经济风险）	6.818 2
7	数据异常（技术风险）	6.727 3
8	算法出错（技术风险）	6.727 3
9	社会伦理道德问题（社会风险）	6.454 5
10	管理风险（经济风险）	6.090 9

从表6.6可以看出，风险严重程度排名前10的指标中，5个技术风险指标全中，经济风险有3个指标，社会风险有2个指标。风险严重程度最高的3个风险指标均是技术风险指标，排名第1的是数据投毒，第2是数据泄露，第3是网络安全风险，社会风险中的失业排名第4，而经济风险指标中的对消费者实施价格歧视排名第5。早在2018年，位于美国马里兰州巴尔的摩的体育公司安德玛发现其运动应用程序My Fitness Pal出现了大规模的信息泄露问题。该次数据泄露事件可能涉及的用户账户数量高达1.5亿，泄露的大量用户数据可能会帮助截取信息方识别出真正活跃的用户，并在暗网兜售所截取的用户信息。该事件是体育服务业与人工智能融合领域出现的重大技术风险事件。过去几年日渐流行的24小时无人智能健身房及虚拟技术健身房，凭借其超强的人工智能技术，在短期内造成了健身房工作人员及教练的就业冲击。而智能体育服务产品由于其技术及装备的高科技性能，消费者处于信息相对弱势方，容易产生对消费者的价格欺诈风险。经济风险中的加剧市场竞争风险排名第6，是因为人工智能往往需要较大的资金投入，如果大家一窝蜂地对体育场馆、健身房等进行智能化改造，势必造成体育服务产品的同质化，最终加剧该行业的竞争。另外，社会伦理道德问题和管理风险也进入排名前10榜单，意味着人工智能技术的不正确使用可能会带来社会伦理道德问题，同时，这对体育服务业经营者的管理水平也是一个考验。

（2）风险发生频度分析

根据FMEA方法的计算结果，三大类风险类别所囊括的24个具体风险发生频度从高到低，排名前10的风险如表6.7所示。

表 6.7　融合风险发生频度 O 排序

排序	具体风险指标	风险发生频度
1	监管难度（社会风险）	6.909 1
2	数据泄露（技术风险）	6.545 5
3	失业（社会风险）	6.363 6
4	数据异常（技术风险）	5.909 1
5	加剧市场竞争（经济风险）	5.909 1
6	收入分配两极化（经济风险）	5.818 2
7	网络安全风险（技术风险）	5.727 3
8	算法出错（技术风险）	5.363 6
9	社会伦理道德问题（社会风险）	5.363 6
10	对消费者实施价格歧视（经济风险）	5.272 7
10	数据投毒（技术风险）	5.272 7
10	需求变动（经济风险）	5.272 7

从表 6.7 可以看出，在风险发生频度排名前 10（其中第 10 名并列有 3 个指标）的指标中，技术风险指标依然全中，社会风险指标有 3 个，经济风险指标有 4 个。排名前 3 的风险分别是监管难度、数据泄露和失业，而数据异常和加剧市场竞争并列第 4。在人工智能技术融入体育服务业之后，囿于技术手段的复杂性，体育服务企业的经营行为可能存在诸多的监管风险，因为技术壁垒可能会阻止相关部门的监管从而导致监管风险激增。数据泄露风险发生频率的增加是以监管难度的增加为前提条件的，正是因为监管困难，数据被有意或无意地泄露的频率才会增加。在全球范围内，仅 2016 年上半年，就发生了 974 起数据泄露事件，数据泄露记录数量超过 5.54 亿条；2020 年 2 月，某化妆品品牌因为服务器问题泄露了近 4.4 亿用户的敏感信息；同年 6 月，广东省破获一起涉及 10 亿条个人信息泄露的案件。短期内，人工智能技术进入体育服务领域，特定人群的失业问题将时常发生。伴随着智能体育逐渐引领体育市场消费潮流，有资金筹措能力的经营者纷纷大手笔投资人工智能技术，而资金筹措能力欠缺的经营者则只能固守传统体育服务业经营模式，这无疑会加剧体育服务业领域的市场竞争，同时导致经营者的收入两极化趋势。人工智能技术的复杂性，也会导致网络安全风险和算法出错风险的增加。智能体育场馆等搜集了用户海量的个人数据，在谁掌握了大数据，谁就掌握了财富的观念驱动下，不排除

经营者为了利益链而走险，从而导致社会伦理道德问题的增加。由于海量数据在手，体育服务业也可能出现类似的大数据"杀熟"事件[①]，从而产生对消费者的价格欺诈风险。

（3）风险监测难易程度分析

根据 FMEA 计算结果，三大类风险类别所囊括的 24 个具体风险检测难易程度从高到低，排名前 10 的具体风险如表 6.8 所示。

从表 6.8 可以看出，风险监测难易程度排名前 10（其中第 10 名并列有 2 个指标）的风险指标中，技术风险有 4 个，社会风险有 3 个，经济风险有 4 个。

表 6.8　融合风险检测难易程度 D 排序

排序	具体风险指标	风险检测难易程度
1	数据投毒（技术风险）	6.090 9
2	数据泄露（技术风险）	5.909 1
3	监管难度（社会风险）	5.545 5
4	政策风险（社会风险）	5.454 5
5	对消费者实施价格歧视（经济风险）	5.272 7
6	合作关系（经济风险）	5.272 7
7	财务风险（经济风险）	5.272 7
8	算法出错（技术风险）	5.090 9
9	网络安全（技术风险）	5.090 9
10	管理风险（经济风险）	4.909 1
10	社会伦理道德问题（社会风险）	4.909 1

在这 10 个风险中，最难检测的三个风险分别是数据投毒、数据泄露和监管难度，其次是政策风险和对消费者实施价格歧视。而在风险严重程度及风险发生频度均未进入前 10 的政策风险、合作关系和财务风险指标首次上榜，位列第 4、第 6 和第 7。在训练数据中加入了恶意样本或伪装数据导致算法模型结果的错误，这对于不具备较强专业检测能力的机构或大众是

---

① 大数据杀熟："杀熟"原意指做生意时候利用熟人对自己的信任，通过不正当手段赚取熟人钱财；而"大数据杀熟"则指互联网厂商利用自己手里拥有的客户数据，对老用户实施价格歧视的行为，也就是说，同一件商品或服务，厂商显示给老用户的价格要高于新用户。

非常难以识别的，只能在算法模型结果出现错误、造成恶劣影响之后，才可能被发现。据 Verizon 机构的分析，安全人员发现数据泄露的时间较为滞后，说明数据泄露风险不容易在短期内被检测到。有关人工智能领域的统计报告表明，10%的数据泄露事件往往超过 1 年之后才被发现。2016 年 5 月，美国纽约某轻博客网站多达 6 500 万户的邮箱账号及密码被泄露，但其实该泄露事件是 2013 年发生的，相当于历时 3 年才检测出漏洞。而监管工作由于缺乏定量的评价标准，因此在人工智能技术与体育服务业融合中监管是否到位比较难以辨别，这无疑增加了监管难度。在政策风险中，鉴于目前我国人工智能产业及体育服务业的发展政策均为支持性、鼓励性政策，因此反向性政策风险应该容易被检测到，而政策口径不一致所导致的突变性政策风险则不易于被检测到。由于企业的内在动机是追求利润最大化，因此，合作关系风险在所难免。由于技术的复杂性，合作关系风险被检测到的难度也有所提高。

6.4.4 风险评估

按照 FMEA 方法的计算程序，伴随着风险发生频度、风险发生的严重程度及风险检测的难易程度的确定，可以求出各个具体风险指标的风险顺序数 RPN（见表 6.9）。风险顺序数值越大，说明该指标的风险越大。根据风险顺序数从高到低，可以给出风险改善顺序数排序。风险量化结果分析表由风险维度、具体风险类别、风险发生频度、风险发生严重程度、风险检测难易程度、风险顺序数 RPN 以及排序七个部分组成。风险维度参照三重底线理论分为经济、技术和社会三个维度，具体风险类别是根据每个维度的具体失效模式来确定的。风险发生频度、风险发生的严重程度及风险检测的难易程度由专家团队凭借自己工作经验和相关历史数据打分，而风险顺序数 RPN 则是风险发生频度 O、风险发生的严重程度 S 及风险检测难易程度 D 三者的乘积，排序则是根据 RPN 值由大到小进行排列。

表 6.9　FMEA 风险量化结果分析

维度	具体风险类别	发生频度	严重程度	检测难易程度	RPN	排序
经济风险	产业结构失调	4.272 7	6.363 6	4.818 2	131.01	16
	收入分配两极化	5.818 2	5.909 1	4.545 5	156.28	11
	加剧市场竞争	5.909 1	6.818 2	4.636 4	186.80	8

表6.9(续)

维度	具体风险类别	发生频度	严重程度	检测难易程度	RPN	排序
	对消费者实施价格歧视	5.272 7	7.000 0	5.272 7	194.61	6
	合作关系风险	4.545 5	5.181 8	5.272 7	124.19	17
	抵制风险	4.454 5	5.818 2	4.454 5	115.45	19
	需求变动	5.272 7	5.454 5	4.636 4	133.34	15
	供给变动	4.272 7	5.090 9	4.181 8	90.96	23
	产品风险	5.000 0	5.090 9	4.545 5	115.70	18
	全球化	4.181 8	4.454 5	4.727 3	88.06	24
	管理风险	4.636 3	6.090 9	4.909 1	138.63	14
	财务风险	4.454 5	6.000 0	5.272 7	140.92	13
	平均值	4.840 9	5.772 7	4.772 7	134.66	
技术风险	数据投毒	5.272 7	8.000 0	6.090 9	256.92	2
	数据泄露	6.545 5	7.818 2	5.909 1	302.39	1
	数据异常	5.909 1	6.727 3	4.818 2	191.53	7
	算法出错	5.363 6	6.727 3	5.090 9	183.69	9
	网络安全风险	5.727 3	7.181 8	5.090 9	209.40	3
	平均值	5.763 6	7.290 9	5.4	228.79	
社会风险	失业	6.363 6	7.090 9	4.636 4	209.21	4
	社会伦理道德问题	5.363 6	6.454 5	4.909 1	169.95	10
	社会治安风险	4.363 6	5.545 5	4.000 0	96.79	22
	监管难度	6.909 1	5.363 6	5.545 5	205.50	5
	政策风险	4.909 1	5.818 2	5.454 5	155.79	12
	品牌形象风险	4.636 3	4.818 2	4.818 2	107.63	21
	法律纠纷	4.909 1	5.272 7	4.181 8	108.24	20
	平均值	5.350 6	5.766 2	4.792 2	150.44	

从表6.9三个维度风险指标RPN平均值来看，技术风险维度的平均值最高，为228.79；社会风险维度的平均值位列第2，为150.44；经济风险维度的平均值第3，为134.66。

表6.10关于融合风险顺序数的排序呈现了24个风险指标中排名前10的指标，可以看出，5个技术风险指标全部进入风险顺序数前10行列；而7个社会风险指标中进入前10的有3个，分别是失业、监管难度和社会伦理道德问题；12个经济风险指标中进入前10的有2个，分别是对消费者

实施价格歧视和加剧市场竞争。排名第 1 的是数据泄露，这与现实情况非常一致。早在 2019 年，美国某网站就因为 8 700 万用户的个人信息被泄露而被美国联邦贸易委员会罚款 50 亿美元。在数据已经成为非常重要的生产要素的当下，如何在大数据给人们带来便利的同时避免其对公众隐私的破坏，是我们必须面对的现实问题。数据投毒和网络安全风险分别排名第 2 和第 3。在人工智能大量进入体育服务业之后，大量的体育领域数据也存在着被"污染"的风险。有专家认为，人工智能主要是数据智能，数据时刻处于安全状态至关重要。在上万亿的智能设备都连接到互联网的时代背景下，软件定义一切，万物皆可联，网络安全也会受到威胁。失业位列第 4，就体育服务业而言，它在和人工智能技术融合之前，多数为劳动密集型产业，能够缓解就业压力，而伴随智能体育的兴起，体育服务业会逐渐向资本密集型及技术密集型产业发展，这会在短时间内带来较大的失业风险。

表 6.10　融合风险顺序数 RPN 排序

排序	具体风险指标	风险顺序数
1	数据泄露（技术风险）	302.39
2	数据投毒（技术风险）	256.92
3	网络安全风险（技术风险）	209.40
4	失业（社会风险）	209.21
5	监管难度（社会风险）	205.50
6	对消费者实施价格歧视（经济风险）	194.61
7	数据异常（技术风险）	191.53
8	加剧市场竞争（经济风险）	186.80
9	算法出错（技术风险）	183.69
10	社会伦理道德问题（社会风险）	169.95

综上所述，在体育服务业与人工智能融合过程中，首要特别注意防范的是技术风险，其次是社会风险，最后是经济风险。

6.5　体育服务业与人工智能融合的风险管控对策

体育服务业与人工智能的融合是时代发展的大趋势，无论是理论界还是现实领域，智慧体育、智能体育等概念已经不再新鲜，该来的一定都会来，值得注意的是，作为新兴服务业的体育服务业在与人工智能融合的过程中，除了享受融合带来的优势之外，一定要高度警惕融合带来的潜在风险，做好提前的预判与防范，谨慎运用人工智能技术，从而充分保证体育服务业的健康、可持续发展。

目前，从世界各国人工智能风险管控主体的构成来看，第一管控主体为政府，第二管控主体为企业及社会公众。我国政府是治理人工智能风险的第一主体，其风险管控政策呈现以下特点：十分重视人工智能技术风险的管控，而对于人工智能带来的其他风险如经济风险及社会风险则管控力度不够；已推动形成多元主体协同管控人工智能风险的雏形，但仍然以政府为主；人工智能风险管控政策导向明确，但各项管控政策的实际价值仍需进一步挖掘。

根据前文有关体育服务业与人工智能融合风险分析得出的研究结论，需要特别引起重视的风险类型首先是技术风险，其次是社会风险，最后是经济风险。本书提出以下管控对策，试图为体育服务业与人工智能融合发展保驾护航。

6.5.1　建立并严格遵守人工智能伦理与规范

国家新一代人工智能治理专业委员会于 2021 年 9 月发布了《新一代人工智能伦理规范》，其目的在于在人工智能全生命周期中融入伦理道德，为所有与人工智能相关的主体提供伦理指引。该规范重点在促进公平公正、保护隐私安全、强化责任担当、提升伦理素养、增进人类福祉以及确保可控可信六个方面提出了基本的伦理要求。

《新一代人工智能伦理规范》要求人工智能主要应该在管理环节、研发环节、供应环节及使用环节遵循相应的伦理规范。比如，在管理环节要求推动敏捷治理、积极实践示范、正确行权用权、加强风险防范以及促进包容开放，在研发环节要求强化自律意识、提升数据质量、增强安全透明以及避免偏见歧视，在供应环节要求尊重市场规则、加强质量管控、保障用户权益以及强化应急保障，在使用环节要求提倡善意使用、避免误用滥用、禁止违规恶用、及时主动反馈以及提高使用能力。

欧盟也于 2019 年颁布了《可信赖人工智能伦理指南》（*Ethics Guidelines for Trustworthy AI*），同样强调了人工智能在其应用过程中应该遵循一系列的伦理道德规范。

在体育服务业与人工智能融合过程中，如果能够严格遵守上述有关伦理道德的具体约束条款，则可以在较大程度上将人工智能与体育服务业融合的技术风险、社会风险及经济风险扼杀在摇篮中，大幅增加二者融合的有利影响，最终实现互利共赢。

6.5.2　增加人工智能算法的透明度

基于人工智能算法作为"黑匣子"的技术特点，人们在使用人工智能技术的时候，很难区分什么是安全的，什么是有风险的，也更难区分什么是有道德的，什么是可怕的，因此，如果人工智能的算法是相对完美的，那么"黑匣子"问题就不会那么令人担忧。但是，算法总是可能存在漏洞和缺陷的，因此，尽可能地保证算法的透明度则成为降低人工智能风险的必要条件。在人工智能的发展和应用过程中，算法的透明度也被认为是获得公众信任和确保民主规范的重要因素。提高信息披露的水平，公开跨应用模式、源代码及数据源等都是比较有效的提升算法透明度的方式。另外，业内人士还提出了 TAI（trustworthy AI）的概念：值得信赖的人工智能，它要求人工智能必须符合所有相关法律的规定，并坚持一般性的道德原则，从而让用户认为它们是值得信赖的[①]。

2019 年欧盟颁布了《算法责任与透明治理框架》（*A Governance Framework for Algorithmic Accountability and Transparency*），强调人工智能算法的透明度直接关系着人工智能的风险。

增加人工智能算法的透明度，可以在很大程度上直接降低融合风险中的技术风险，间接降低社会风险和经济风险。

6.5.3　健全人工智能技术监管体系，提升政府风险管控效率

人工智能技术既可以给人类社会带来巨大的好处，也可以造成巨大的威胁，失去了强有力的监管的人工智能犹如一匹脱缰的野马，难以预测其可能引起的负面后果。政府必须健全有关人工智能的监管体系，监督各利益主体行为的合法性，让人工智能技术的市场更加和谐有序，从而降低风险发生的概率。健全的监管体系能够较好地约束各市场主体的行为，让市场主体更好地遵循规则，使得整个市场更加规范。

---

① MÖKANDER J, FLORIDI L. Ethics-based auditing to develop trustworthy [J]. Minds and machines, 2021, 31（2）: 323-327.

有学者认为可以将监管沙箱（regulatory sandbox）① 的监督机制运用到人工智能领域，提高监管的效率和灵活性，从而加强对风险的管控，推动人工智能安全监管的立法过程，健全多元、立体、全方位的应对机制②。建立监管框架应制定指导方针，使人工智能能够以此为指导运行。人工智能的机器和设备目前由人类管理，而人心是复杂的，这一点必须引起科学家和其他利益相关者的关注③。当自我监管的底线被突破时，就需要外部力量来守住红线。

体育服务业与人工智能两大行业的融合可能会产生一些监管的空白，增加监管难度，所以需要政府完善的监管体系，以更好地监管该领域。

6.5.4 提升人工智能风险意识，强化风险评估

人工智能市场的风险是一直存在的，企业想在市场上立于不败之地，就应该加强自身的风险意识，从技术风险、经济风险和社会风险三个方面更加详细地分析企业所面临的情况，建立风险评估体系和流程，并结合企业的实际情况制定出行之有效的风险管理方法，进行更加全面的风险评估，做到未雨绸缪。

当前，人工智能已逐渐从实验阶段迈向了应用阶段。近几年来，它在现代服务业中的应用一直在增加，这有助于推动新商业模式的产生。中国正在进入的人工智能社会面临着新全球化、新工业革命、社会转型三重叠加的挑战④。风险管控的重点在于规避风险，但风险往往与机遇并存，如果完全规避了风险，也可能对发展带来一定的限制。体育服务业与人工智能融合的风险管控的目的应该是发展和安全并重，应该将风险管控纳入企业的整体战略规划。

随着人工智能技术的发展，人工智能已被运用到越来越多的领域，新兴的体育服务业也越来越多地涉及人工智能，在更加便利的同时也增加了企业的风险。体育服务业与人工智能的融合带来了更高的技术风险、经济

---

① 监管沙箱源于英国金融业，其实质是一种有效防范金融创新风险的实验性监管机制。

② 明均仁，马玉婕，等.美国人工智能政策文本分析及启示［J］.数字图书馆论坛，2022（3）：59-65.

③ N BALU, ATHAVE YOGESH. Artificial intelligence: risk assessment and considerations for the future［J］. International journal of computer applications, 2019, 181（43）：47-49.

④ 张成岗.人工智能时代：技术发展、风险挑战与秩序重构［J］.南京社会科学，2018（5）：42-52.

风险和社会风险，故而投资者和企业需要强化的风险意识，做出更全面的风险评估。

6.5.5 健全人工智能风险管控的多元主体参与机制

风险的增加与主体参与的多元化有着密切的关系，政府应当建立健全人工智能风险管控的多元主体参与机制，对各级各类进入人工智能领域的相关主体提出风险管控的要求。健全的风险管控多元主体参与机制可以有效地推动政府、投资者、企业、消费者等利益相关方的参与和合作，从而强化市场的风险管控。

体育服务业与人工智能融合涉及的主体涵盖了个人、企业、组织、各类政府部门等，可能会出现多元主体的利益难以调和的局面。人工智能数据安全的治理不能单单只靠某一方力量，要采取协同治理的方式。这样不仅能聚合多元主体的力量，还能有效地平衡各主体的利益诉求①。另外，人工智能市场主体准入制度解决了哪些市场主体可以进入该市场的问题，可以避免不适宜的主体进入，冲击现有法律和社会秩序的情形②。市场主体准入制度可以有效地为人工智能主体参与机制提供参考，良好的主体参与机制能够更好地管控风险。

在体育服务业与人工智能融合的过程中，将有更多的市场主体进入该领域，市场主体将变得越来越多元化，健全的参与机制能够有效地维护市场秩序，降低社会风险和经济风险。

6.5.6 完善人工智能风险管控政策工具

政策往往具有指向性，能指明产业的发展方向，引导资本、人才等要素的流入。在有关人工智能的现行政策中，的确也有人工智能风险管控的政策工具，但还不够，必须结合时代发展适时补充和完善风险管控的政策工具，维护人工智能在目前发展阶段的积极任用。

针对人工智能的现状，多位学者对政策目的、政策结构、政策工具与问题的匹配等进行了研究。在政策工具的研究中，学者基于自己的研究角度对政策工具进行了不同的分类。大部分研究将政策工具分为供给侧、环

①　林伟. 人工智能数据安全风险及应对 [J]. 情报杂志, 2022, 41 (10): 105-111.
②　胡元聪，廖娟. 人工智能的负外部性及其经济法规制 [J]. 大连理工大学学报 (社会科学版), 2020, 41 (3): 71-79.

境侧、需求侧，也有研究将政策工具分为信息型、组织型、财政型，或者将政策工具的作用层面区分为战略层、综合层及基本层[①]。有学者将美国的政策工具分为了投资类、管控类和打压类，同时认为管控类政策工具能够协调各方行动与利益关系，保护各主体权利，具有较高的可持续性。但多主体间利益关系的复杂性或许也会导致各种管控类政策工具的应用存在一定难度，降低其时效性[②]。所以政策工具需要具有一定的互补性，能够更好地解决现实中的复杂情况。完善人工智能风险管控政策工具可以让体育服务业与人工智能产业融合在面临一些风险时能够有法可依，以更好地降低风险。

在现实的风险管控操作中，还需要根据技术风险、社会风险、经济风险三个风险维度下具体的风险类别，充分考虑体育服务业自身特点，采取针对性的措施。

上述风险管控政策为政府主管部门、企业及利益相关者提供了一个逻辑框架，鉴于体育服务业包含的细分产业范围较为广泛，涉及具体的某个体育服务业细分行业与人工智能技术融合的情况，仍需要具体情况具体分析。

6.6　本章小结

受算力、算法和大数据等因素的影响，人工智能将迎来新一轮蓬勃发展。人们在享受着它为生产生活方式带来的巨大改变的同时，也逐渐感受到它带来的种种风险和挑战。依赖于大数据"喂养"的人工智能在数据采集过程中可能存在数据过度采集、数据采集与用户授权不一致以及不合规使用个人敏感信息等问题。而在数据使用环节也可能因为数据标注问题产生数据泄露及盗取等安全隐患。在应用方面，由于可以模仿人类，人工智能可能带来伦理道德问题，比如换脸、人声伪造、手写伪造等，这可能会在法律和道德的边缘地带加剧技术滥用的风险。体育服务业是一个新兴产

---

① 吕文晶，陈劲，刘进. 政策工具视角的中国人工智能产业政策量化分析 [J]. 科学学研究，2019，37（10）：1765-1774.

② 阙天舒，闫姗姗，王璐瑶. 对美国人工智能领域政策工具的考察：安全偏向、结构特征及应用评估 [J]. 当代亚太，2022（1）：101-131.

业，人工智能与其融合极有可能引发体育产业领域的系列问题，对体育产业的快速健康发展造成巨大伤害。在实践和理论领域已有不少的专家学者对人工智能可能引发的风险问题进行了广泛的讨论与研究，但是，针对人工智能在体育领域可能引发的风险的研究还不算多，尤其是对于近些年发展势头迅猛的体育服务业来说，它包含的细分行业大部分与人密切相关，如健身休闲、体育培训、体育管理，等等，由此引发的风险问题愈加值得关注。

本章首先对人工智能对现代服务业带来的挑战进行了分析。其次，在大量阅读与借鉴前人研究成果的基础上，结合体育服务业的产业特征，概括了体育服务业与人工智能融合的风险维度：经济风险、技术风险和社会风险，并科学界定出 12 个具体的经济风险、5 个具体的技术风险、7 个具体的社会风险。最后，运用 FMEA 方法对风险维度及具体的风险指标进行计算分析，得出相应结论并提出风险管控对策措施。本章的主要工作可以归纳为以下两个方面：

第一，从三个维度界定了 24 个具体风险指标。为体育服务业与人工智能融合风险管控提供了经济、技术、社会 3 个维度共计 24 个具体风险指标，这些风险指标与体育服务业及人工智能行业的特征高度相关，可以为后续体育领域内融合风险界定及融合风险管控的相关研究提供一定参考借鉴。

第二，在体育产业融合风险管控领域运用定量研究方法。运用 FMEA方法对 3 个维度 24 个具体风险指标进行科学计算并排序。风险维度的排序：技术风险第一，社会风险第二，经济风险第三。也即是说，在体育服务业与人工智能融和过程中，要按照上述顺序关注三类风险。具体指标排序结果（排名前 10）是：数据泄漏、数据投毒、网络安全、失业、监管难度、对消费者实施价格歧视、数据异常、加剧市场竞争、算法出错以及社会伦理道德问题。该计算结果可以为政府部门及相关主体识别、评估及控制融合风险提供科学指引，也为将更多的定量研究方法引入体育产业融合领域提供了一个探索性研究基础。

7 结束语

在本书的研究接近尾声之时的 2022 年年底，国家体育总局公布了我国 2021 年全国体育产业总规模与增加值的数据。数据显示，2021 年，我国体育服务业增加值占体育产业增加值的比重已经高达 70%，这在一定程度上呈现了我国体育产业结构优化的发展成果，体育服务业在体育产业中占据主导地位。尽管 2022 年上半年我国人工智能市场规模整体相比去年同期有所下降，但在数字化转型、元宇宙、智慧城市、数字孪生、数字经济等技术的加持下，人工智能与各行各业的融合创新迎来快速增长。2022 年 9 月，世界人工智能大会智慧体育高峰论坛首次发布《"AI+体育"发展蓝皮书》，该届高峰论坛的主题是"让 AI 成为助推体育发展的新引擎"，会议广泛讨论了智慧体育、大数据赋能体育产业发展、元宇宙与体育产业协同、智能设施与体育新消费以及虚拟体育赛事与数智人等领域取得的领先成果。

因此，体育服务业与人工智能的融合发展必将成为体育产业和人工智能领域的发展新趋势，如何实现二者的可持续融合发展，是我们必须面对的问题。

7.1 结论

本书重点对体育服务业与人工智能融合现状、体育服务业与人工智能融合机理及细分行业分析、体育服务业与人工智能融合评价及体育服务业与人工智能融合的风险管控等进行了相关研究，并对融合现状、融合评价及风险管控部分分别进行模型分析，得出了相应的研究结论。

（1）体育服务业与人工智能融合现状

本部分在详细介绍人工智能的国内外发展态势、我国体育服务业的发展态势的基础之上，提炼总结了目前我国体育服务业与人工智能融合的态势：体育服务业与人工智能的融合发轫于体育竞赛表演领域，二者之间的融合呈现多维度、多领域的特征，体育服务业的智能化应用潮流更好地刺激了消费者多元化的需求。在这样的态势下，本书综合运用耦合协调模型及灰色关联模型来测算体育服务业与人工智能的融合程度。

通过耦合协调模型的研究，本书得出以下结论：2015—2019 年我国体育服务业与人工智能业的耦合协调度由 0.146 1 上升为 0.818 4，耦合发展类型由人工智能业滞后型发展为同步型，再发展为体育服务业滞后型；耦合协调等级由严重失调发展为良好协调；耦合发展阶段由萌芽阶段逐步转变为成熟阶段，表明体育服务业与人工智能两系统要素之间的融合程度越来越高、协调发展程度不断加深。

通过灰色关联分析模型的研究，得到以下结论：在 2015—2019 的 5 年动态发展过程中，在体育服务、教育、交通运输、快递、安防、金融及农业 7 个行业中，人工智能与体育服务业的关联度数值最高，接近 0.8。这说明体育服务业与人工智能两个产业之间的发展变化态势是一致的，其同步变化程度也是最高的。进一步的分析表明，在体育服务业所包含的 9 个细分行业中，与人工智能融合程度最高的细分行业是体育管理活动，其次是体育中介服务、体育竞赛表演活动和体育场地和设施管理，排在最后的是体育用品及相关商品销售、出租与贸易代理。

（2）体育服务业与人工智能融合评价

本部分首先基于三重底线理论对影响体育服务业与人工智能融合的三大因素进行了详细分析。这三大因素分别是经济因素（包括利益驱动、成本制约、技术水平制约）、环境因素（环境和资源约束、公众环保意识驱动）以及社会因素（国家政策法规、社会责任驱动、企业形象驱动）。其次，在搜集大量评价专家和人工智能及体育领域专家意见的基础上，运用德尔菲法构建了经济维度、环境维度和社会维度所属的 18 个具体评价指标。经济维度指标包括产业结构、体育产业增加值、财务状况、可靠性、柔性、质量，环境维度指标包括能源消耗、废弃物处理、物资回收、环保意识、碳排放和环保制度建设，社会维度指标包括就业（正向）、科技创新、社会文明、职业道德、工作环境及顾客满意度。

综合运用模糊 AHP 及模糊 TOPSIS 的计算，得到以下结论：三个维度的排序结果是经济—环境—社会，说明体育服务业与人工智能的融合会在经济方面爆发出强劲的潜力；而排名第二的环境维度，也提醒曾经被称作"低碳环保产业"的体育服务业，在人工智能技术的加持下，需要更加注意对环境的负面影响。经济维度的 6 个具体指标排名是财务状况—可靠性—产业结构—体育产业增加值—柔性—质量，环境维度的 6 个具体指标排名是能源消耗—环保意识—环境制度建设—碳排放—物资回收—废弃物处理，社会维度的 6 个具体指标排名是就业（正向）—顾客满意度—工作环境—职业道德—社会文明—科技创新。

未来发展方案选择的排序结果是侧重于环境方面考虑的方案排名第一，综合经济、环境、社会三方面考虑的方案排名第二，侧重于社会层面考虑的方案排名第三，侧重于经济层面考虑的方案排名最后。

（3）体育服务业与人工智能融合风险及对策研究

本部分首先分析了人工智能技术对现代服务业带来的三大挑战，随后，在总结提炼大量前人研究的基础上，提出体育服务业与人工智能融合可能产生的三大风险，它们分别是经济风险、技术风险和社会风险。在各个风险类别下，根据体育服务业及人工智能技术特征，列举出了 12 个经济风险的具体指标，包括财务风险、收入分配两极化、加剧市场垄断、实施价格歧视、合作关系、抵制、需求变动、供给变动、产品风险、全球化、管理风险及产业结构失调。5 个技术风险的具体指标是数据投毒、数据泄露、数据异常、算法出错和网络安全，7 个社会风险的具体指标是失业、社会伦理道德问题、社会治安问题、监管难度、政策风险、品牌形象问题和法律纠纷。

在综合了多种风险管控研究方法的优点之后，本书选择了 FMEA 方法对体育服务业与人工智能融合风险进行研究。通过风险发生频度（O）、风险的可检测性（D）、风险的严重程度（S）计算某个具体风险的系数或风险顺序数（RPN），然后根据得分高低来对风险进行排序。通过计算得出以下结论：在 24 个具体风险指标中，风险严重程度（S）中排名前 5 的指标是数据投毒、数据泄露和网络安全风险，失业和对消费者实施价格歧视紧随其后；风险发生频度（O）中排名前 5 的指标是监管难度、数据泄露、失业、数据异常和加剧市场竞争；风险检测难易程度（D）中排名前 5 的指标包括数据投毒、数据泄露、监管难度、政策风险和对消费者实施价格歧视。

从三种风险维度的风险系数或风险顺序数（RPN）的计算结果来看，技术风险维度的 RPN 值（228.79）最高，社会风险维度的 RPN 值（150.44）次之，经济风险维度的 RPN 值（134.66）最低。这说明政府及社会各界要特别注意防范体育服务业与人工智能融合中可能产生的技术风险。而在 24 个具体风险指标中，RPN 值排名前 5 的分别是数据泄露、数据投毒、网络安全风险、失业和监管难度。这说明这 5 类具体风险目前是体育服务业与人工智能融合过程中可能产生的所有风险中潜在危害最大的风险类别。

7.2　建议

通过上述研究不难发现，尽管体育服务业与人工智能的融合程度越来越高，但体育服务业自身的发展尚须加强，以跟上人工智能的发展速度。融合评价结果显示，经济维度排名第一，说明二者融合可能产生经济利好，需要创造一切条件去充分挖掘二者融合的潜力；风险管控研究结果显示，技术风险排名第一，说明在释放产业融合利好影响的过程中，要特别注意防范潜在的技术风险。

（1）做好"体育+AI"新业态发展的顶层设计

从国家层面出发，完善我国"体育+AI"发展总体规划，全方位、多维度积极推进体育发展数字化转型，为迎接"体育+AI"各种新业态的到来提前谋篇布局。努力抓住我国面临的人工智能高速发展的契机，主动对接广大群众日益增长的对体育产品多元化的需求，将"体育+AI"的可持续融合发展作为今后我国体育事业发展、建设体育强国的战略举措，加强顶层设计，出台支持政策，强化宏观调控，科学制订智能体育未来 5 年、10 年及更长远的发展规划，立足当前智能体育的发展现状及存在问题，着眼于近期、中期和长期的智能体育发展目标，制定一整套有助于实现规划发展目标的具体措施和保障政策，逐步形成具有中国特色的智能体育发展体系。

（2）大力培养"体育+AI"方面的专业人才

专业人才是新兴产业蓬勃发展的前提，目前我国智能体育的人才队伍建设相对于产业发展而言比较滞后，存在专业兼容性差、总体水平不高、智能化素养匮乏以及专业人才培养体系缺失的问题。人工智能技术与体育服务业的融合发展需要建立一支既具备体育专业知识又熟练掌握人工智能先进技术的人才队伍，因此，我国应将积极培养智能体育人才作为国家"体育+AI"发展的一项战略性工作来推进，强化智能体育人才培养的顶层设计，制订适应时代发展需要的人才发展规划方案，加快我国高等院校新增智能体育、智慧体育、体育+AI等专业的步伐，构建完善的教学体系和人才培养体系，从而持续不断地为我国智能体育发展输送高水平专业人才。

（3）建立并健全体育信息数据库

数据就是财富，体育信息数据中隐藏的"财富"还没有被挖掘出来。当前我国体育信息资源覆盖面广、内容庞杂、涉及人员及部门众多，数据口径不统一、组织归类不科学，信息利用率较低，信息更新缓慢，导致体育数据整合及信息共享存在较大问题。而"体育+AI"的发展离不开信息完备的体育数据库。首先，人工智能需要依靠数据来进行计算，人工智能可以应用的数据越多，它提供的结果就越精准。没有海量数据，人工智能就不会"智能"。其次，大数据也为人工智能提供了超强的存储能力和计算能力。体育信息数据同普通大数据一样，具有海量性、开源性、多源性和多元性的特征。因此，只有完善体育数据采集标准，提高体育公共数据采集质量，尽快建立并健全体育信息数据库，才能充分挖掘体育数据的应用价值。

（4）开展体育行业相关标准体系和标准化建设

近两年来，随着《体育标准体系建设指南（2021—2025）》《关于进一步加强体育标准化工作的实施意见（2021—2025年)》以及《2022年体育标准化工作要点》等文件的相继颁布，我国体育标准化的各项工作逐渐开始统筹推进。要发展我国体育产业，必须严格遵循《国家标准化发展纲要》的要求，完善体育领域标准化制度和加强组织体系建设，提升体育标准化工作管理效率，强化标准预研工作统筹协调，强化标准的实施评价，建立标准实施信息反馈和评估机制，积极筹建体育领域国家级标准验证检验监测点试点单位，尤其是加强对智能体育设施、智能体育场所安全标准实施情况的监督检查，积累标准验证数据，提高标准的科学性和适用性，努力逐步形成服务于群众体育、青少年体育及竞技体育发展的整套标准体系。

（5）持续出台有利于"体育+AI"的发展政策

新兴产业的快速发展离不开国家政策的大力支持。当前，我国正处于人工智能技术飞速发展的关键时期，要抓住机遇，结合体育事业与体育产业发展的新需求，适时出台各项支持政策，坚定"体育+AI"战略发展方向，保障智能（智慧）体育健康持续发展。《全民健身计划（2021—2025）》《"十四五"体育发展规划》等文件均提到要大力发展智能体育，支持人工智能等技术在体育领域的创新运用，但是，政策还需要落地落实，也缺乏具有针对性的具体举措。要保障"体育+AI"持续健康发展，必须制定支持智能体育发展的宏观政策（包括提供政策性资金支持、引入市场机制等）、支持智能体育发展的落实政策（包括由各级政府出面建设智能体育物联网综合服务平台等）、支持智能体育发展的保障机制。

（6）建立"体育+AI"配套监管制度

众所周知，人工智能技术犹如一把"双刃剑"，它在给人类社会带来的巨大发展红利的同时，其不确定性也可能给人类社会带来许多隐患。如前文所述，在体育服务业与人工智能融合过程中主要会面临三大风险，如果没有相应的配套监管制度的约束，人工智能技术的误用或滥用恐将对人权、法律体系、政府管理、国防建设乃至社会稳定等造成较大冲击。因此，各级政府部门应该增强风险意识、强化底线思维，充分研判人工智能技术的潜在风险，建立有效的风险预警机制，完善体育领域人工智能伦理准则、规范及问责机制，确立相应的监管制度，确定人工智能活动各相关主体的职责及权利边界，加强人工智能安全评估和管控。

7.3 创新点

从大量前人的文献可以看出，研究第一、二、三产业融合或体育产业融合（体旅融合、体文融合、体教融合等）的文献较多，但单纯以最能体现体育本质特征的体育服务业作为研究对象且研究体育服务业与人工智能融合的，在理论界还不算多。本书试图在以下三个方面有所创新，通过体育服务业与人工智能融合的研究抛砖引玉，带动更多的专家学者运用更加多样化的科学方法去深入研究体育产业领域中层出不穷的新现象、新问题。

（1）运用定量方法对体育服务业的融合现状进行研究

研究体育服务业与人工智能的融合问题，首先要搞清楚的是当前我国体育服务业与人工智能融合发展到什么程度了。其次，体育服务业涉猎的范围较广，人工智能与哪些细分行业融合度比较高，跟哪些细分行业融合度比较低？为了解决上述问题，该部分主要运用耦合协调模型和灰色关联分析对 2015—2019 年的系列数据进行了科学处理。耦合协调模型主要帮助评判 2015—2019 年体育服务业与人工智能的融合发展态势，是属于总体性评价层面的研判。而灰色关联分析则是帮助我们识别在包括体育服务业在内的 7 个细分行业中，哪个产业与人工智能融合度最高。运用灰色关联分析还计算出了体育服务业所包含的 9 个细分行业与人工智能的融合度，根据计算结果可以排序。该方法的主要贡献在于可以为有关政府部门及企业判断其与人工智能的融合程度提供量化评判依据，有利于其制定相关政策或进行科学决策。

（2）构建了体育服务业与人工智能可持续融合发展评价指标体系

评价指标对于被评价主体的行为具有极强的引导作用，科学的评价指标可以把被评价主体的行为引导到可持续发展的道路上，而评价结果也可以在一定程度上为政府部门及相关主体的决策提供科学参考。本部分综合运用模糊 AHP 和模糊 TOPSIS 研究方法，结合大量的文献资料和权威专家意见，分别从经济、社会、环境三个维度设计了共计 18 个有关体育服务业与人工智能可持续融合发展的具体指标。这些指标特征突出，与体育服务业及人工智能高度相关，可以较好地引导参与体育服务业与人工智能融合的各相关主体在融合前、融合中、融合后积极关注三个维度方面的相关事项，从而帮助体育服务业与人工智能实现可持续的融合发展。

（3）对体育服务业与人工智能融合产生的具体风险进行识别及防控

科学地对风险进行分类并识别出具体的风险指标，有助于各相关主体针对性地对风险进行防范和控制，从而避免不必要的损失。本部分运用 FMEA 方法，把体育服务业与人工智能融合可能产生的所有风险分成 3 大类，并列举 3 大类风险包含的共计 24 个具体风险指标，通过科学计算，得出技术、经济、社会 3 大类风险以及 24 个具体风险指标的风险系数（风险顺序数 RPN），并据此排序。该结果可以帮助体育服务业与人工智能融合的各相关主体对可能面临的风险进行较为精准地识别并采取相应的防范控制措施。

7.4　不足之处和后续研究

尽管本书存在上述创新之处，但是由于相同或类似研究对象的文献或课题均较少，可借鉴与学习的资料相对不足，加上疫情的原因，未能进行较为充分的实地调研。本书尚存在以下不足之处：

（1）产业融合研究的框架须进一步完善

由于本书的研究对象是体育服务业与人工智能的融合，每章都是围绕体育服务业和人工智能来阐述的。研究对象的局限性可能会导致研究结果不具备广泛的适用性。在后续的研究中可以将研究范围扩展到体育产业与数字经济融合方面。

（2）研究方法还可以进一步丰富

尽管本书采用的研究方法是比较适合研究对象的，但还可以借助更多的更完善的模型与算法来进一步评估产业融合现状、更科学地评价产业融合影响、更全面地分析产业融合风险，多学科方法的同时采用更加有利于得出科学准确的研究结论。

（3）需要更多的一手基础数据

随着体育统计科学的逐步发展，体育产业领域的基础数据越来越丰富，但是，与传统产业相比，相关数据仍不足，因此，需要通过实地调研获取更多的一手数据来夯实研究成果。体育数据挖掘及体育统计应该是未来科研工作的重要方向。

参考文献

[1] 刘峣. 数字科技助力体育"智变"[N]. 人民日报（海外版），2023-11-29（9）.

[2] 柴王军，王文渤，师浩轩，等. 数字经济驱动体育产业供需适配的内在机理与实现路径[J]. 上海体育学院学报，2023，47（10）：88-98.

[3] 赵皎卉，朱元利. 从"AI+"到"+AI"：人工智能促进全民健身高质量发展的机理与路径[J]. 西安体育学院学报，2023，40（5）：522-531.

[4] 熊优，黄谦，荀阳，等. 数字化赋能体育竞赛表演业的价值、困境与策略[J]. 体育文化导刊，2023（8）：73-79.

[5] 潘玮，沈克印. 数字经济助推体育产业高质量发展的理论基础、动力机制与实施路径[J]. 体育学刊，2022，29（3）：59-66.

[6] 李树旺，刘圣文，刘潇锴. 秩序与活力再平衡：构建完善的体育赛事监管体系[J]. 上海体育学院学报，2022，46（9）：20-29.

[7] 王相飞，王真真，延怡冉. 人工智能应用与体育传播变革[J]. 上海体育学院学报，2021，45（2）：57-64.

[8] 沈剑飞，李亚杰，王涛，等. 数字化转型与企业资本结构动态调整[J]. 统计与信息论坛，2022，37（12）：42-54.

[9] 曹宇，刘正. 人工智能应用于体育的价值、困境与对策[J]. 体育文化导刊，2018（11）：31-35.

[10] 任波. 人工智能赋能体育产业高质量发展的应用场景与推进策略[J]. 西安体育学院学报，2023，40（3）：296-305.

[11] 李祥臣，俞梦孙. 主动健康：从理念到模式[J]. 体育科学，2020，40（2）：83-89.

[12] 谢正阳，周铭扬. 人工智能与公共体育服务融合发展的逻辑、

价值与路径 [J]. 北京体育大学学报, 2021, 44 (12): 176-184.

[13] 崔兴毅. 看, 冬奥高科技无处不在 [N]. 光明日报, 2022-02-10 (16).

[14] 朝乐门, 尹显龙. 人工智能治理理论及系统的现状与趋势 [J]. 计算机科学, 2021, 48 (9): 1-8.

[15] 杨国庆, 胡海旭, 方泰, 等. ChatGPT 对体育未来发展的影响及应对 [J]. 西安体育学院学报, 2023, 40 (2): 139-146.

[16] 赵述强, 高跃, 祝良. 科技赋能: 我国城市公共体育服务迈向智慧化治理的审视与论绎 [J]. 体育科学, 2021, 41 (7): 43-51.

[17] 徐士韦, 肖焕禹. 基于大数据的上海全民健身智慧服务平台建设与应用 [J]. 体育科研, 2021, 42 (3): 10-18.

[18] 文秀丽, 曹庆雷. 我国全民健身智慧化发展价值、现实样态及路径 [J]. 体育文化导刊, 2022 (5): 48-54.

[19] 朱元利, 赵皎卉, 蔡勇. 智慧健身服务的四元空间模型: 内涵特征、理论框架、关键问题与解决策略 [J]. 北京体育大学学报, 2022, 45 (12): 43-55.

[20] 张强, 陈元欣. 国外智慧体育场馆: 转型诉求、实践模式及本土启示 [J]. 西安体育学院学报, 2023, 40 (1): 20-27.

[21] 邵绘锦, 黄海燕. 人工智能赋能体育的价值与应用: 2022 世界人工智能大会智慧体育高峰论坛 [J]. 体育科研, 2023, 44 (1): 24-29.

[22] 徐伟康, 林朝晖. 人工智能与全民健身融合发展的价值逻辑、现实困境与优化路径 [J]. 上海体育学院学报, 2022, 46 (10): 9-22.

[23] 李宁, 姜全保, 杨竞, 等. 健身者的个体社会资本会影响其健身动机吗?: 来自健身人群调查数据的实证分析 [J]. 西安体育学院学报, 2021, 38 (6): 696-704.

[24] 魏源, 程传银, 韩雪. 数字经济驱动体育产业结构升级的内在作用、现实困境与破解路径 [J]. 体育文化导刊, 2021 (9): 73-78, 85.

[25] 周念利, 包雅楠. 数字服务市场开放对制造业服务化水平的影响研究 [J]. 当代财经, 2022 (7): 112-122.

[26] 宋灿. 外资开放、数字信息化与服务化 [J]. 财经论丛, 2021 (7): 14-24.

[27] 赵宸宇. 数字化发展与服务化转型: 来自制造业上市公司的经

验证据 [J]. 南开管理评论, 2021, 24 (2): 149-163.

[28] 闫雪凌, 朱博楷, 马超. 工业机器人使用与制造业就业: 来自中国的证据 [J]. 统计研究, 2020, 37 (1): 74-87.

[29] 王文, 牛泽东, 孙早. 工业机器人冲击下的服务业: 结构升级还是低端锁定 [J]. 统计研究, 2020, 37 (7): 54-65.

[30] 任波, 黄海燕. 中国数字经济与体育产业融合的动力、机制与模式 [J]. 体育学研究, 2020, 34 (5): 55-66.

[31] 李艳丽, 杜炤. 我国体育产业数字化转型研究 [J]. 体育文化导刊, 2020 (10): 78-83.

[32] 白宇飞, 杨松. 我国体育产业数字化转型: 时代要求、价值体现及实现路径 [J]. 北京体育大学学报, 2021, 44 (5): 70-78.

[33] 孙晋海, 王静. "双循环" 新发展格局下体育产业数字化转型路径研究 [J]. 沈阳体育学院学报, 2022, 41 (5): 103-110.

[34] 崔安福, 王建伟, 王长龙. 数字经济驱动下数字体育用户使用与满意度研究 [J]. 广州体育学院学报, 2022, 42 (2): 79-86, 120.

[35] 柴王军, 李杨帆, 李国, 等. 数字技术赋能体育产业高质量发展的逻辑、困境及纾解路径 [J]. 西安体育学院学报, 2022, 39 (3): 292-300.

[36] 江小涓, 黄颖轩. 数字时代的市场秩序、市场监管与平台治理 [J]. 经济研究, 2021, 56 (12): 20-41.

[37] 蒋亚斌, 张恩利, 任波, 等. 我国体育产业数字化转型的法治困境及其应对: 以体育数据要素为视角的分析 [J]. 体育科学, 2022, 42 (6): 3-10, 41.

[38] 赵泓羽, 李荣日. 新发展格局下体育产业发展机制的理论逻辑、问题论域与纾解方略 [J]. 山东体育学院学报, 2022, 38 (3): 35-44, 61.

[39] 康露, 黄海燕. 体育与科技融合助推体育产业高质量发展: 逻辑、机制及路径 [J]. 体育学研究, 2021, 35 (5): 39-47.

[40] 花楷. 基于全球价值链视角的体育产业高质量发展: 国际比较与影响因素 [J]. 北京体育大学学报, 2021, 44 (2): 50-58.

[41] 叶海波. 新发展阶段数字经济驱动体育产业高质量发展研究 [J]. 体育学研究, 2021, 35 (5): 9-18.

［42］刘佳昊. 网络与数字时代的体育产业［J］. 体育科学，2019，39（10）：56-64.

［43］傅钢强，刘东锋. 我国体育场馆智慧化转型升级：基本内涵、逻辑演进、关键要素和模式探究［J］. 体育学刊，2021，28（1）：79-84.

［44］黄亨奋，仇军. 新时代智能可穿戴体育用品产业高质量发展的战略选择［J］. 北京体育大学学报，2021，44（7）：36-46.

［45］韩松，王莉. 我国体育产业与养老产业融合态势测度与评价［J］. 体育科学，2017，37（11）：3-10.

［46］王东，利节，许莎. 人工智能［M］. 北京：清华大学出版社，2019.

［47］李修全. 当前人工智能技术创新特征和演进趋势［J］. 智能系统学报，2020，15（2）：409.

［48］校力. 一种体育运动结果预测的机器学习框架设计［J］. 自动化技术与应用，2019，38（9）：59.

［49］常亮，孙国妹，刘雨辰. 基于灰色神经网络的体育成绩预测研究［J］. 价值工程，2015（20）：191.

［50］吕兆峰，宋思萱. 融合与创新："人工智能+"体育产业的发展策略研究［J］. 体育科技，2020，41（2）：88-90.

［51］周静芝，彭玉鑫，郑芳，等. 智能体育发展研究［J］. 浙江体育科学，2020，42（1）：25-31.

［52］杨春然. 论大数据模式下运动员隐私权的保护［J］. 体育科学，2018，38（4）：82-90.

［53］苏振阳. 人工智能技术在体育比赛中的应用［J］. 辽宁体育科技，2015，37（3）：115-116.

［54］瞿迪. 人工智能化体育用品发展研究［J］. 体育文化导刊，2016，（6）：104-108.

附录

模糊 AHP-TOPSIS 5 个专家的模糊判断矩阵

一、关于三个维度的专家模糊判断矩阵

1. 第一个专家

维度	经济	环境	社会
经济	(1.000 0,1.000 0,1.000 0)	(4.000 0,5.000 0,6.000 0)	(6.000 0,7.000 0,8.000 0)
环境	(0.166 7,0.200 0,0.250 0)	(1.000 0,1.000 0,1.000 0)	(7.000 0,8.000 0,9.000 0)
社会	(0.125 0,0.142 9,0.166 7)	(0.111 1,0.125 0,0.142 9)	(1.000 0,1.000 0,1.000 0)

2. 第二个专家

维度	经济	环境	社会
经济	(1.000 0,1.000 0,1.000 0)	(0.200 0,0.250 0,0.333 3)	(0.333 3,0.500 0,1.000 0)
环境	(3.000 0,4.000 0,5.000 0)	(1.000 0,1.000 0,1.000 0)	(0.333 3,0.500 0,1.000 0)
社会	(1.000 0,2.000 0,3.000 0)	(1.000 0,2.000 0,3.000 0)	(1.000 0,1.000 0,1.000 0)

3. 第三个专家

维度	经济	环境	社会
经济	(1.000 0,1.000 0,1.000 0)	(6.000 0,7.000 0,8.000 0)	(7.000 0,8.000 0,9.000 0)
环境	(0.125 0,0.142 9,0.166 7)	(1.000 0,1.000 0,1.000 0)	(2.000 0,3.000 0,4.000 0)
社会	(0.111 1,0.125 0,0.142 9)	(0.250 0,0.333 3,0.500 0)	(1.000 0,1.000 0,1.000 0)

4. 第四个专家

维度	经济	环境	社会
经济	(1.000 0,1.000 0,1.000 0)	(0.166 7,0.200 0,0.250 0)	(0.250 0,0.333 3,0.500 0)
环境	(4.000 0,5.000 0,6.000 0)	(1.000 0,1.000 0,1.000 0)	(2.000 0,3.000 0,4.000 0)
社会	(2.000 0,3.000 0,4.000 0)	(0.250 0,0.333 3,0.500 0)	(1.000 0,1.000 0,1.000 0)

5. 第五个专家

维度	经济	环境	社会
经济	(1.000 0,1.000 0,1.000 0)	(6.000 0,7.000 0,8.000 0)	(2.000 0,3.000 0,4.000 0)
环境	(0.125 0,0.142 9,0.166 7)	(1.000 0,1.000 0,1.000 0)	(1.000 0,1.000 0,1.000 0)
社会	(0.250 0,0.333 3,0.500 0)	(1.000 0,1.000 0,1.000 0)	(1.000 0,1.000 0,1.000 0)

二、经济维度各个指标的专家打分

1. 第一个专家

	C_{11}	C_{12}	C_{13}
C_{11}	(1.000 0,1.000 0,1.000 0)	(2.000 0,3.000 0,4.000 0)	(7.000 0,8.000 0,9.000 0)
C_{12}	(0.250 0,0.333 3,0.500 0)	(1.000 0,1.000 0,1.000 0)	(4.000 0,5.000 0,6.000 0)
C_{13}	(0.111 1,0.125 0,0.142 9)	(0.166 7,0.200 0,0.250 0)	(1.000 0,1.000 0,1.000 0)
C_{14}	(0.125 0,0.142 9,0.166 7)	(1.000 0,1.000 0,1.000 0)	(0.250 0,0.333 3,0.500 0)
C_{15}	(0.111 1,0.125 0,0.142 9)	(0.166 7,0.200 0,0.250 0)	(0.166 7,0.200 0,0.250 0)
C_{16}	(1.000 0,1.000 0,1.000 0)	(0.250 0,0.333 3,0.500 0)	(0.125 0,0.142 9,0.166 7)

	C_{14}	C_{15}	C_{16}
C_{11}	(6.000 0,7.000 0,8.000 0)	(7.000 0,8.000 0,9.000 0)	(1.000 0,1.000 0,1.000 0)
C_{12}	(1.000 0,1.000 0,1.000 0)	(4.000 0,5.000 0,6.000 0)	(2.000 0,3.000 0,4.000 0)
C_{13}	(2.000 0,3.000 0,4.000 0)	(4.000 0,5.000 0,6.000 0)	(6.000 0,7.000 0,8.000 0)
C_{14}	(1.000 0,1.000 0,1.000 0)	(6.000 0,7.000 0,8.000 0)	(2.000 0,3.000 0,4.000 0)
C_{15}	(0.125 0,0.142 9,0.166 7)	(1.000 0,1.000 0,1.000 0)	(7.000 0,8.000 0,9.000 0)
C_{16}	(0.250 0,0.333 3,0.500 0)	(0.111 1,0.125 0,0.142 9)	(1.000 0,1.000 0,1.000 0)

2. 第二个专家

	C_{11}	C_{12}	C_{13}
C_{11}	(1.000 0,0,1.000 1.000 0)	(0.333 3,0.500 0,1.000 0)	(0.333 3,0.500 0,1.000 0)
C_{12}	(1.000 0,2.000 0,3.000 0)	(1.000 0,1.000 0,1.000 0)	(1.000 0,1.000 0,1.000 0)
C_{13}	(1.000 0,2.000 0,3.000 0)	(1.000 0,1.000 0,1.000 0)	(1.000 0,1.000 0,1.000 0)
C_{14}	(1.000 0,2.000 0,3.000 0)	(1.000 0,1.000 0,1.000 0)	(1.000 0,1.000 0,1.000 0)
C_{15}	(0.333 3,0.500 0,1.000 0)	(0.166 7,0.200 0,0.250 0)	(0.333 3,0.500 0,1.000 0)
C_{16}	(1.000 0,2.000 0,3.000 0)	(1.000 0,1.000 0,1.000 0)	(1.000 0,1.000 0,1.000 0)

	C_{14}	C_{15}	C_{16}
C_{11}	(0.333 3,0.500 0,1.000 0)	(1.000 0,2.000 0,3.000 0)	(0.333 3,0.500 0,1.000 0)
C_{12}	(1.000 0,1.000 0,1.000 0)	(3.000 0,4.000 0,5.000 0)	(1.000 0,1.000 0,1.000 0)
C_{13}	(1.000 0,1.000 0,1.000 0)	(1.000 0,2.000 0,3.000 0)	(1.000 0,1.000 0,1.000 0)
C_{14}	(1.000 0,1.000 0,1.000 0)	(1.000 0,2.000 0,3.000 0)	(1.000 0,1.000 0,1.000 0)
C_{15}	(0.333 3,0.500 0,1.000 0)	(1.000 0,1.000 0,1.000 0)	(0.333 3,0.500 0,1.000 0)
C_{16}	(1.000 0,1.000 0,1.000 0)	(1.000 0,2.000 0,3.000 0)	(1.000 0,1.000 0,1.000 0)

3. 第三个专家

	C_{11}	C_{12}	C_{13}
C_{11}	(1.000 0,0,1.000 1.000 0)	(0.250 0,0.333 3,0.500 0)	(0.166 7,0.200 0,0.250 0)
C_{12}	(2.000 0,3.000 0,4.000 0)	(1.000 0,1.000 0,1.000 0)	(2.000 0,3.000 0,4.000 0)
C_{13}	(4.000 0,5.000 0,6.000 0)	(0.250 0,0.333 3,0.500 0)	(1.000 0,1.000 0,1.000 0)
C_{14}	(2.000 0,3.000 0,4.000 0)	(0.333 3,0.500 0,1.000 0)	(0.250 0,0.333 3,0.500 0)
C_{15}	(2.000 0,3.000 0,4.000 0)	(0.166 7,0.200 0,0.250 0)	(0.250 0,0.333 3,0.500 0)
C_{16}	(3.000 0,4.000 0,5.000 0)	(0.250 0,0.333 3,0.500 0)	(0.333 3,0.500 0,1.000 0)

	C_{14}	C_{15}	C_{16}
C_{11}	(0.250 0,0.333 3,0.500 0)	(0.250 0,0.333 3,0.500 0)	(0.200 0,0.250 0,0.333 3)
C_{12}	(1.000 0,2.000 0,3.000 0)	(4.000 0,5.000 0,6.000 0)	(2.000 0,3.000 0,4.000 0)
C_{13}	(2.000 0,3.000 0,4.000 0)	(2.000 0,3.000 0,4.000 0)	(1.000 0,2.000 0,3.000 0)
C_{14}	(1.000 0,1.000 0,1.000 0)	(0.333 3,0.500 0,1.000 0)	(2.000 0,3.000 0,4.000 0)
C_{15}	(1.000 0,2.000 0,3.000 0)	(1.000 0,1.000 0,1.000 0)	(1.000 0,2.000 0,3.000 0)
C_{16}	(0.250 0,0.333 3,0.500 0)	(0.333 3,0.500 0,1.000 0)	(1.000 0,1.000 0,1.000 0)

4. 第四个专家

	C_{11}	C_{12}	C_{13}
C_{11}	(1.000 0,0,1.000 1.000 0)	(4.000 0,5.000 0,6.000 0)	(4.000 0,5.000 0,6.000 0)
C_{12}	(0.166 7,0.200 0,0.250 0)	(1.000 0,1.000 0,1.000 0)	(0.166 7,0.200 0,0.250 0)
C_{13}	(0.166 7,0.200 0,0.250 0)	(4.000 0,5.000 0,6.000 0)	(1.000 0,1.000 0,1.000 0)
C_{14}	(2.000 0,3.000 0,4.000 0)	(2.000 0,3.000 0,4.000 0)	(4.000 0,5.000 0,6.000 0)
C_{15}	(0.125 0,0.142 9,0.166 7)	(4.000 0,5.000 0,6.000 0)	(0.250 0,0.333 3,0.500 0)
C_{16}	(0.166 7,0.200 0,0.250 0)	(2.000 0,3.000 0,4.000 0)	(0.250 0,0.333 3,0.500 0)

	C_{14}	C_{15}	C_{16}
C_{11}	(0.250 0,0.333 3,0.500 0)	(6.000 0,7.000 0,8.000 0)	(4.000 0,5.000 0,6.000 0)
C_{12}	(0.250 0,0.333 3,0.500 0)	(0.166 7,0.200 0,0.250 0)	(0.250 0,0.333 3,0.500 0)
C_{13}	(0.166 7,0.200 0,0.250 0)	(2.000 0,3.000 0,4.000 0)	(2.000 0,3.000 0,4.000 0)
C_{14}	(1.000 0,1.000 0,1.000 0)	(0.166 7,0.200 0,0.250 0)	(2.000 0,3.000 0,4.000 0)
C_{15}	(4.000 0,5.000 0,6.000 0)	(1.000 0,1.000 0,1.000 0)	(2.000 0,3.000 0,4.000 0)
C_{16}	(0.250 0,0.333 3,0.500 0)	(0.250 0,0.333 3,0.500 0)	(1.000 0,1.000 0,1.000 0)

5. 第五个专家

	C_{11}	C_{12}	C_{13}
C_{11}	(1.000 0,0,1.000 1.000 0)	(2.000 0,3.000 0,4.000 0)	(0.250 0,0.333 3,0.500 0)
C_{12}	(0.250 0,0.333 3,0.500 0)	(1.000 0,1.000 0,1.000 0)	(0.166 7,0.200 0,0.250 0)
C_{13}	(2.000 0,3.000 0,4.000 0)	(4.000 0,5.000 0,6.000 0)	(1.000 0,1.000 0,1.000 0)
C_{14}	(4.000 0,5.000 0,6.000 0)	(2.000 0,3.000 0,4.000 0)	(6.000 0,7.000 0,8.000 0)
C_{15}	(2.000 0,3.000 0,4.000 0)	(2.000 0,3.000 0,4.000 0)	(0.250 0,0.333 3,0.500 0)
C_{16}	(2.000 0,3.000 0,4.000 0)	(3.000 0,4.000 0,5.000 0)	(0.250 0,0.333 3,0.500 0)

	C_{14}	C_{15}	C_{16}
C_{11}	(0.166 7,0.200 0,0.250 0)	(0.250 0,0.333 3,0.500 0)	(0.250 0,0.333 3,0.500 0)
C_{12}	(0.250 0,0.333 3,0.500 0)	(0.250 0,0.333 3,0.500 0)	(0.200 0,0.250 0,0.333 3)
C_{13}	(0.125 0,0.142 9,0.166 7)	(2.000 0,3.000 0,4.000 0)	(2.000 0,3.000 0,4.000 0)
C_{14}	(1.000 0,1.000 0,1.000 0)	(1.000 0,1.000 0,1.000 0)	(1.000 0,1.000 0,1.000 0)
C_{15}	(1.000 0,1.000 0,1.000 0)	(1.000 0,1.000 0,1.000 0)	(1.000 0,1.000 0,1.000 0)
C_{16}	(1.000 0,1.000 0,1.000 0)	(1.000 0,1.000 0,1.000 0)	(1.000 0,1.000 0,1.000 0)

三、环境维度各个指标的专家打分

1.第一个专家

	C_{21}	C_{22}	C_{23}
C_{21}	(1.000 0,0,1.000 1.000 0)	(3.000 0,4.000 0,5.000 0)	(4.000 0,5.000 0,6.000 0)
C_{22}	(0.200 0,0.250 0,0.333 3)	(1.000 0,1.000 0,1.000 0)	(6.000 0,7.000 0,8.000 0)
C_{23}	(0.166 7,0.200 0,0.250 0)	(0.125 0,0.142 9,0.166 7)	(1.000 0,1.000 0,1.000 0)
C_{24}	(0.111 1,0.125 0,0.142 9)	(0.125 0,0.142 9,0.166 7)	(0.111 1,0.125 0,0.142 9)
C_{25}	(0.111 1,0.125 0,0.142 9)	(0.166 7,0.200 0,0.250 0)	(0.166 7,0.200 0,0.250 0)
C_{26}	(0.166 7,0.200 0,0.250 0)	(0.125 0,0.142 9,0.166 7)	(0.166 7,0.200 0,0.250 0)

	C_{24}	C_{25}	C_{26}
C_{21}	(7.000 0,8.000 0,9.000 0)	(7.000 0,8.000 0,9.000 0)	(4.000 0,5.000 0,6.000 0)
C_{22}	(6.000 0,7.000 0,8.000 0)	(4.000 0,5.000 0,6.000 0)	(6.000 0,7.000 0,8.000 0)
C_{23}	(7.000 0,8.000 0,9.000 0)	(4.000 0,5.000 0,6.000 0)	(4.000 0,5.000 0,6.000 0)
C_{24}	(1.000 0,1.000 0,1.000 0)	(6.000 0,7.000 0,8.000 0)	(1.000 0,1.000 0,1.000 0)
C_{25}	(0.125 0,0.142 9,0.166 7)	(1.000 0,1.000 0,1.000 0)	(2.000 0,3.000 0,4.000 0)
C_{26}	(1.000 0,1.000 0,1.000 0)	(0.250 0,0.333 3,0.500 0)	(1.000 0,1.000 0,1.000 0)

2. 第二个专家

	C_{21}	C_{22}	C_{23}
C_{21}	(1.000 0,1.000 0,1.000 0)	(0.333 3,0.500 0,1.000 0)	(0.333 3,0.500 0,1.000 0)
C_{22}	(1.000 0,2.000 0,3.000 0)	(1.000 0,1.000 0,1.000 0)	(1.000 0,1.000 0,1.000 0)
C_{23}	(1.000 0,2.000 0,3.000 0)	(1.000 0,1.000 0,1.000 0)	(1.000 0,1.000 0,1.000 0)
C_{24}	(1.000 0,2.000 0,3.000 0)	(1.000 0,1.000 0,1.000 0)	(1.000 0,1.000 0,1.000 0)
C_{25}	(1.000 0,1.000 0,1.000 0)	(0.333 3,0.500 0,1.000 0)	(1.000 0,1.000 0,1.000 0)
C_{26}	(1.000 0,2.000 0,3.000 0)	(1.000 0,1.000 0,1.000 0)	(1.000 0,1.000 0,1.000 0)

	C_{24}	C_{25}	C_{26}
C_{21}	(0.333 3,0.500 0,1.000 0)	(1.000 0,1.000 0,1.000 0)	(0.333 3,0.500 0,1.000 0)
C_{22}	(1.000 0,1.000 0,1.000 0)	(1.000 0,2.000 0,3.000 0)	(1.000 0,1.000 0,1.000 0)
C_{23}	(1.000 0,1.000 0,1.000 0)	(1.000 0,1.000 0,1.000 0)	(1.000 0,1.000 0,1.000 0)
C_{24}	(1.000 0,1.000 0,1.000 0)	(1.000 0,2.000 0,3.000 0)	(1.000 0,1.000 0,1.000 0)
C_{25}	(0.333 3,0.500 0,1.000 0)	(1.000 0,1.000 0,1.000 0)	(0.333 3,0.500 0,1.000 0)
C_{26}	(1.000 0,1.000 0,1.000 0)	(1.000 0,2.000 0,3.000 0)	(1.000 0,1.000 0,1.000 0)

3. 第三个专家

	C_{21}	C_{22}	C_{23}
C_{21}	(1.000 0,1.000 0,1.000 0)	(0.333 3,0.500 0,1.000 0)	(2.000 0,3.000 0,4.000 0)
C_{22}	(1.000 0,2.000 0,3.000 0)	(1.000 0,1.000 0,1.000 0)	(4.000 0,5.000 0,6.000 0)
C_{23}	(0.250 0,0.333 3,0.500 0)	(0.166 7,0.200 0,0.250 0)	(1.000 0,1.000 0,1.000 0)
C_{24}	(3.000 0,4.000 0,5.000 0)	(4.000 0,5.000 0,6.000 0)	(1.000 0,1.000 0,1.000 0)
C_{25}	(4.000 0,5.000 0,6.000 0)	(2.000 0,3.000 0,4.000 0)	(1.000 0,2.000 0,3.000 0)
C_{26}	(2.000 0,3.000 0,4.000 0)	(6.000 0,7.000 0,8.000 0)	(2.000 0,3.000 0,4.000 0)

	C_{24}	C_{25}	C_{26}
C_{21}	(0.200 0,0.250 0,0.333 3)	(0.166 7,0.200 0,0.250 0)	(0.250 0,0.333 3,0.500 0)
C_{22}	(0.166 7,0.200 0,0.250 0)	(0.250 0,0.333 3,0.500 0)	(0.125 0,0.142 9,0.166 7)
C_{23}	(1.000 0,1.000 0,1.000 0)	(0.333 3,0.500 0,1.000 0)	(0.250 0,0.333 3,0.500 0)
C_{24}	(1.000 0,1.000 0,1.000 0)	(6.000 0,7.000 0,8.000 0)	(1.000 0,2.000 0,3.000 0)
C_{25}	(0.125 0,0.142 9,0.166 7)	(1.000 0,1.000 0,1.000 0)	(1.000 0,1.000 0,1.000 0)
C_{26}	(0.333 3,0.500 0,1.000 0)	(1.000 0,1.000 0,1.000 0)	(1.000 0,1.000 0,1.000 0)

4. 第四个专家

	C_{21}	C_{22}	C_{23}
C_{21}	(1.000 0,1.000 0,1.000 0)	(4.000 0,5.000 0,6.000 0)	(0.250 0,0.333 3,0.500 0)
C_{22}	(0.166 7,0.200 0,0.250 0)	(1.000 0,1.000 0,1.000 0)	(0.250 0,0.333 3,0.500 0)
C_{23}	(2.000 0,3.000 0,4.000 0)	(2.000 0,3.000 0,4.000 0)	(1.000 0,1.000 0,1.000 0)
C_{24}	(0.166 7,0.200 0,0.250 0)	(0.166 7,0.200 0,0.250 0)	(0.250 0,0.333 3,0.500 0)
C_{25}	(0.250 0,0.333 3,0.500 0)	(0.166 7,0.200 0,0.250 0)	(0.166 7,0.200 0,0.250 0)
C_{26}	(0.125 0,0.142 9,0.166 7)	(0.166 7,0.200 0,0.250 0)	(0.166 7,0.200 0,0.250 0)

	C_{24}	C_{25}	C_{26}
C_{21}	(4.000 0,5.000 0,6.000 0)	(2.000 0,3.000 0,4.000 0)	(6.000 0,7.000 0,8.000 0)
C_{22}	(4.000 0,5.000 0,6.000 0)	(4.000 0,5.000 0,6.000 0)	(4.000 0,5.000 0,6.000 0)
C_{23}	(2.000 0,3.000 0,4.000 0)	(4.000 0,5.000 0,6.000 0)	(4.000 0,5.000 0,6.000 0)
C_{24}	(1.000 0,1.000 0,1.000 0)	(0.166 7,0.200 0,0.250 0)	(4.000 0,5.000 0,6.000 0)
C_{25}	(4.000 0,5.000 0,6.000 0)	(1.000 0,1.000 0,1.000 0)	(4.000 0,5.000 0,6.000 0)
C_{26}	(0.166 7,0.200 0,0.250 0)	(0.166 7,0.200 0,0.250 0)	(1.000 0,1.000 0,1.000 0)

5. 第五个专家

	C_{21}	C_{22}	C_{23}
C_{21}	(1.000 0,1.000 0,1.000 0)	(4.000 0,5.000 0,6.000 0)	(2.000 0,3.000 0,4.000 0)
C_{22}	(0.166 7,0.200 0,0.250 0)	(1.000 0,1.000 0,1.000 0)	(1.000 0,1.000 0,1.000 0)
C_{23}	(0.250 0,0.333 3,0.500 0)	(1.000 0,1.000 0,1.000 0)	(1.000 0,1.000 0,1.000 0)
C_{24}	(1.000 0,1.000 0,1.000 0)	(2.000 0,3.000 0,4.000 0)	(4.000 0,5.000 0,6.000 0)
C_{25}	(1.000 0,1.000 0,1.000 0)	(4.000 0,5.000 0,6.000 0)	(2.000 0,3.000 0,4.000 0)
C_{26}	(4.000 0,5.000 0,6.000 0)	(4.000 0,5.000 0,6.000 0)	(4.000 0,5.000 0,6.000 0)

	C_{24}	C_{25}	C_{26}
C_{21}	(1.000 0,1.000 0,1.000 0)	(1.000 0,1.000 0,1.000 0)	(0.166 7,0.200 0,0.250 0)
C_{22}	(0.250 0,0.333 3,0.500 0)	(0.166 7,0.200 0,0.250 0)	(0.166 7,0.200 0,0.250 0)
C_{23}	(0.166 7,0.200 0,0.250 0)	(0.250 0,0.333 3,0.500 0)	(0.166 7,0.200 0,0.250 0)
C_{24}	(1.000 0,1.000 0,1.000 0)	(0.166 7,0.200 0,0.250 0)	(0.166 7,0.200 0,0.250 0)
C_{25}	(4.000 0,5.000 0,6.000 0)	(1.000 0,1.000 0,1.000 0)	(0.125 0,0.142 9,0.166 7)
C_{26}	(4.000 0,5.000 0,6.000 0)	(6.000 0,7.000 0,8.000 0)	(1.000 0,1.000 0,1.000 0)

四、社会维度各个指标的专家打分

1. 第一个专家

	C_{31}	C_{32}	C_{33}
C_{31}	(1.000 0,1.000 0,1.000 0)	(6.000 0,7.000 0,8.000 0)	(4.000 0,5.000 0,6.000 0)
C_{32}	(0.125 0,0.142 9,0.166 7)	(1.000 0,1.000 0,1.000 0)	(4.000 0,5.000 0,6.000 0)
C_{33}	(0.166 7,0.200 0,0.250 0)	(0.166 7,0.200 0,0.250 0)	(1.000 0,1.000 0,1.000 0)
C_{34}	(0.250 0,0.333 3,0.500 0)	(0.111 1,0.125 0,0.142 9)	(0.200 0,0.250 0,0.333 3)
C_{35}	(0.166 7,0.200 0,0.250 0)	(1.000 0,1.000 0,1.000 0)	(0.125 0,0.142 9,0.166 7)
C_{36}	(1.000 0,1.000 0,1.000 0)	(0.166 7,0.200 0,0.250 0)	(0.125 0,0.142 9,0.166 7)

	C_{34}	C_{35}	C_{36}
C_{31}	(2.000 0,3.000 0,4.000 0)	(4.000 0,5.000 0,6.000 0)	(1.000 0,1.000 0,1.000 0)
C_{32}	(7.000 0,8.000 0,9.000 0)	(1.000 0,1.000 0,1.000 0)	(4.000 0,5.000 0,6.000 0)
C_{33}	(3.000 0,4.000 0,5.000 0)	(6.000 0,7.000 0,8.000 0)	(6.000 0,7.000 0,8.000 0)
C_{34}	(1.000 0,1.000 0,1.000 0)	(1.000 0,2.000 0,3.000 0)	(7.000 0,8.000 0,9.000 0)
C_{35}	(0.333 3,0.500 0,1.000 0)	(1.000 0,1.000 0,1.000 0)	(2.000 0,3.000 0,4.000 0)
C_{36}	(0.111 1,0.125 0,0.142 9)	(0.250 0,0.333 3,0.500 0)	(1.000 0,1.000 0,1.000 0)

2. 第二个专家

	C_{31}	C_{32}	C_{33}
C_{31}	(1.000 0,1.000 0,1.000 0)	(1.000 0,2.000 0,3.000 0)	(1.000 0,1.000 0,1.000 0)
C_{32}	(0.333 3,0.500 0,1.000 0)	(1.000 0,1.000 0,1.000 0)	(1.000 0,1.000 0,1.000 0)
C_{33}	(1.000 0,1.000 0,1.000 0)	(1.000 0,1.000 0,1.000 0)	(1.000 0,1.000 0,1.000 0)
C_{34}	(0.333 3,0.500 0,1.000 0)	(1.000 0,1.000 0,1.000 0)	(1.000 0,1.000 0,1.000 0)
C_{35}	(1.000 0,1.000 0,1.000 0)	(1.000 0,2.000 0,3.000 0)	(1.000 0,2.000 0,3.000 0)
C_{36}	(1.000 0,1.000 0,1.000 0)	(1.000 0,2.000 0,3.000 0)	(1.000 0,2.000 0,3.000 0)

	C_{34}	C_{35}	C_{36}
C_{31}	(1.000 0,2.000 0,3.000 0)	(1.000 0,1.000 0,1.000 0)	(1.000 0,1.000 0,1.000 0)
C_{32}	(1.000 0,1.000 0,1.000 0)	(0.333 3,0.500 0,1.000 0)	(0.333 3,0.500 0,1.000 0)
C_{33}	(1.000 0,1.000 0,1.000 0)	(0.333 3,0.500 0,1.000 0)	(0.333 3,0.500 0,1.000 0)
C_{34}	(1.000 0,1.000 0,1.000 0)	(0.333 3,0.500 0,1.000 0)	(0.333 3,0.500 0,1.000 0)
C_{35}	(1.000 0,2.000 0,3.000 0)	(1.000 0,1.000 0,1.000 0)	(1.000 0,1.000 0,1.000 0)
C_{36}	(1.000 0,2.000 0,3.000 0)	(1.000 0,1.000 0,1.000 0)	(1.000 0,1.000 0,1.000 0)

3. 第三个专家

	C_{31}	C_{32}	C_{33}
C_{31}	(1.000 0,1.000 0,1.000 0)	(6.000 0,7.000 0,8.000 0)	(1.000 0,2.000 0,3.000 0)
C_{32}	(0.125 0,0.142 9,0.166 7)	(1.000 0,1.000 0,1.000 0)	(0.250 0,0.333 3,0.500 0)
C_{33}	(0.333 3,0.500 0,1.000 0)	(2.000 0,3.000 0,4.000 0)	(1.000 0,1.000 0,1.000 0)
C_{34}	(0.250 0,0.333 3,0.500 0)	(1.000 0,2.000 0,3.000 0)	(0.125 0,0.142 9,0.166 7)
C_{35}	(0.333 3,0.500 0,1.000 0)	(1.000 0,1.000 0,1.000 0)	(0.250 0,0.333 3,0.500 0)
C_{36}	(0.333 3,0.500 0,1.000 0)	(1.000 0,1.000 0,1.000 0)	(1.000 0,1.000 0,1.000 0)

	C_{34}	C_{35}	C_{36}
C_{31}	(2.000 0,3.000 0,4.000 0)	(1.000 0,2.000 0,3.000 0)	(1.000 0,2.000 0,3.000 0)
C_{32}	(0.333 3,0.500 0,1.000 0)	(1.000 0,1.000 0,1.000 0)	(1.000 0,1.000 0,1.000 0)
C_{33}	(6.000 0,7.000 0,8.000 0)	(2.000 0,3.000 0,4.000 0)	(1.000 0,1.000 0,1.000 0)
C_{34}	(1.000 0,1.000 0,1.000 0)	(1.000 0,1.000 0,1.000 0)	(0.250 0,0.333 3,0.500 0)
C_{35}	(1.000 0,1.000 0,1.000 0)	(1.000 0,1.000 0,1.000 0)	(0.333 3,0.500 0,1.000 0)
C_{36}	(2.000 0,3.000 0,4.000 0)	(1.000 0,2.000 0,3.000 0)	(1.000 0,1.000 0,1.000 0)

4. 第四个专家

	C_{31}	C_{32}	C_{33}
C_{31}	(1.000 0,1.000 0,1.000 0)	(0.166 7,0.200 0,0.250 0)	(0.250 0,0.333 3,0.500 0)
C_{32}	(4.000 0,5.000 0,6.000 0)	(1.000 0,1.000 0,1.000 0)	(2.000 0,3.000 0,4.000 0)
C_{33}	(2.000 0,3.000 0,4.000 0)	(0.250 0,0.333 3,0.500 0)	(1.000 0,1.000 0,1.000 0)
C_{34}	(0.125 0,0.142 9,0.166 7)	(0.125 0,0.142 9,0.166 7)	(0.125 0,0.142 9,0.166 7)
C_{35}	(0.166 7,0.200 0,0.250 0)	(0.166 7,0.200 0,0.250 0)	(0.166 7,0.200 0,0.250 0)
C_{36}	(2.000 0,3.000 0,4.000 0)	(0.166 7,0.200 0,0.250 0)	(0.166 7,0.200 0,0.250 0)

	C_{34}	C_{35}	C_{36}
C_{31}	(6.000 0,7.000 0,8.000 0)	(4.000 0,5.000 0,6.000 0)	(0.250 0,0.333 3,0.500 0)
C_{32}	(6.000 0,7.000 0,8.000 0)	(4.000 0,5.000 0,6.000 0)	(4.000 0,5.000 0,6.000 0)
C_{33}	(6.000 0,7.000 0,8.000 0)	(4.000 0,5.000 0,6.000 0)	(4.000 0,5.000 0,6.000 0)
C_{34}	(1.000 0,1.000 0,1.000 0)	(0.250 0,0.333 3,0.500 0)	(0.166 7,0.200 0,0.250 0)
C_{35}	(2.000 0,3.000 0,4.000 0)	(1.000 0,1.000 0,1.000 0)	(0.250 0,0.333 3,0.500 0)
C_{36}	(4.000 0,5.000 0,6.000 0)	(2.000 0,3.000 0,4.000 0)	(1.000 0,1.000 0,1.000 0)

5. 第五个专家

	C_{31}	C_{32}	C_{33}
C_{31}	(1.000 0,1.000 0,1.000 0)	(4.000 0,5.000 0,6.000 0)	(0.250 0,0.333 3,0.500 0)
C_{32}	(0.166 7,0.200 0,0.250 0)	(1.000 0,1.000 0,1.000 0)	(0.250 0,0.333 3,0.500 0)
C_{33}	(2.000 0,3.000 0,4.000 0)	(2.000 0,3.000 0,4.000 0)	(1.000 0,1.000 0,1.000 0)
C_{34}	(0.250 0,0.333 3,0.500 0)	(4.000 0,5.000 0,6.000 0)	(1.000 0,1.000 0,1.000 0)
C_{35}	(0.166 7,0.200 0,0.250 0)	(2.000 0,3.000 0,4.000 0)	(0.250 0,0.333 3,0.500 0)
C_{36}	(0.166 7,0.200 0,0.250 0)	(1.000 0,1.000 0,1.000 0)	(1.000 0,1.000 0,1.000 0)

	C_{34}	C_{35}	C_{36}
C_{31}	(2.000 0,3.000 0,4.000 0)	(4.000 0,5.000 0,6.000 0)	(4.000 0,5.000 0,6.000 0)
C_{32}	(0.166 7,0.200 0,0.250 0)	(0.250 0,0.333 3,0.500 0)	(1.000 0,1.000 0,1.000 0)
C_{33}	(1.000 0,1.000 0,1.000 0)	(2.000 0,3.000 0,4.000 0)	(1.000 0,1.000 0,1.000 0)
C_{34}	(1.000 0,1.000 0,1.000 0)	(2.000 0,3.000 0,4.000 0)	(2.000 0,3.000 0,4.000 0)
C_{35}	(0.250 0,0.333 3,0.500 0)	(1.000 0,1.000 0,1.000 0)	(1.000 0,1.000 0,1.000 0)
C_{36}	(0.250 0,0.333 3,0.500 0)	(1.000 0,1.000 0,1.000 0)	(1.000 0,1.000 0,1.000 0)